LIAONING PRIVATE ECONOMY

Development and Research Report 2021

辽宁民营经济发展研究报告

2021

韩光强　赵　晖◎编著

中国财经出版传媒集团

经济科学出版社
Economic Science Press

图书在版编目（CIP）数据

辽宁民营经济发展研究报告 . 2021 / 韩光强，赵晖
编著 . -- 北京：经济科学出版社，2022. 10
ISBN 978 - 7 - 5218 - 4104 - 6

Ⅰ. ①辽…　Ⅱ. ①韩…　②赵…　Ⅲ. ①民营经济 - 经
济发展 - 研究报告 - 辽宁 - 2021　Ⅳ. ①F127. 31

中国版本图书馆 CIP 数据核字（2022）第 188391 号

责任编辑：宋艳波
责任校对：隗立娜　郑淑艳
责任印制：邱　天

辽宁民营经济发展研究报告（2021）

韩光强　赵　晖　编著

经济科学出版社出版、发行　新华书店经销

社址：北京市海淀区阜成路甲 28 号　邮编：100142

总编部电话：010 - 88191217　发行部电话：010 - 88191522

网址：www. esp. com. cn

电子邮箱：esp@ esp. com. cn

天猫网店：经济科学出版社旗舰店

网址：http：//jjkxcbs. tmall. com

固安华明印业有限公司印装

710 × 1000　16 开　19. 25 印张　320000 字

2022 年 10 月第 1 版　2022 年 10 月第 1 次印刷

ISBN 978 - 7 - 5218 - 4104 - 6　定价：68. 00 元

编　委　会

前　　言

　　《辽宁民营经济发展研究报告（2021）》是渤海大学民营经济研究院连续推出的年度性研究报告，也是渤海大学辽宁民营经济（中小企业）发展研究基地的年度研究成果。

　　2021年辽宁逐步克服疫情带来的不利影响，经济运行回升向好，民营经济社会贡献依然突出，发展韧性和活力进一步显现。但受疫情全球扩散蔓延影响，民营经济下行压力仍然较大，风险和挑战不容忽视。《辽宁民营经济发展研究报告（2021）》分为主报告和专题报告两部分。主报告"辽宁省民营经济发展分析"面分析了2021年辽宁民营经济发展的情况，对辽宁民营企业的运营绩效进行了评价，探讨了辽宁民营经济发展中存在的主要问题，提出了促进辽宁民营经济发展改革的建议。专题报告关注了辽宁民营经济发展的关键和热点问题：一是关注辽宁民营经济发展的难点问题，主要包括疫情和贸易战影响下民营经济纾困路径、营商环境评价、金融支持、经济统计指标体系等问题。二是关注了民营企业发展方向的问题，主要涉及数字化发展、科技创新发展等问题。三是关注了不同产业和区域民营企业的发展问题，主要包括小微民营企业、涉农企业、饮料制造企业、居民创业等。四是关注了民营企业管理问题，主要包括企业成本与高管薪酬研究、民营企业员工健康成长研究等问题。

　　近年来，渤海大学积极向应用型转型发展，充分发挥学科齐全、人才密集和科学研究的独特优势，主动融入社会经济发展的现实，聚焦辽宁经济社会发展的重大问题和需求，加强特色新型智库建设，开展应用对策研究和战略咨询。渤海大学民营经济研究院，主动服务于辽宁民营企业发展，积极开展辽宁民营经济全局性、综合性、前瞻性等问题的调查和理论政策研究，成为辽宁省社科联的辽宁经济社会发展研究基地和辽宁省教育厅的新型智库。

《辽宁民营经济发展研究报告（2021）》报告的撰写得到了辽宁省政府相关部门、企事业单位和社会友人的支持，特别是辽宁省委省政府咨询委员会赵治山，辽宁省工业与信息化厅的孙立新、程伟杰，以及辽宁省社科联金虎、李红等领导的热心帮助，在此一并表示衷心的感谢！

报告由韩光强、赵晖主持编写，具体完成人：年度报告（韩光强），专题一（韩光强），专题二（唐吉洪、张满林、于春华），专题三（王志刚），专题四（赵晓波），专题五（苏明政），专题六（韩光强、牛似虎），专题七（高明野），专题八（李娜、屈天佑），专题九（吴雅琴），专题十（邢育松），专题十一（王娟、姜云迪），专题十二（韩光强），全书由赵晖主审。

赵　晖

2022 年 5 月 1 日于渤海大学

目　　录

｜年度报告｜

｜专题报告｜

｜附录｜

年度报告

辽宁省民营经济发展分析（2021）

2021 年，辽宁省全面贯彻新发展理念，笃定高质量发展不动摇，担起维护国家"五大安全"的政治使命，统筹疫情防控和经济社会发展，统筹发展和安全，全力抓创新、促转型、化风险，创新动能加速集聚，经济运行稳中向好，改革开放成效明显，地区生产总值 27584 亿元，增长 5.8%。

全省民营经济逐步克服新冠肺炎疫情带来的不利影响，经济运行回升向好，经济社会贡献依然突出，发展韧性和活力进一步显现。但仍面临工业增长后劲不足，有效投资规模偏小，重大项目储备不足，消费尚未充分恢复；市场主体数量偏少、活力不足，中小微企业生产经营困难加大；优化营商环境任重道远；科技创新对经济发展的支撑作用不够；对外开放区位优势未能充分发挥，开放合作水平不高；等等。

一、2021 年辽宁民营经济发展总体概况

（一）辽宁民营经济的总体情况

1. 民营市场主体持续增长，成为经济增长和投资的生力军

2021 年，辽宁省聚焦市场主体需求，持续释放改革红利，全省市场主体总量突破 444 万户，全年新登记市场主体 73.52 万户，同比增长 21.57%。截至 2021 年 12 月，辽宁省共有存量民营企业 1138846 户，比 2020 年 12 月增加 147226 户，同比增长 14.85%，民营企业数量占全省企业数量的 90.75%。存量民营企业的注册资本合计 9.47 亿元，比 2020 年 12 月增加 7322 万元，同比增长 8.4%，民营企业注册资本总额占全省企业注册资本总额的 57.00%（见表1）。

表1　　　　　　　2021 年第三季度末全省登记在册各类市场主体情况

类型	户数			注册资本（金）		
	本期（户）	增长率（%）	增量绝对值（户）	本期（亿元）	增长率（%）	增量绝对值（亿元）
合计	4335067	9.12	362276	149265.94	9.47	12907.83
各类企业	1130854	7.05	74519	144676.2	9.49	12542.09
内资企业	1114578	7.15	74411	128293.48	9.7	11344.59
内资（非私营）	108103	3.87	4025	45118.05	9.83	4038.34
私营企业	1006475	7.52	70386	83175.43	9.63	7306.25
外资企业	16276	0.67	108	16382.73	7.89	1197.5
个体工商户	3134627	10.1	287513	3012.61	13.72	363.44
农民专业合作社	69586	0.35	244	1577.13	0.15	2.30

2021 年前 9 月，辽宁民营经济实现税收同比增长 28.8%，占全部税收的 52%；民间固定资产投资同比增长 1.7%，占固定资产投资完成总额的 64.7%。

前三个季度新设企业同比增速呈现"先抑后扬"的态势，累计新设企业数量在第三季度追平疫情前水平。2021 年前三季度全省累计新设企业 13.82 万户，相较上年同期增长 12.02%，相较疫情前平均水平（2019 年）实现增长。其中，第一季度新设 3.74 万户，第二季度新设 5.22 万户，第三季度新设 4.86 万户（见图 1、图 2、图 3、图 4）。

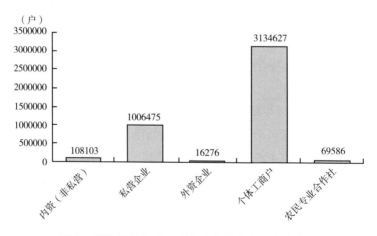

图 1　截至 2021 年第三季度全省各类市场主体户数

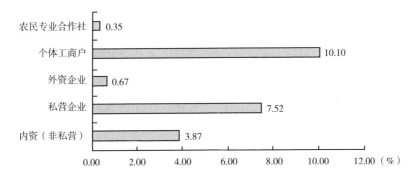

图 2　截至 2021 年第三季度全省各类市场主体户数增长率

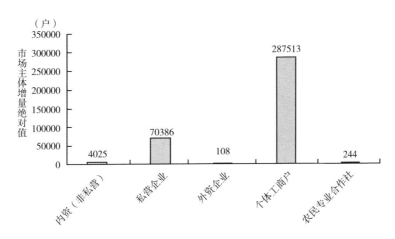

图 3　截至 2021 年第三季度全省各类市场主体户数增量绝对值

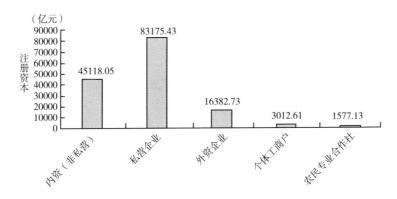

图 4　截至 2021 年第三季度全省各类市场主体注册资本总量

2021 年前三季度，新设企业数量前五个行业分别为"批发和零售业"4.06 万户、"租赁和商务服务业"2.05 万户、"科学研究和技术服务业"2.06 万户、"制造业"1.12 万户、"建筑业"1 万户，合计 10.29 万户，占全部新设企业总量的 74.47%。

从各行业新设企业数量同比增长变化看，18 个行业门类中有 16 个同比增长，"住宿和餐饮业"同比增幅最高为 34.46%，其中"餐饮业"新设企业同比增长 35.53%；"文化、体育和娱乐业"同比增长 33.82%，其中"体育业"和"娱乐业"同比增幅较大，分别为 88.86% 和 61.82%。

全省累计新设外资法人企业 436 户，同比增长 57.40%。从新设外资企业的行业增速来看，增速较高的行业分别为"信息传输、软件和信息技术服务业"（同比增幅 168.75%）"住宿和餐饮业"（同比增幅 154.76%）"科学研究和技术服务业"（同比增幅 95.35%）。

截至 2021 年第三季度末，全省登记在册个体工商户 313.46 万户，同比增长 10.10%。前三季度累计新设个体工商户 41.44 万户，同比增长 29.67%，其中第一季度新设 9.15 万户，第二季度新设 14.11 万户，第三季度新设 18.19 万户。

截至 2021 年第三季度末，全省各类市场主体注册资本增长情况如图 5、图 6 所示。

2021 年前三个季度全省累计新设个体工商户仍旧集中在传统型服务业，"批发和零售业""住宿和餐饮业""居民服务、修理和其他服务业"共新设 28.35 万户，同比增长 24.95%，合计占比 68.41%。

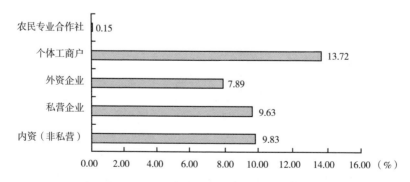

图 5　截至 2021 年第三季度全省各类市场主体注册资本增长率

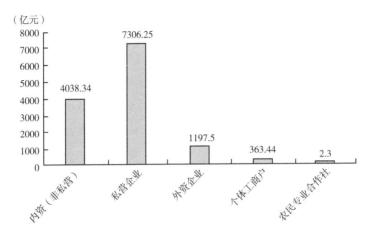

图 6　截至 2021 年第三季度全省各类市场主体注册资本增量绝对值

2021 年前三季度，新设企业数量同比增幅较大的地区有沈抚示范区、本溪和沈阳，同比分别增长 21.40%、17.41% 和 16.06%。从各地区注销企业看，沈抚示范区同比增幅最大，为 117.39%，其次分别为朝阳和本溪，注销企业同比增幅分别为 76.74% 和 49.94%，各地区新设企业数量均大于注销企业数量（见图 7、表 2、表 3）。

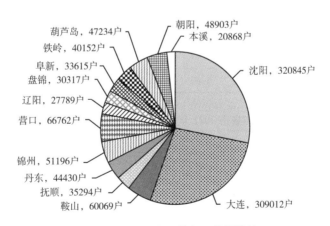

图 7　辽宁各城市民营企业数量统计

资料来源：根据 Wind 数据库整理。

表 2　　　　　　　全省各市市场主体存量情况（截至 2021 年 9 月底）

序号	地区	合计		企业		个体工商户		农民专业合作社	
		户数（户）	注册资本（亿元）	户数（户）	注册资本（亿元）	户数（户）	资金数额（亿元）	户数（户）	出资总额（亿元）
1	合计	433.51	149265.94	113.09	144676.20	313.46	3012.61	6.96	1577.13
2	省直	0.08	6736.35	0.08	6736.35	0.00	0.00	0.00	0.00
3	沈阳	99.22	47557.90	32.07	46637.41	66.45	743.50	0.70	176.99
4	大连	82.84	39003.01	31.55	38391.34	50.82	446.90	0.47	164.77
5	鞍山	29.59	6035.59	6.15	5760.42	22.96	188.70	0.48	86.46
6	抚顺	15.34	2419.03	3.34	2212.52	11.69	145.93	0.31	60.59
7	本溪	11.59	2424.32	2.27	2279.83	9.21	112.29	0.11	32.20
8	丹东	22.00	4490.72	4.37	4258.63	17.28	150.89	0.36	81.20
9	锦州	21.02	4255.93	4.80	3969.29	15.45	129.23	0.77	157.41
10	营口	26.72	10836.37	6.49	10619.86	19.95	151.48	0.29	65.04
11	阜新	17.38	2223.63	2.95	1917.57	13.77	153.43	0.65	152.63
12	辽阳	13.06	4135.12	2.73	3965.93	10.08	114.47	0.25	54.72
13	铁岭	21.38	2847.74	3.34	2495.86	17.07	145.81	0.97	206.07
14	朝阳	27.95	3165.52	4.28	2847.30	22.83	219.01	0.84	99.22
15	盘锦	12.99	5035.04	3.09	4894.32	9.73	102.86	0.17	37.86
16	葫芦岛	25.36	4706.27	4.51	4320.94	20.24	184.92	0.61	200.41
17	沈抚新区	7.00	3393.42	1.07	3368.65	5.92	23.20	0.01	1.57

表 3　　　　　　　全省各市 2021 年 1～9 月市场主体新增情况

序号	地区	合计		企业		个体工商户		农民专业合作社	
		户数（户）	同比增长率（%）	户数（户）	同比增长率（%）	户数（户）	同比增长率（%）	户数（户）	同比增长率（%）
1	合计	554932	24.38	138212	12.02	414416	29.67	2304	−27.98
2	省直	4	—	6	—	—	—	—	—
3	沈阳	139921	28.25	44373	16.06	95224	34.82	324	37.29
4	大连	82731	24.16	33213	12.97	49353	33.30	165	−21.05
5	鞍山	42919	32.57	6690	9.10	36085	38.84	144	−43.08

序号	地区	合计		企业		个体工商户		农民专业合作社	
		户数（户）	同比增长率（%）	户数（户）	同比增长率（%）	户数（户）	同比增长率（%）	户数（户）	同比增长率（%）
6	抚顺	18117	1.60	3695	-8.15	14331	5.04	91	-45.18
7	本溪	11580	9.67	2489	17.41	9058	7.81	33	-10.81
8	丹东	21215	12.47	4955	13.80	16067	13.50	193	-45.33
9	锦州	24795	11.74	5956	13.15	18539	11.51	300	0.33
10	营口	29404	-23.18	8606	11.75	20701	-32.04	97	-14.91
11	阜新	19599	13.01	3505	10.08	15921	14.28	173	-24.12
12	辽阳	13153	5.85	3101	10.75	9974	4.82	78	-29.73
13	铁岭	29571	31.40	3886	13.89	25466	35.28	219	-17.98
14	朝阳	26838	-2.04	5153	7.31	21454	-2.76	231	-56.50
15	盘锦	17340	9.24	3994	5.33	13279	10.64	67	-15.19
16	葫芦岛	24802	-22.15	6451	0.95	18163	-27.79	188	-40.32
17	沈抚新区	52941	1711.19	2139	21.40	50801	4279.40	1	—

2. 民营市场主体持续优化

（1）转型升级质量有新突破。全省企业年报率达92.5%。全年新增"个转企"12896户，实现"小升规"企业1100户、"规升巨"企业140户。"专精特新"是中小企业高质量发展必经之路。2021年以来，辽宁省积极推动20户企业和10家平台获得国家第一批重点"小巨人"企业和示范平台奖补资金支持，137户企业获评第三批国家级专精特新"小巨人"企业（见表4）。同时，积极实施省级"专精特新"梯度培育，2021年认定省级"专精特新"产品（技术）386项、中小企业223户、"小巨人"企业135户。2021年，全省国家级专精特新"小巨人"企业营业收入同比增长9.66%；研发投入占营业收入的5.28%；累计发明专利达2036项，比2020年新增248项。累计认定省级"专精特新"产品4000余项、"专精特新"中小企业575户、专精特新"小巨人"企业214户，其中有国家级专精特新"小巨人"企业211家，居全国第十位。10户企业获评国家制造业单项冠军企业。

表 4 　　　　　　　国家级专精特新"小巨人"企业名录

批次	名　称
第一批国家级专精特新"小巨人"企业	1. 沈阳芯源微电子设备有限公司
	2. 沈阳顺风新材料有限公司
	3. 北方智能装备有限公司
	4. 丹东优耐特纺织品有限公司
	5. 辽宁胜达环境资源集团有限公司
	6. 朝阳佛瑞达科技有限公司
	7. 盘锦辽河油田天意石油装备有限公司
第二批国家级专精特新"小巨人"企业	1. 中国科学院沈阳科学仪器股份有限公司
	2. 沈阳名华模塑科技有限公司
	3. 沈阳大陆激光集团有限公司
	4. 辽宁向日葵教育科技有限公司
	5. 沈阳亨通光通信有限公司
	6. 沈阳防锈包装材料有限责任公司
	7. 沈阳金昌蓝宇新材料股份有限公司
	8. 辽宁鼎汉奇辉电子系统工程有限公司
	9. 荣科科技股份有限公司
	10. 沈阳东方钛业股份有限公司
	11. 沈阳美行科技有限公司
	12. 辽宁达能电气股份有限公司
	13. 沈阳东瑞精细化工有限公司
	14. 辽宁虎驰科技传媒有限公司
	15. 迈格钠磁动力股份有限公司
	16. 海城三鱼泵业有限公司
	17. 抚顺东联安信化学有限公司
	18. 丹东天皓净化材料有限公司
	19. 辽宁华信电气股份有限公司
	20. 锦州捷通铁路机械股份有限公司
	21. 锦州凯美能源有限公司
	22. 营口东邦环保科技股份有限公司
	23. 营口风光新材料股份有限公司
	24. 营口菱镁化工集团有限公司

批次	名　　称
第二批国家级专精特新"小巨人"企业	25. 营口中捷仕达隔板有限公司
	26. 营创三征（营口）精细化工有限公司
	27. 金凯（辽宁）化工有限公司（2021 年更名为金凯（辽宁）生命科技股份有限公司）
	28. 阜新市石油工具厂
	29. 辽宁裕丰化工有限公司
	30. 辽鞍机械股份有限公司
	31. 辽阳瑞兴化工有限公司
	32. 辽阳石化机械设计制造有限公司
	33. 辽阳艺蒙织毯有限公司
	34. 辽阳给排水设备阀门有限公司
	35. 辽宁中德电缆有限公司
	36. 铁岭特种阀门股份有限公司
	37. 铁岭铁光仪器仪表有限责任公司
	38. 铁岭选矿药剂有限公司
	39. 辽宁华锆新材料有限公司
	40. 合力工业车辆（盘锦）有限公司
	41. 辽宁格瑞帕洛孚新能源有限公司
	42. 辽宁大禹防水科技发展有限公司
	43. 盘锦海兴科技股份有限公司
	44. 葫芦岛国华能源装备集团有限公司
	45. 绥中泰德尔自控设备有限公司
第三批国家级专精特新"小巨人"企业	1. 东北大学设计研究院（有限公司）
	2. 沈阳仪表科学研究院有限公司
	3. 沈阳沈大内窥镜有限公司
	4. 沈阳浩博实业有限公司
	5. 沈阳露天采矿设备制造有限公司
	6. 沈阳晨光弗泰波纹管有限公司
	7. 沈阳工业泵制造有限公司
	8. 特变电工智慧能源有限公司
	9. 沈阳思特雷斯纸业有限责任公司
	10. 沈阳铸造研究所有限公司

续表

批次	名　称
第三批国家级专精特新"小巨人"企业	11. 特变电工康嘉（沈阳）互感器有限责任公司
	12. 沈阳东管电力科技集团股份有限公司
	13. 沈阳新松医疗科技股份有限公司
	14. 沈阳泰科流体控制有限公司
	15. 沈阳迈思医疗科技有限公司
	16. 沈阳飞驰电气设备有限公司
	17. 沈阳富创精密设备股份有限公司
	18. 沈阳东博热工科技有限公司
	19. 沈阳中科三耐新材料股份有限公司
	20. 奥维通信股份有限公司
	21. 北方实验室（沈阳）股份有限公司
	22. 铭汉（沈阳）机电有限公司
	23. 沈阳中变电气有限责任公司
	24. 沈阳德恒装备股份有限公司
	25. 帝信科技股份有限公司
	26. 沈阳嘉越电力科技有限公司
	27. 沈阳蜂巢轨道交通配套设备股份有限公司
	28. 沈阳海龟医疗科技有限公司
	29. 辽宁裕通石化机械仪表有限公司
	30. 华安钢宝利高新汽车板加工（沈阳）有限公司
	31. 沈阳精锐科技有限公司
	32. 沈阳天通电气有限公司
	33. 沈阳远程摩擦密封材料有限公司
	34. 辽宁东和新材料股份有限公司
	35. 鞍山七彩化学股份有限公司
	36. 海城正昌工业有限公司
	37. 鞍山润德精细化工有限公司
	38. 鞍山电磁阀有限责任公司
	39. 鞍山华信重工机械有限公司
	40. 辽宁海华科技股份有限公司
	41. 鞍山浦项特种耐火材料有限公司
	42. 辽宁优迅科技有限公司

续表

批次	名　　称
第三批国家级专精特新"小巨人"企业	43. 辽宁中新自动控制集团股份有限公司
	44. 鞍山钢峰风机有限责任公司
	45. 鞍山发蓝股份公司
	46. 抚顺东科精细化工有限公司
	47. 抚顺华兴石油化工有限公司
	48. 抚顺伊科思新材料有限公司
	49. 抚顺齐隆化工有限公司
	50. 辽宁鑫盾医药化工有限公司
	51. 抚顺天成环保科技有限公司
	52. 辽宁东铄新材料科技有限公司
	53. 凤城太平洋神龙增压器有限公司
	54. 丹东丰能工业股份有限公司
	55. 忠世高新材料股份有限公司
	56. 辽宁恒星泵业有限公司
	57. 丹东明珠特种树脂有限公司
	58. 丹东东方测控技术股份有限公司
	59. 丹东通博电器（集团）有限公司
	60. 丹东奥龙射线仪器集团有限公司
	61. 锦州辽晶电子科技有限公司
	62. 中信钛业股份有限公司
	63. 莱茵动力（锦州）有限公司
	64. 锦州东佑精工有限公司
	65. 锦州光和密封实业有限公司
	66. 锦州神工半导体股份有限公司
	67. 营口金辰机械股份有限公司
	68. 营口世纪电子仪器有限公司
	69. 中意泰达（营口）汽车保修设备有限公司
	70. 辽宁嘉顺科技有限公司
	71. 大石桥市美尔镁制品有限公司
	72. 营口三征新科技化工有限公司
	73. 营口华峰动力发展股份有限公司
	74. 辽宁加宝石化设备有限公司

续表

批次	名　称
第三批国家级专精特新"小巨人"企业	75. 天元军融（辽宁）化工研究所新材料孵化器股份有限公司
	76. 辽宁爱维尔金属成型科技股份有限公司
	77. 阜新市万达铸业有限公司
	78. 阜新中孚轻金属科技有限公司
	79. 辽宁科创重型内燃机曲轴有限公司
	80. 辽宁信德新材料科技股份有限公司
	81. 辽宁兴启电工材料有限责任公司
	82. 辽宁华孚环境工程股份有限公司
	83. 盘锦格林凯默科技有限公司
	84. 盘锦富隆化工有限公司
	85. 辽宁鑫丰矿业（集团）有限公司
	86. 辽宁卡斯特金属材料发展有限公司
	87. 铁岭五星油膜橡胶密封研究所
	88. 辽宁西格马数控机床有限公司
	89. 铁岭长天机电有限责任公司
	90. 辽宁优力安机电设备有限公司
	91. 辽宁新华阳伟业装备制造有限公司
	92. 辽宁毕托巴科技股份有限公司
	93. 辽宁北祥重工机械制造有限公司
	94. 辽宁航天凌河汽车有限公司
	95. 辽宁天亿机械有限公司
	96. 辽宁当凯电力有限公司
	97. 朝阳光达化工有限公司
	98. 建平慧营化工有限公司
	99. 朝阳飞马车辆设备股份公司
	100. 朝阳华兴万达轮胎有限公司
	101. 锦西化工研究院有限公司
	102. 沈阳天安科技股份有限公司
	103. 沈阳隆基电磁科技股份有限公司
	104. 辽宁美托科技股份有限公司
	105. 抚顺天宇滤材有限公司

续表

批次	名　　称
第一批获得支持的重点"小巨人"企业名单	1. 中国科学院沈阳科学仪器股份有限公司
	2. 沈阳美行科技有限公司
	3. 锦州凯美能源有限公司
	4. 辽宁达能电气股份有限公司
	5. 营口中捷仕达隔板有限公司
	6. 绥中泰德尔自控设备有限公司
	7. 沈阳东方钛业股份有限公司
	8. 丹东优耐特纺织品有限公司
	9. 辽宁大禹防水科技发展有限公司

（2）科技型企业队伍不断壮大，为保持经济平稳健康发展提供了重要支撑。截至 2021 年 9 月末，辽宁省已累计注册科技型中小企业 14478 家，较上年同期增长 46%。其中，新增注册科技型中小企业 3672 家，较上年同期增长 73%。目前，全省高新技术企业突破 7000 家，雏鹰瞪羚独角兽企业达到 2163 家。其中，民营高新技术企业 6463 户，民营雏鹰企业 1733 户，民营瞪羚独角兽企业 265 户。2021 年 1 ~ 11 月，全省高技术制造业增加值同比增长 14%。截至 2021 年 9 月末，全省培育省级企业技术中心 117 家，总量达到 903 家。

（3）数字化转型智能化改造成效明显。辽宁省不断提升制造业企业数字化、网络化、智能化水平，加快企业智能化服务化改造，制订制造业数字化赋能行动方案。2021 年，辽宁省财政设立 20 亿元专项资金，支持企业数字化转型和智能化改造，推动近 2 万户工业企业上云，新建 "5G" 基站 5 万个；梳理了 320 个已建成应用场景，发布了 1453 个应用场景需求在全国"揭榜挂帅"，20 个项目入选工信部制造业与互联网融合等领域试点示范；培育国家服务型制造示范单位 13 个，累计 28 个，居全国第四位；共培育"精钢云"等 33 个省级工业互联网平台，服务企业近 3 万户；建成沈阳海尔、大连冰山等一批智能工厂和数字化车间，生产效率平均提升 21.2%。截至 2021 年底，辽宁上云企业近 9 万户，规模以上企业数字化研发设计工具普及率和关键工序数控化率分别达到 71.2% 和 54.2%；通过智能化改造，企业生产效率平均提升 21.2%，运营成本平均降低 15.6%。2021 年 1 ~ 11 月，全省服务器、集成电路、光缆、工业机器人产量分别增长 102.9%、46.3%、18.3%、10.1%；全省规模以上服务业中，软件和信息技术服务业营业收入同比增长 8.5%。

（4）产业链条升级优化。辽宁省制订了全省工业重点产业链建设方案，确定了 24 条省级、142 条市级工业重点产业链，形成重点企业及产品、重点项目和关键核心技术攻关清单；编制全省工业高质量发展推荐产品目录，推广 517 户企业 933 种产品；组织钢铁与装备等 20 次省内供需对接，促进产业协同、迭代升级。2021 年，辽宁省高端装备、精细化工、冶金新材料主营业务收入占各自所属行业比重分别同比提高 2%、2.1% 和 2.5%；29 家企业获评国家绿色制造示范单位，全省累计 89 家，恒力石化等 3 家企业获评国家绿色设计示范企业；集成电路装备产值同比增长 25%，新松、东软项目揭榜国家新一代人工智能创新重点任务，超大型智能油轮、110 兆瓦级重型燃机等一批大国重器相继问世；建设废钢等再生资源产业数字化平台，用数字化手段探索绿色发展、资源综合利用新路径；培育省级绿色制造示范单位 98 家，全省累计 334 家，通过实施绿色制造项目，企业制造过程绿色化率平均提高 20%；对 295 家企业提供诊断服务，对 236 家企业实施节能监察，企业单位产品能耗限额达标率 99.3%。

3. 服务平台建设取得新突破

辽宁省目前共有 9 家机构入围国家中小企业公共服务示范平台。在工信部公布的 2021 年度国家中小企业公共服务示范平台名单中，沈阳市产业转型升级促进中心、北方实验室（沈阳）股份有限公司、沈阳创新设计服务有限公司、沈阳盘古网络技术有限公司、海城市中昊镁业有限公司、辽宁联众科技开发有限公司、大连瀚闻资讯有限公司、大连华信理化检测中心有限公司、大连依科资讯有限公司 9 家辽宁机构上榜。

同时，沈阳新经济产业园开发有限公司等 7 家机构被评为 2021 年度国家小型微型企业创业创新示范基地。推进公共服务体系建设，开展中小企业公共服务示范平台、中小微企业创业创新示范基地认定等工作，一直都是辽宁省培育中小企业的工作重点。通过建基地、搭平台，为中小企业、科研机构、金融机构之间建立联系，形成发展合力，引领更多中小企业向专精特新方向迈进。

（二）2021 年辽宁促进民营经济发展的具体举措

1. 引入"金融活水"，助企业健康发展

辽宁省出台了《关于开展重点中小企业全生命周期服务的工作方案》，围绕不同类型、不同成长阶段、不同区域，由点及面主动为企业纾困解难。引"金融活水"，省级层面设立"数字辽宁智造强省"专项资金，各地纷纷制定支持"专精特新"企业奖励政策，7 个城市设立专项资金。针对 88 户有上市计划的专精特新"小巨人"企业开展专题培育活动，2021 年上市的辽宁省 6 户企业中有 4 户为"专精特新"企业。

开展"金融润苗 兴商兴辽"活动，全省累计发放贷款 70.6 亿元，4.98 万户个体工商户获金融支持。累计向 25 户企业发放上市补助资金 1 亿余元。全省 25 家政府性融资担保机构实收资本 123.5 亿元，在保余额 176.6 亿元。省再担保体系再担保业务余额 181.3 亿元，其中支农支小业务占比 97.4%。全省市场监管部门的"百亿送贷"投放贷款 105 亿元，惠及市场主体 5.6 万户。

全面推动实施融资担保风险补偿及保费补贴政策。聚焦缓解中小微企业、"三农"主体融资难、融资贵问题，辽宁省财政厅不断加大对融资担保机构的支持力度，筹措专项资金用于担保再担保体系风险补偿及保费补贴，支持构建全省再担保体系平台，引导融资担保机构减费让利。截至 2021 年 11 月，全省再担保体系风险补偿资金池累积资金达 2.9 亿元。

2. 优化营商环境，持续推进商事制度改革

为推动企业提档升级，辽宁省形成省市县三级联动机制，明确责任分工，细化任务分解，锁定培育目标。建立定期沟通机制，省工信厅会同省税务局建立"小升规"涉税企业信息共享对账机制，通过定期比对分析，及时全面掌握具有"升规"潜力的企业信息；与省市场监管局、省统计局等部门建立协同合作机制，实现部门间信息共享，推动符合条件的企业及时"升规入统"。

扶持个体工商户发展，建立联席会议制度。由省市场监管局牵头，省发展改革委、省工业和信息化厅、省财政厅、省人力资源社会保障厅、省住房城乡建设厅、省交通运输厅、省商务厅、省金融监管局、中国人民银

行沈阳分行、省税务局、辽宁银保监局等部门组成的辽宁省扶持个体工商户发展联席会议制度正式建立。建立联席会议制度可以进一步加大对扶持个体工商户发展工作的组织领导和统筹协调，帮助个体工商户解决生产经营中面临的困难问题。联席会议的主要职责是贯彻落实关于扶持个体工商户发展的各项决策部署，研究并推进实施扶持个体工商户发展的重大政策措施；加强部门协作，统筹协调扶持个体工商户发展工作中的重大事项，研究解决重点难点问题；指导督促全省各地区各有关部门抓好扶持个体工商户发展任务落实，总结推广经验做法。辽宁省不断畅通市场准入，全省企业开办时间压缩至 1 个工作日。建成省市县所四级贯通的市场监管行政审批一体化平台。全省企业年报率达 92.5%，疫苗、特种设备生产企业达到 100%。

提升服务，简化办事流程，降低时间成本。2021 年前 3 个月，全省共发出新设企业"多证合一"营业执照 13.8 万张，完成"证照分离"各项审批业务 32.21 万笔，惠及市场主体 13.46 万户。推进"一网一门一次"改革，实际网办率达 60.3%，全省网办件共 1.09 亿件，全国排名第七位。198 个政务服务事项实现"全省通办"，2561 个"高频刚需"事项实现"掌上办、指尖办"。放宽民营企业市场准入。依托在线审批监管平台向民间资本公开推介项目 105 个，总投资 809 亿元。

3. 减税降费，支持企业渡过难关

全面推动各项减税降费政策落实。辽宁出台相关政策，对月销售额 15 万元以下的小规模纳税人，免征增值税；将制造业企业研发费用加计扣除比例提高至 100%；对小型微利企业年应纳税所得额不超过 100 万元部分，在原优惠政策基础上，再减半征收企业所得税等。落实取消港口建设费、药品和医疗器械产品注册费等制度性降费政策。印发《全省及省本级 2021 年非税收入项目目录》，梳理涉企行政事业性收费和政府性基金目录清单，并在门户网站及时公布。加强动态监控，严控非税收入不合理增长。

2021 年，辽宁省深入落实阶段性降低失业保险费率政策，累计减征失业保险费 12 亿元，为超 10 万户企业拨付稳岗返还资金超 14 亿元，稳定就业岗位超 240 万个。近 10 万户单位受益于"免申即享"政策，同比增长 67.9%。

聚集"多予""少取"，持续为中小企业减负。截至 2021 年 10 月，辽宁省降低公路通行成本，共计减免高速公路通行车辆 18760.3 万台次，金额达

27.8 亿元。开展涉企违规收费专项整治。严格落实各项减税降费政策，2021年前 8 个月，全省实现新增减税降费 109.6 亿元。

全面推动降低企业用能物流成本。印发《辽宁省清理规范城镇供水供电供气供暖行业收费促进行业高质量发展实施方案》，部署开展清理规范城镇供水供电供气供暖行业收费。印发《集中整治供水供电供气供暖行业收费行为专项行动方案》，部署开展分行业专项检查督查，依法整治违规涉企收费。2021 年以来，全省已取消国家明确要求取消的供水、供电、供气、供暖环节收费及接入工程严禁收取的费用和其他各类不合理收费，减轻企业和社会负担近 3.5 亿元。

全面推动规范全省行业协会商会涉企收费行为。印发《关于开展 2021 年度全省性行业协会商会收费自查抽查工作的通知》，通过深入开展自查抽查工作，坚决制止和查处全省性行业协会商会违法违规收费，全面规范和引导合法合理收费，进一步降低涉企收费规模，增强全省性行业协会商会服务企业能力，促进健康有序发展，努力减轻企业负担。截至 2021 年 11 月，全省行业协会商会共为企业减负 2882 万元，其中全省性行业协会商会减负 1582万元。

4. 全面推动执法规范化建设

全面实行涉企经济案件审批报备机制和企业家羁押事前报备审核机制，2021 年以来，共对 25 起涉企经济案件实施省级审批，对 6 名企业高管羁押案件实施省级审核。全面深化驻企服务联动机制和安全隐患综合治理机制，制定出台《全省公安机关公共常态化巡查工作暂行办法》，建设首批 30 个驻企警务工作站，服务大型企业、规上企业及高新技术企业 945 家，累计为群众和企业办理业务 1.77 万余件，打击涉企违法犯罪 46 起，查处治安案件 218起，调解矛盾纠纷 1409 起。

辽宁省委政法委和省委依法治省办联合发布了《辽宁省法治化营商环境评价指标体系（试行）》，通过建立科学客观、合理有效的法治化营商环境评价指标体系，有效规范、引导、评价和助力法治化营商环境持续优化。该指标体系也是全国首个省级层面的法治化营商环境评价体系。该指标体系由三级指标构成，一级指标 10 项，逐级分解为 33 项二级指标和 59 项三级指标，将法治化营商环境的内在要求分解、细化，使抽象的法治规则转化为清晰可辨、可以测评的具体指标，这是衡量法治化营商环境建设工作实绩的重要依据。该指标体系聚焦法治化营商环境建设领域市场主体关切的重点和难点。聚焦涉及企业制度建设、行政执法、民事行政审判、破产清算、刑事案件、知识产权保护、社会安全、维权便利、法律服务、企业合规管理10个方面，进一步明确和细化法治化营商环境应具备的标准与要求，并将开展常态化、系统化的评估工作，替代传统考核督察（查），实现"以评促建""以评促改""以评代考"，促进全省营商环境整体水平优化提升。

5. 强化科技创新，促进科技型中小企业快速发展

加快培育科技型中小企业。辽宁省出台了《辽宁省雏鹰瞪羚独角兽企业评价办法》，搭建大数据综合服务平台，以省内高新区为主要载体，建设雏鹰、瞪羚、独角兽企业集聚区。实施科技型企业梯度培育计划，积极开展科技型中小企业评价，加强高新技术企业培育和认定。进一步涵养企业技术创新能力。出台关于以企业为主体的制度创新意见，实施以企业为主体的技术创新需求提出机制和"企业出题，能者破题"的项目凝练机制等改革举措，使企业在技术创新全过程发挥主体作用。实施行业骨干企业协同创新行动，推动优势产业龙头企业在组织形态、商业模式和创新管理等方面进行开放平台化转型，与产业链上下游小企业协同创新发展。

积极开展省级中小企业公共服务示范平台和创业创新示范基地认定工作，健全中小企业服务体系，推荐创业创新营销公共服务平台等10家示范平台成为工信部首批支持的服务"专精特新"企业示范平台。各地区建立培育企业数据库，及时了解分析中小企业创新能力和发展需求，为推动中小企业"专精特新"发展提供依据。

加大政策支持力度。近日召开的辽宁省培育壮大科技型中小企业群体工作会议提出，要开展科技招商，抓住科技成果转化中试项目，建设科技企业孵化器，狠抓"带土移植"，夯实厚土培育，关注科研人员创办企业，盯住科技成果转化，加大金融支持，建设企业内部创新平台，办好辽宁省创新创业大赛等10个具体举措和办法。同时，一系列支持培育壮大科技型中小企业发展的政策也在抓紧出台。

此外，辽宁省还将培育壮大科技型中小企业群体纳入省政府对各市考核指标。加强高新区绩效评价，根据《全省高新区高质量发展绩效评价工作方案》，重构高新区绩效评价体系，企业培育、创新孵化评价指标的权重达到

70%，实行科技型中小企业培育工作一票否决，对企业培育排名后两位的高新区由分管副省长约谈，限期整改，未取得明显进展的予以摘牌。

6. 支持专精特新"小巨人"企业，助力中小企业高质量发展

2021 年，中央财政设立支持中小企业专精特新发展专项资金，加快培育一批专注于细分市场、聚焦主业、创新能力强、成长性好的专精特新"小巨人"企业，助力实体经济特别是制造业做实做强做大，提升产业链供应链稳定性和竞争力。

为积极争取国家政策及资金支持，辽宁省财政厅与省工业和信息化厅密切配合，加强政策研究，结合全省推进"数字辽宁、智造强省"建设重点工作，认真编制实施方案，组织各市申报项目。截至 2021 年，已争取到中央财政专精特新"小巨人"企业补助资金 3400 多万元，支持 9 家重点"小巨人"企业、8 个为专精特新"小巨人"企业提供服务的公共服务示范平台。近期，工业和信息化部公布了新一批专精特新"小巨人"企业名单，辽宁优迅科技有限公司、沈阳精锐科技有限公司等 137 家辽宁企业成功进入名单，将获得中央财政资金支持。

辽宁省编制了《落实财政部 工信部支持"专精特新"中小企业高质量发展的工作方案（2021 - 2025 年)》，分年度确定工作目标，指导各市做好项目储备，组织专家开展评审，择优推荐一批中小企业纳入国家项目库，争取得到国家更多的支持，加快培育一批专注细分领域的专精特新"小巨人"企业和"单项冠军"企业，努力构建大中小微企业专业化分工协作、共同发展的产业体系，助力推动"数字辽宁、智造强省"建设。

二、辽宁民营企业经营态势分析

2021 年，规模以上工业企业实现营业收入 35214.2 亿元，同比增长 17.7%；发生营业成本 29672.0 亿元，增长 16.5%；营业收入利润率为 4.83%，提高 0.47 个百分点。实现利润总额 1699.6 亿元，同比增长 30.3%，比 2019 年增长 24.8%，两年平均增长 11.7%。其中，私营企业实现利润总额 466.7 亿元，增长 8.7%。

（一）2021 年辽宁入选中国民营企业 500 强企业分析

1. 2021 年辽宁入围企业概况

全国民营经济 500 强榜单由全国工商联组织各省市区工商联在各自区域、行业范围内实施，以民营企业自愿加入为原则。2021 中国民营企业 500 强榜单于 2021 年 9 月发布，该榜单调研对象为 2020 年营业收入总额在 5 亿元以上的私营企业、民营经济成分控股的有限责任公司和股份有限公司（2020 年出现重大违法违规事件和严重失信行为的公司除外），表 5 展示了 2016 ~ 2020 年辽宁省入围中国民营经济 500 榜单的情况。

表 5　　　　2016 ~ 2020 年辽宁省入围民营经济 500 榜单情况　　　　单位：万元

排名	企业名称	所属行业	营收总额
2016 年			
9	大连万达集团股份有限公司	综合	25498000
147	环嘉集团有限公司	批发业	3536431
158	盘锦北方沥青燃料有限公司	石油加工、炼焦和核燃料加工业	3309665
351	大连金玛商城企业集团有限公司	租赁业	1684521
452	兴隆大家庭商业集团有限公司	零售业	1324474
457	锦联控股集团有限公司	水上运输业	1307303
总计	6 家		36660394
2017 年			
10	大商集团有限公司	零售业	28080516
17	大连万达集团股份有限公司	综合	20185519
162	盘锦北方沥青燃料有限公司	石油加工、炼焦和核燃料加工业	4107120
187	环嘉集团有限公司	批发业	3838626
267	辽宁禾丰牧业股份有限公司	农副食品加工业	2730333
438	大连金玛商城企业集团有限公司	商务服务业	1775527
总计	6 家		60717641

排名	企业名称	所属行业	营收总额
2018 年			
12	大商集团有限公司	零售业	30029186
23	大连万达集团股份有限公司	综合	18076999
114	盘锦北方沥青燃料有限公司	石油加工、炼焦和核燃料加工业	6003399
143	辽宁嘉晨控股集团有限公司	黑色金属冶炼和压延加工业	4963961
182	福佳集团有限公司	化学原料和化学制品制造业	4273426
204	环嘉集团有限公司	废弃资源综合利用业	3914517
243	辽宁禾丰牧业股份有限公司	农副食品加工业	3462704
289	铭源控股集团有限公司	批发业	2964371
341	五矿营口中板有限责任公司	黑色金属冶炼和压延加工业	2516410
383	辽宁宝来生物能源有限公司	石油加工、炼焦和核燃料加工业	2256639
385	盘锦浩业化工有限公司	石油加工、炼焦和核燃料加工业	2254118
总计	11 家		80715730
2019 年			
28	大连万达集团股份有限公司	综合	16188267
57	中升（大连）集团有限公司	零售业	10091383
106	辽宁宝来生物能源有限公司	石油、煤炭及其他燃料加工业	7075916
107	盘锦北方沥青燃料有限公司	石油、煤炭及其他燃料加工业	6985247
141	辽宁嘉晨控股集团有限公司	黑色金属冶炼和压延加工业	5862135
173	福佳集团有限公司	化学原料和化学制品制造业	4669130
190	辽宁禾丰牧业股份有限公司	农副食品加工业	4442822
237	盘锦浩业化工有限公司	石油、煤炭及其他燃料加工业	3768388
总计	8 家		59083288
2020 年			
72	辽宁方大集团实业有限公司	黑色金属冶炼和压延加工业	10197710
180	辽宁嘉晨控股集团有限公司	黑色金属冶炼和压延加工业	5312895
181	禾丰食品股份有限公司	农副食品加工业	5265492
191	福佳集团有限公司	化学原料和化学制品制造业	5031230
总计	4 家		25807327

资料来源：根据全国工商联发布的历年全国民营经济 500 强榜单整理所得。

2. 近 5 年来入围企业的变化

（1）辽宁入围企业数量的变化分析。在 2021 年中国民营企业 500 强榜单中，辽宁共有 4 家民营企业入围，与 2019 年相比下降 4 家，其中有 1 家企业来自大连，1 家来自营口，2 家来自沈阳。另外，2020 年 500 强榜单中的 8 家企业中，有 3 家企业依旧入选了 2021 年榜单，而 2021 年辽宁新增 500 强榜单企业 1 家，为辽宁方大集团实业有限公司。从入围企业数量来看，辽宁民营企业入选全国 500 强的数量在 2018 年达到巅峰的 11 家以后，开始逐年下降，2021 年仅入选 4 家，为榜单设立以来的最低数量。

（2）辽宁入围企业销售规模变化情况。从辽宁省入围企业的销售规模看，2021 年留在榜单中的三家企业排名中部靠前位置，其中有一家企业（辽宁嘉晨控股集团有限公司）的营业收入出现下降，有两家企业（禾丰食品股份有限公司、福佳集团有限公司）的营业收入出现不同程度的提升。而新入围的辽宁方大集团实业有限公司凭借着 1019.77 亿元的营收排名第72 位。

（3）地域与行业分布的变迁。从入围企业的行业分布来看，这四家同时入选 2021 年制造业民营企业 500 强的企业均为制造业企业。进一步进行行业细分，以能源加工为主的制造业企业有三家（辽宁方大集团实业有限公司、辽宁嘉晨控股集团有限公司、福佳集团有限公司），还有一家为食品加工业（禾丰食品股份有限公司）。

从地域分布特点来看，入选的企业有 1 家企业来自大连，1 家来自营口，2 家来自沈阳。其他 11 个地级市无一家入围企业，地域失衡特征明显。

3. 省与省之间的比较分析

图 8 ~ 图 19 为以省份为单位的历年入围企业的数量和营收总额情况。

从入围企业数量看，山东、广东、江苏、浙江等民营经济发达省份入选数量明显高于其他省份，其总和占比高达 60% 以上。整个东北地区的数量要明显低于其他区域，其中 2021 年东北地区入围企业仅为 8 家，较上年减少 3 家，占比仅为 1.6%，而辽宁省的排名在 2018 年达到最高位（第 12 位）后，开始逐年下滑，2021 年辽宁省入围企业数量排名并列第 19 位，下滑较为严重。

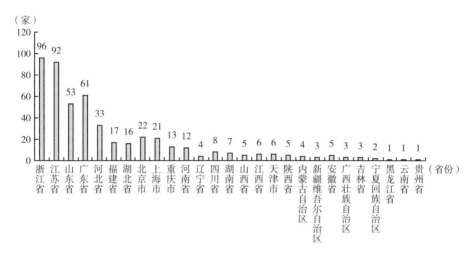

图8　2020年民营经济500强入选企业数量（分省）情况

资料来源：根据全国工商联发布的历年全国民营经济500强榜单整理所得。

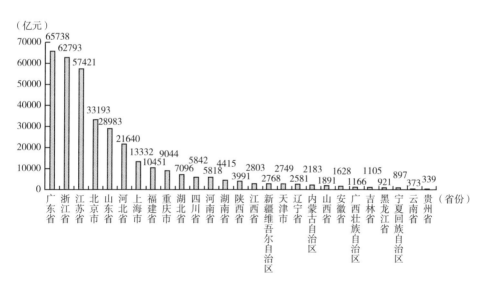

图9　2020年民营经济500强营业收入总额（分省）情况

资料来源：根据全国工商联发布的历年全国民营经济500强榜单整理所得。

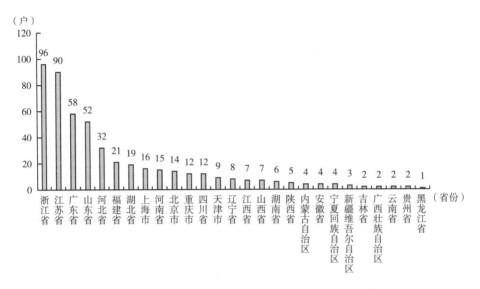

图10 2019 年民营经济 500 强入选企业数量（分省）情况

资料来源：根据全国工商联发布的历年全国民营经济 500 强榜单整理所得。

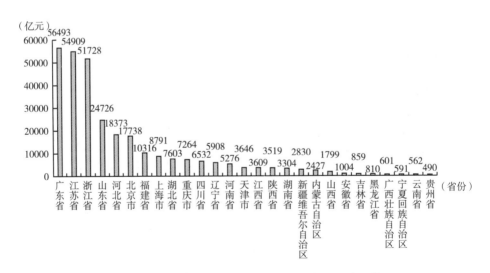

图11 2019 年民营经济 500 强营业收入总额（分省）情况

资料来源：根据全国工商联发布的历年全国民营经济 500 强榜单整理所得。

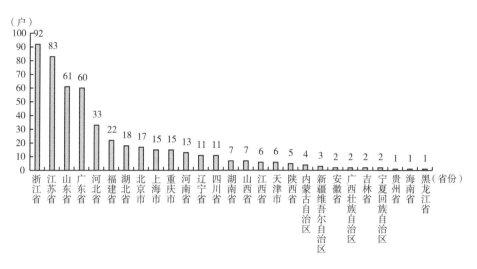

图 12　2018 年民营经济 500 强入选企业数量（分省）情况

资料来源：根据全国工商联发布的历年全国民营经济 500 强榜单整理所得。

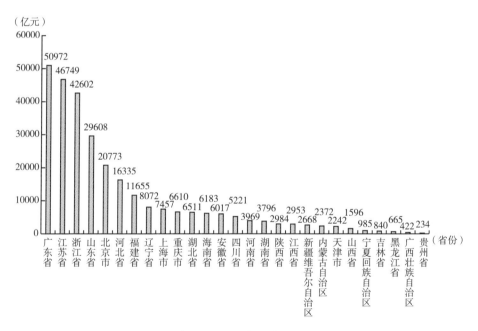

图 13　2018 年民营经济 500 强营业收入总额（分省）情况

资料来源：根据全国工商联发布的历年全国民营经济 500 强榜单整理所得。

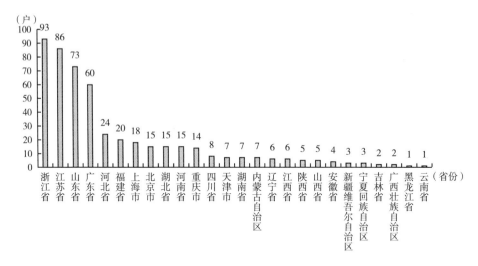

图 14 2017 年民营经济 500 强入选企业数量（分省）情况

资料来源：根据全国工商联发布的历年全国民营经济 500 强榜单整理所得。

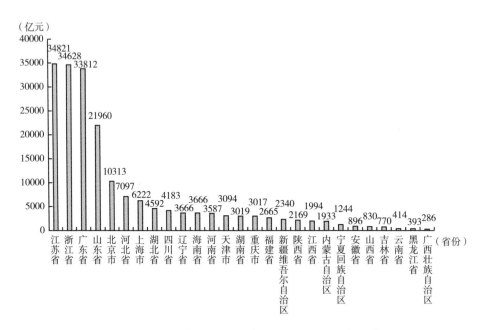

图 15 2017 年民营经济 500 强营业收入总额（分省）情况

资料来源：根据全国工商联发布的历年全国民营经济 500 强榜单整理所得。

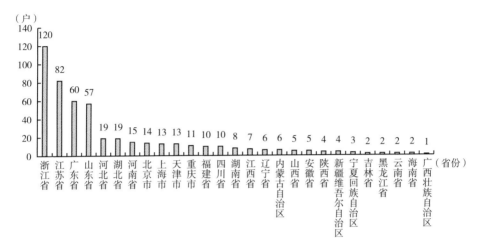

图16 2016年民营经济500强入选企业数量（分省）情况

资料来源：根据全国工商联发布的历年全国民营经济500强榜单整理所得。

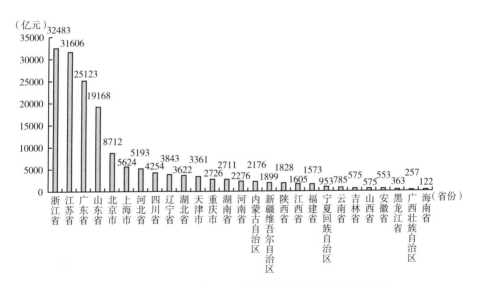

图17 2016年民营经济500强营业收入总额（分省）情况

资料来源：根据全国工商联发布的历年全国民营经济500强榜单整理所得。

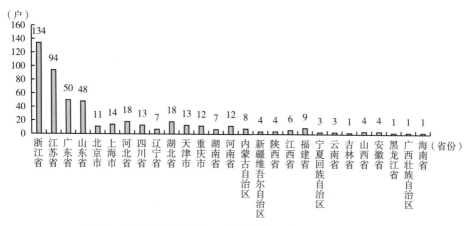

图18　2015 年民营经济 500 强入选企业数量（分省）情况

资料来源：根据全国工商联发布的历年全国民营经济 500 强榜单整理所得。

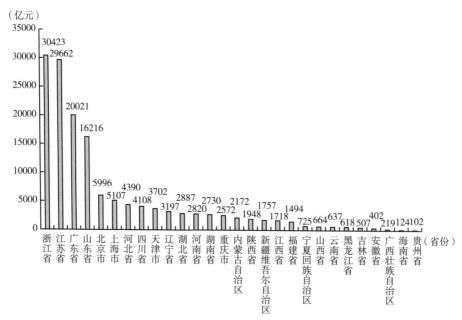

图19　2015 年民营经济 500 强营业收入总额（分省）情况

资料来源：根据全国工商联发布的历年全国民营经济 500 强榜单整理所得。

　　从入围企业营收总额看，山东、广东、江苏、浙江等民营经济发达省份的营收总额要显著高于其他省份。2021 年，除了东北地区，其他地区入围企业营收总额均有所增长，东北地区营业收入总额为 4607.42 亿元，较上年减少 2969.66 亿元，降幅为 39.19%；而 2021 年辽宁省入围企业营收总额为

2580. 73 亿元，降幅为 56. 33%①，排名为第 18 位。

（二）2021 年辽宁省民营 A 股上市公司情况分析

1. 辽宁省民营 A 股上市公司整体情况

截至 2021 年底，辽宁省共有 A 股上市民营公司 36 家（注册地与办公地均为辽宁省辖区，具体见表6），资产总额 3554. 99 亿元。其中主板上市企业 22 家，科创板 14 家。上市公司主要涉及制造业、信息传输业等 4 个行业，其中装备制造业为辽宁省民营上市公司的主体，共有 30 家，占比 83%（见图20）。从所属区域上看，沈阳市 11 家、大连市 11 家、鞍山市 4 家，三者占比 77. 8%（见图21）。

表6 辽宁省民营 A 股上市公司一览

证券代码	证券简称	所属证监会行业名称	城市
000597. SZ	东北制药	制造业	沈阳市
000679. SZ	大连友谊	批发和零售业	大连市
000715. SZ	中兴商业	批发和零售业	沈阳市
000751. SZ	锌业股份	制造业	葫芦岛市
002231. SZ	奥维通信	制造业	沈阳市
002447. SZ	*ST 晨鑫	信息传输、软件和信息技术服务业	大连市
002487. SZ	大金重工	制造业	阜新市
002606. SZ	大连电瓷	制造业	大连市
002667. SZ	鞍重股份	制造业	鞍山市
002689. SZ	远大智能	制造业	沈阳市
002731. SZ	萃华珠宝	制造业	沈阳市
300082. SZ	奥克股份	制造业	辽阳市
300125. SZ	聆达股份	制造业	大连市
300202. SZ	*ST 聚龙	制造业	鞍山市
300210. SZ	森远股份	制造业	鞍山市
300293. SZ	蓝英装备	制造业	沈阳市
300405. SZ	科隆股份	制造业	辽阳市

---

① 根据笔者分析，造成营收下降的一个重要原因是由于大连万达集团基于多种原因而未入围 2021 年榜单所导致。

续表

证券代码	证券简称	所属证监会行业名称	城市
300473.SZ	德尔股份	制造业	阜新市
300573.SZ	兴齐眼药	制造业	沈阳市
300758.SZ	七彩化学	制造业	盘锦市
301007.SZ	德迈仕	制造业	大连市
301100.SZ	风光股份	制造业	营口市
600167.SH	联美控股	电力、热力生产和供应业	沈阳市
600303.SH	曙光股份	制造业	丹东市
600306.SH	*ST商城	批发和零售业	沈阳市
600346.SH	恒力石化	制造业	大连市
600399.SH	抚顺特钢	制造业	抚顺市
600694.SH	大商股份	批发和零售业	大连市
603315.SH	福鞍股份	制造业	鞍山市
603360.SH	百傲化学	制造业	大连市
603399.SH	吉翔股份	制造业	锦州市
603609.SH	禾丰牧业	制造业	沈阳市
603866.SH	桃李面包	制造业	沈阳市
688267.SH	中触媒	制造业	大连市
688305.SH	科德数控	制造业	大连市
688529.SH	豪森股份	制造业	大连市

资料来源：笔者根据 Wind 数据库计算所得。

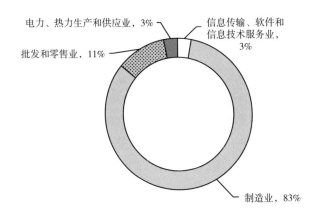

图 20　辽宁民营上市公司行业分布情况

资料来源：根据 Wind 数据库计算所得。

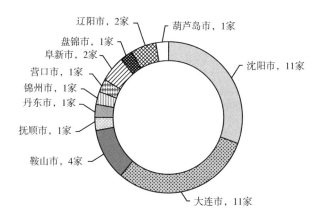

图 21 辽宁民营上市公司地域分布情况

资料来源：根据 Wind 数据库计算所得。

从表 7 可以看出，2021 年前三季度，辽宁省民营上市公司总资产规模上涨的有 25 家、下降的有 11 家，平均增长率为 9.15%，整体上保持了规模的稳定增长，其中聆达股份由于太阳能业务营收的大幅度增加，其总资产同比增长率达到 90.96%，而萃华珠宝、奥维通信总资产规模出现两位数规模的缩水。

表 7 　　2021 年前三季度辽宁省民营 A 股上市公司总资产同比增长情况　　单位：%

证券代码	证券简称	同比增长率	证券代码	证券简称	同比增长率
300125. SZ	聆达股份	90. 96	603866. SH	桃李面包	6. 59
301007. SZ	德迈仕	47. 49	688305. SH	科德数控	5. 68
300758. SZ	七彩化学	39. 51	002667. SZ	鞍重股份	5. 44
002487. SZ	大金重工	36. 13	603360. SH	百傲化学	5. 07
688529. SH	豪森股份	27. 89	600306. SH	*ST 商城	4. 06
300573. SZ	兴齐眼药	26. 98	002689. SZ	远大智能	2. 77
301100. SZ	风光股份	25. 32	600167. SH	联美控股	2. 57
600694. SH	大商股份	16. 89	300405. SZ	科隆股份	− 1. 78
688267. SH	中触媒	16. 18	300473. SZ	德尔股份	− 3. 49
002606. SZ	大连电瓷	16. 10	300202. SZ	*ST 聚龙	− 5. 42
603609. SH	禾丰股份	15. 90	002447. SZ	*ST 晨鑫	− 7. 14
600399. SH	抚顺特钢	14. 34	300210. SZ	森远股份	− 7. 73
300082. SZ	奥克股份	13. 78	000679. SZ	大连友谊	− 7. 92
603315. SH	福鞍股份	13. 21	603399. SH	吉翔股份	− 7. 99
000751. SZ	锌业股份	10. 27	300293. SZ	蓝英装备	− 8. 02
000715. SZ	中兴商业	10. 27	600303. SH	曙光股份	− 8. 86

证券代码	证券简称	同比增长率	证券代码	证券简称	同比增长率
600346. SH	恒力石化	8.36	002731. SZ	萃华珠宝	−10.77
000597. SZ	东北制药	6.68	002231. SZ	奥维通信	−11.78

注：科德数控、德迈仕、风光股份为2021年中报数据，中触媒为2021年第一季度数据。

资料来源：根据Wind数据库计算所得。

2021年前三季度，辽宁省民营A股上市公司营业收入总额为2354.99亿元，与上年同期相比增加了655.37亿元，增幅达到38.56%，而从表8可以看出，2021年前三季度，辽宁省民营A股上市公司营业收入上涨的公司达29家，究其原因主要是受疫情影响，2020年各公司营收下降幅度较大，拉低了基数所致。其中，聆达股份2020年通过重大资产重组方式进入光伏电池行业，实现在原有光伏业务领域上游产业链的延伸，此项业务在2021年收到回报，其在太阳能电池业务领域的发展极大地拉动了公司的营业收入；而奥维通信由于紧抓军工行业的发展机遇，持续推动军工业务，不断深挖市场，加大产品销售力度，实现了军工业务的稳定发展，进而导致营业收入大幅增长。此外，森远股份由于销售规模下降及销售结构调整，导致其营业收入出现较大幅度下降。

表8 　2021年前三季度辽宁省民营A股上市公司营业收入同比增长情况　单位：%

证券代码	证券简称	同比增长率	证券代码	证券简称	同比增长率
300125. SZ	聆达股份	1451.21	600399. SH	抚顺特钢	18.11
002231. SZ	奥维通信	326.28	300405. SZ	科隆股份	17.95
002447. SZ	*ST晨鑫	170.32	300473. SZ	德尔股份	16.35
603399. SH	吉翔股份	79.01	000679. SZ	大连友谊	15.68
688267. SH	中触媒	71.91	000597. SZ	东北制药	11.27
300573. SZ	兴齐眼药	64.13	301100. SZ	风光股份	7.11
000751. SZ	锌业股份	62.57	603866. SH	桃李面包	6.67
002731. SZ	萃华珠宝	61.56	000715. SZ	中兴商业	5.24
002487. SZ	大金重工	57.53	600694. SH	大商股份	2.63
002667. SZ	鞍重股份	56.80	603315. SH	福鞍股份	2.33
600303. SH	曙光股份	46.92	002606. SZ	大连电瓷	2.27
600346. SH	恒力石化	46.60	688529. SH	豪森股份	−0.71
300758. SZ	七彩化学	34.49	002689. SZ	远大智能	−1.42
688305. SH	科德数控	34.00	600167. SH	联美控股	−5.23

证券代码	证券简称	同比增长率	证券代码	证券简称	同比增长率
603609.SH	禾丰股份	29.10	300293.SZ	蓝英装备	−11.59
300082.SZ	奥克股份	27.51	600306.SH	*ST 商城	−24.44
301007.SZ	德迈仕	27.08	300202.SZ	*ST 聚龙	−29.34
603360.SH	百傲化学	22.07	300210.SZ	森远股份	−44.82

资料来源：根据 Wind 数据库计算所得。

从表 9 可以看到，2021 年前三季度辽宁省民营 A 股上市公司净利润出现较大程度分化，半数左右公司的净利润出现不同程度的上升，其中东北制药在经历重组后，经营出现好转，净利润猛增。值得注意的是，一些净利润上涨幅度较大的公司在扣除了非经常性损益后净利润增长大幅度下滑，可见这种净利润的增长不具有可持续性。

表 9　　2021 年前三季度辽宁省民营 A 股上市公司净利润同比增长情况　　单位：%

证券代码	证券简称	同比增长率	证券代码	证券简称	同比增长率
000597.SZ	东北制药	549.70	300758.SZ	七彩化学	20.63
000715.SZ	中兴商业	365.79	000751.SZ	锌业股份	11.55
688305.SH	科德数控	254.60	603360.SH	百傲化学	−10.44
002231.SZ	奥维通信	229.68	301100.SZ	风光股份	−14.33
300573.SZ	兴齐眼药	207.39	603866.SH	桃李面包	−17.16
300473.SZ	德尔股份	157.38	603315.SH	福鞍股份	−31.66
603399.SH	吉翔股份	128.33	300405.SZ	科隆股份	−33.16
688267.SH	中触媒	118.99	688529.SH	豪森股份	−36.86
600399.SH	抚顺特钢	69.39	300082.SZ	奥克股份	−37.01
300293.SZ	蓝英装备	56.18	600167.SH	联美控股	−37.43
600694.SH	大商股份	49.24	300202.SZ	*ST 聚龙	−51.37
002606.SZ	大连电瓷	43.65	603609.SH	禾丰股份	−102.69
301007.SZ	德迈仕	43.17	300210.SZ	森远股份	−204.22
600306.SH	*ST 商城	41.20	300125.SZ	聆达股份	−205.13
002487.SZ	大金重工	40.13	002667.SZ	鞍重股份	−236.41
002731.SZ	萃华珠宝	38.59	600303.SH	曙光股份	−555.39
600346.SH	恒力石化	28.31	000679.SZ	大连友谊	−563.86
002689.SZ	远大智能	21.99	002447.SZ	*ST 晨鑫	−847.41

资料来源：根据 Wind 数据库计算所得。

2. 2021 年辽宁省民营上市公司经营业绩对比分析：以制造业为例

由于辽宁省上市公司中制造业企业占了绝大多数（36 家上市企业中，有30 家为制造业，占比 83%），为了更好地进行区域与行业对比，本部分以制造业为例进行 2021 年辽宁省民营上市公司经营业绩的对比分析。

（1）盈利能力分析。从净资产收益率指标看（见表 10），辽宁省民营制造业平均的净资产收益率为 5.91%，位于全国省份排名第 23 位，低于全国平均水平，相对于 2020 年的 5.46%，盈利能力有所上升，这说明从为企业所有者权益的获利能力角度分析，辽宁省制造业企业的盈利能力并不强，这与辽宁省制造业强省的身份是不匹配的。从个体上看，辽宁省有 18 家企业的净资产收益率是负的，其中曙光股份的净资产收益率最低，为 - 6.66%；其余 19 家企业的净资产收益率为正；其中兴奇眼药的净资产收益率最高，为 20.48%。

表 10　2021 年前三季度民营制造业上市公司净资产收益率情况　单位：%

排序	省份	净资产收益率	排序	省份	净资产收益率
1	西藏自治区	9.67	17	江苏省	6.95
2	贵州省	9.59	18	广西壮族自治区	6.55
3	湖南省	8.95	19	福建省	6.20
4	浙江省	8.88	20	内蒙古自治区	6.13
5	江西省	8.31	21	北京市	6.09
6	山东省	8.26	22	山西省	6.02
7	四川省	8.24	23	辽宁省	5.91
8	重庆市	8.10	24	吉林省	5.28
9	安徽省	7.84	25	云南省	4.97
10	陕西省	7.81	26	黑龙江省	4.32
11	河南省	7.70	27	宁夏回族自治区	4.07
12	湖北省	7.34	28	天津市	3.79
13	广东省	7.31	29	青海省	3.43
14	河北省	7.25	30	新疆维吾尔自治区	1.99
15	甘肃省	7.23	31	海南省	- 1.57
16	上海市	7.21		全国平均水平	7.55

资料来源：根据 Wind 数据库计算所得。

从总资产收益率指标（见表11）来看，辽宁省民营制造业平均的总资产收益率为4.82%，位于全国省份排名第25位，低于全国平均水平的6.36%，相对于2020年的4.6%，盈利能力持续有所提升，但全国排名却下降了4位，这说明从公司的竞争实力和发展能力角度分析，辽宁省制造业企业的盈利能力并不强。其中，辽宁省有6家企业的总资产收益率是负的，曙光股份的总资产收益率最低，为－3.52%；其余24家企业的总资产收益率为正，兴齐眼药的总资产收益率最高，为18.35%。

表11　　　2021年前三季度民营制造业上市公司总资产报酬率情况　　单位：%

排序	省份	净资产收益率	排序	省份	净资产收益率
1	湖南省	8.12	17	宁夏回族自治区	6.12
2	西藏自治区	7.84	18	江苏省	6.06
3	内蒙古自治区	7.62	19	新疆维吾尔自治区	6.04
4	四川省	7.42	20	北京市	5.93
5	浙江省	7.41	21	广东省	5.57
6	山东省	7.38	22	福建省	5.50
7	重庆市	7.38	23	黑龙江省	4.91
8	江西省	7.07	24	陕西省	4.87
9	山西省	7.02	25	辽宁省	4.82
10	湖北省	6.95	26	广西壮族自治区	4.78
11	贵州省	6.64	27	吉林省	4.55
12	安徽省	6.38	28	天津市	3.96
13	甘肃省	6.37	29	云南省	3.38
14	河南省	6.36	30	青海省	3.00
15	河北省	6.25	31	海南省	1.48
16	上海市	6.15		全国平均水平	6.36

资料来源：根据Wind数据库计算所得。

从销售净利率指标看（见表12），辽宁省企业营业收入创造净利润的能力相对较低。2021年，辽宁省民营制造业企业的销售净利率为6.30%，仅位列全国第25位，低于全国平均水平10.68%，指标绝对值与排名均比2020年有所下滑，与制造业发达省份差距较大，辽宁省民营制造业企业在改进经营管理方面还有较大的提升空间。从个体看，辽宁省民营制造业上市企业的销售创利方面差异较大，有 7 家企业销售净利率为负，其中森远股份以 −28.27% 垫底，而科德数控以 28.94% 为例销售净利率第一位。

表 12　　　2021 年前三季度民营制造业上市公司销售净利率情况　　单位：%

排序	省份	销售净利率	排序	省份	销售净利率
1	云南省	23.20	17	广西壮族自治区	10.74
2	西藏自治区	17.71	18	福建省	10.34
3	内蒙古自治区	15.40	19	重庆市	9.81
4	四川省	15.22	20	江苏省	9.58
5	贵州省	14.71	21	甘肃省	9.54
6	湖北省	13.52	22	山西省	8.38
7	湖南省	13.36	23	广东省	7.75
8	江西省	12.83	24	宁夏回族自治区	7.25
9	浙江省	12.19	**25**	**辽宁省**	**6.30**
10	山东省	12.00	26	陕西省	5.54
11	河南省	11.93	27	天津市	5.15
12	上海市	11.91	28	新疆维吾尔自治区	3.29
13	北京市	11.86	29	海南省	0.55
14	黑龙江省	11.76	30	吉林省	−0.61
15	安徽省	11.34	31	青海省	−5.34
16	河北省	11.33		全国平均水平	10.68

资料来源：根据 Wind 数据库计算所得。

（2）资产质量状况分析。从表 13 可以看出，2021 年辽宁省民营制造业上市公司的总资产周转率为 0.55 次，比上年有所提升（2020 年为 0.48 次），排名第 6 位，且高于全国 0.50 次的平均水平，这说明辽宁省制造业企业资产运营效率相对较好。此外，综合辽宁省民营制造业上市企业相对较低的销售净利率及相对较高的总资产周转率的特点进行分析，说明辽宁省民营制造业企业的经营特点为薄利多销，同时也从侧面反映了辽宁省民营制造业企业产品的经济附加值需要进一步提升。

表 13　　　　**2021 年前三季度民营制造业上市公司总资产周转率情况**　　　　*单位：次*

排序	省份	总资产周转率	排序	省份	总资产周转率
1	山西省	0.65	17	广西壮族自治区	0.44
2	重庆市	0.56	18	湖北省	0.43
3	天津市	0.56	19	新疆维吾尔自治区	0.42
4	浙江省	0.56	20	四川省	0.41
5	安徽省	0.56	21	河南省	0.40
6	湖南省	0.55	22	海南省	0.39
7	**辽宁省**	**0.55**	23	北京市	0.38
8	山东省	0.54	24	云南省	0.37
9	广东省	0.51	25	内蒙古自治区	0.36
10	西藏自治区	0.50	26	陕西省	0.34
11	福建省	0.50	27	青海省	0.33
12	上海市	0.50	28	甘肃省	0.31
13	江苏省	0.49	29	宁夏回族自治区	0.27
14	江西省	0.46	30	黑龙江省	0.26
15	贵州省	0.45	31	吉林省	0.25
16	河北省	0.45		全国平均水平	0.50

资料来源：根据 Wind 数据库计算所得。

从表 14 可以看出，2021 年辽宁省民营制造业上市公司的应收账款周转率为 8.68 次，高于全国 6.12 次的平均水平，且显著高于辽宁 2019 年 5.20 次的水平，一方面说明辽宁省民营制造业上市公司的收账效率与管理效率在提升，资产流动性增强，偿债能力在上升；另一方面则表明整个市场可能存在信用恶化的情况，例如，信用标准高、信用期间短、收账政策严格、付款条件苛刻，这样会在一定程度上限制公司销售收入的扩大，进而影响公司的盈利。

表 14　　　　**2021 年前三季度民营制造业上市公司应收账款周转率情况**　　　　*单位：次*

排序	省份	应收账款周转率	排序	省份	应收账款周转率
1	青海省	23.95	7	甘肃省	8.98
2	内蒙古自治区	15.76	8	广西壮族自治区	8.92
3	西藏自治区	12.68	**9**	**辽宁省**	**8.68**
4	黑龙江省	10.89	10	天津市	8.12
5	四川省	10.34	11	云南省	7.81
6	湖南省	10.00	12	安徽省	7.48

排序	省份	应收账款周转率	排序	省份	应收账款周转率
13	山东省	7.26	23	山西省	4.89
14	陕西省	6.87	24	海南省	4.64
15	浙江省	6.64	25	北京市	4.63
16	上海市	6.10	26	重庆市	4.61
17	福建省	5.82	27	新疆维吾尔自治区	4.58
18	江西省	5.68	28	贵州省	4.42
19	河南省	5.40	29	湖北省	4.36
20	河北省	5.01	30	吉林省	3.52
21	广东省	5.00	31	宁夏回族自治区	2.05
22	江苏省	4.99		全国平均水平	6.12

资料来源：根据 Wind 资讯计算所得。

（3）债务风险状况分析。从表15可以看出，2021年前三季度，辽宁省民营制造业上市企业的平均资产负债率为42.20%，与上年的情况基本持平，排名全国第6位，略高于全国35.54%的平均水平。从绝对值看，辽宁省民营制造业上市企业的平均资产负债率处在较为安全范围之内，整体资本结构合理，但相对较高的资产负债率在一定程度上说明辽宁省民营制造业企业的资本市场利用率较低，企业面临着较高财务风险的可能，进而影响研发支出。从个体上看，恒力石化以74.08%的资产负债率位居第一，其财务潜在风险值得关注，而科德数控的资产负债率仅为17.30%，说明企业运用外部资金的能力相对较弱。

表15　　　　　2021年前三季度民营制造业上市公司资产负债率情况

排序	省份	资产负债率	排序	省份	资产负债率
1	北京市	27.66	10	陕西省	33.35
2	青海省	28.48	11	湖南省	34.13
3	云南省	29.17	12	山西省	34.38
4	湖北省	30.79	13	江苏省	34.79
5	河北省	31.48	14	河南省	35.37
6	上海市	32.26	15	四川省	35.61
7	天津市	32.86	16	江西省	35.77
8	山东省	32.98	17	福建省	35.95
9	西藏自治区	33.20	18	浙江省	36.26

续表

排序	省份	资产负债率	排序	省份	资产负债率
19	内蒙古自治区	36.26	**26**	**辽宁省**	**42.20**
20	吉林省	36.42	27	海南省	43.99
21	重庆市	36.70	28	宁夏回族自治区	44.79
22	安徽省	38.21	29	黑龙江省	46.42
23	广东省	38.25	30	广西壮族自治区	47.64
24	贵州省	40.39	31	新疆维吾尔自治区	49.07
25	甘肃省	41.02		全国平均水平	35.54

资料来源：根据 Wind 资讯计算所得。

从表 16 可以看出，2021 年前三季度，辽宁省民营制造业企业的已获利息倍数为 14.45，排名第 21 位，均高于 2020 年的水平，但是显著低于全国 50.60 的平均水平。从绝对数字上，大多数企业的已获利息倍数均高于 3（一般认定的安全已获利息倍数值），但是与全国平均水平的较大差异说明辽宁省民营制造业企业的偿债隐患仍然存在，全省部分民营制造业企业仍面临亏损、偿债的安全性与稳定性下降的风险。

表 16　　　　2021 年前三季度民营制造业上市公司已获利息倍数情况

排序	省份	已获利息倍数	排序	省份	已获利息倍数
1	湖南省	111.28	17	江西省	24.5
2	上海市	97.13	18	天津市	22.78
3	重庆市	95.04	19	山西省	16.62
4	安徽省	64.68	20	湖北省	15.48
5	福建省	61.02	**21**	**辽宁省**	**14.45**
6	江苏省	60.34	22	甘肃省	13.49
7	西藏自治区	56.1	23	宁夏回族自治区	12.41
8	山东省	55.2	24	内蒙古自治区	11.32
9	河南省	54.25	25	河北省	11.14
10	四川省	44.01	26	青海省	11.13
11	广东省	42.12	27	新疆维吾尔自治区	10.26
12	贵州省	39.29	28	云南省	8.11
13	黑龙江省	29.68	29	吉林省	7.85
14	陕西省	27.67	30	浙江省	7.85
15	北京市	25.86	31	海南省	1.17
16	广西壮族自治区	25.57		全国平均水平	50.60

资料来源：根据 Wind 资讯计算所得。

（4）经营增长状况分析。从表 17 可以看出，2021 年前三季度，辽宁省民营制造业企业的营业收入增长率为 35.92%，排名第 11 位，略且高于全国 33.47% 的平均水平，并显著高于辽宁省 2020 年 11.04% 的平均水平。整体上，2021 年包括辽宁省在内的全国民营制造业企业的经营保持了较好的发展态势，营收增长明显。从个体上看，辽宁省 2021 年前三季度有 5 家上市公司的营业收入为负，有 3 家企业连续两年的营业收入为负，其中蓝英装备连续三年营收为负，这些企业的可持续发展情况值得关注。

表 17 　　　　　2021 年前三季度民营制造业上市公司营业收入情况 　　　　单位：%

排序	省份	营业收入增长率	排序	省份	营业收入增长率
1	宁夏回族自治区	64.65	17	湖北省	32.26
2	甘肃省	54.79	18	江苏省	31.29
3	云南省	53.67	19	青海省	31.23
4	新疆维吾尔自治区	51.09	20	黑龙江省	30.92
5	陕西省	48.84	21	山东省	29.85
6	上海市	42.7	22	四川省	29.83
7	江西省	38.78	23	福建省	29.34
8	贵州省	38.5	24	吉林省	26.59
9	湖南省	38.47	25	重庆市	25.99
10	安徽省	38.1	26	河北省	25.65
11	**辽宁省**	**35.92**	27	河南省	22.7
12	浙江省	35.49	28	广西壮族自治区	21.82
13	北京市	35.27	29	海南省	20.21
14	山西省	33.69	30	西藏自治区	18.02
15	广东省	33.08	31	天津市	11.37
16	内蒙古自治区	32.86		全国平均水平	33.47

资料来源：根据 Wind 资讯计算所得。

从表 18 可以看出，2021 年前三季度，辽宁省民营制造业企业的研发支出总额占营业收入为 3.71%，排在第 21 位，无论是指标值还是排名均低于 2020 年，且低于全国 5.74% 的平均水平，该指标值连续三年下滑，在经营逐步改善的情况下，研发投入仍呈下降趋势。整体上，企业的研发支出能够反映企业在技术方面的投入力度，从而在一定程度反映出企业未来经营发展的可持续性，从这一点上看，辽宁省民营制造业企业增长在技术方面的支撑有待强化。从个体上看，2021 年前三季度，辽宁省有 10 家民营制造业企业的研发支出总额占营业收入之比不足 1%，企业研发投入不足的情况仍在持续。

表 18		2021 年前三季度民营制造业上市公司研发支出情况			单位：%
排序	省份	研发支出占比	排序	省份	研发支出占比
1	北京市	11.01	17	山东省	4.32
2	天津市	9.27	18	吉林省	4.31
3	陕西省	7.15	19	江西省	3.84
4	湖北省	6.93	20	河北省	3.75
5	上海市	6.69	21	辽宁省	3.71
6	河南省	6.52	22	广西壮族自治区	3.62
7	广东省	6.37	23	青海省	3.33
8	江苏省	6.17	24	宁夏回族自治区	3.24
9	海南省	5.78	25	重庆市	3.04
10	黑龙江省	5.68	26	山西省	2.87
11	四川省	5.62	27	贵州省	2.85
12	安徽省	5.44	28	内蒙古自治区	2.55
13	湖南省	5.06	29	新疆维吾尔自治区	2.49
14	福建省	4.74	30	甘肃省	2.15
15	浙江省	4.65	31	云南省	2.04
16	西藏自治区	4.46		全国平均水平	5.74

资料来源：根据 Wind 资讯计算所得。

目前，辽宁省民营制造业企业的盈利能力虽然有所增强，但是横向对比并不突出，这与辽宁省制造业大省的历史地位并不匹配，相对较低的销售利润率说明辽宁省民营制造业企业在改进经营管理方面还有较大的提升空间。从资产质量状况上看，辽宁省民营制造业企业的经营特点为薄利多销，辽宁省民营制造业企业产品的经济附加值需要进一步提升；从绝对值看，辽宁省民营制造业上市企业的平均资产负债率处在较为安全范围之内，整体资本结构合理，但相对较高的资产负债率在一定程度上说明辽宁省民营制造业企业的资本市场利用率较低，企业面临着较高财务风险的可能，进而影响研发支出，同时应收账款周转率的提升一方面说明辽宁省民营制造业上市公司的收账效率与管理效率在提升，资产流动性增强，偿债能力在上升；另一方面则表明整个市场可能存在信用恶化的情况。最后，从经营增长状况分析，辽宁省民营制造业企业的经营保持了相对稳定的增长，但是研发投入的不足，影响了企业核心竞争力的形成。

（三）辽宁中小（新三板）民营企业的经营状况分析

截至 2021 年，辽宁省共有 149 家民营企业在新三板市场上市，其行业分布与地区分布如图 22、图 23 所示。2021 年，辽宁省新三板民营企业在地区分布上严重不平衡，沈阳、大连两地共有 99 家，占比 67.3%，其他 12 个城市中共 48 家；在产业分布上，有 74 家上市企业为制造业企业，占比为 50.34%，其次是信息传输、软件和信息技术服务业，共有 27 家企业。

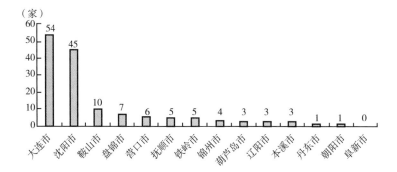

图 22 新三板市场中辽宁上市企业的地区分布情况

资料来源：根据 Wind 数据库计算所得。

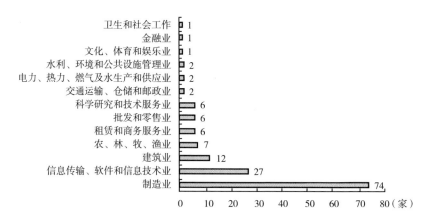

图 23 新三板市场中辽宁民营上市企业的行业分布情况

资料来源：根据 Wind 数据库计算所得。

辽宁省新三板上市民营企业的规模增速在经历了 2016 ~ 2017 年的相对高速扩张后，2020 年回落明显，2020 年辽宁省新三板上市企业的总资产规模增长率的中位数值仅为 1.16%，增长率下降的幅度明显。与全国中位数水平相比，辽宁省新三板上市民营企业的成长性显著滞后（见表 19）。从表 20 的计算结果看，辽宁省新三板上市民营企业的营业收入中位数增长率波动显著，尤其是受疫情影响，2020 年的营业收入中位数增长率为负数，说明辽宁省新三板上市民营企业的经营稳定性较差；与全国中位数水平相比可以得出，2016 ~ 2020 年，辽宁省中位数值均低于全国中位数水平，说明辽宁省新三板上市民营企业的经营能力较差。

表 19　　　　辽宁省新三板上市民营企业历年总资产增长比较情况　　　　单位：%

指标	2016 年	2017 年	2018 年	2019 年	2020 年
辽宁中位数	6.65	8.61	2.19	3.99	1.16
全国中位数	14.85	11.98	6.76	4.56	5.81

资料来源：根据 Wind 数据库计算所得。

表 20　　　　辽宁省新三板上市民营企业历年营业收入增长比较情况　　　　单位：%

指标	2016 年	2017 年	2018 年	2019 年	2020 年
辽宁中位数	7.03	12.55	1.96	5.81	-7.48
全国中位数	14.41	16.07	8.70	5.37	1.07

资料来源：根据 Wind 数据库计算所得。

1. 盈利能力分析

本报告主要采用净资产收益率、总资产收益率以及销售净利率等三个指标来对比分析辽宁省新三板上市民营企业的盈利能力。从表 21 的数据可以看出，辽宁省新三板上市民营企业的净资产收益率呈现逐渐下降的趋势，2020 年辽宁省的中位数值仅为 2.94%，显著低于 2016 年 8.58% 的中位数值水平，同时也远低于全国中位数值水平，这说明辽宁省民营中小企业的自有资本使用效率低下的问题较为突出，股东创造财富的能力不强，直接影响了民间资本进入辽宁省经济实体的积极性。

表21　　　　辽宁省新三板上市民营企业历年净资产收益率情况　　　　单位：%

指标	2016 年	2017 年	2018 年	2019 年	2020 年
辽宁中位数	8.58	7.60	3.86	3.89	2.94
全国中位数	10.18	8.91	6.73	6.23	6.29

资料来源：根据 Wind 数据库计算所得。

从表22 的数据可以看出，辽宁省新三板上市民营企业的总资产报酬率同样呈现出逐渐下降的趋势，2020 年辽宁省新三板上市民营企业的总资产报酬率中位数值仅为1.41%，显著低于 2016 年 5.29%的中位数值水平，同时也远低于全国 3.18%的中位数值水平。较低的总资产报酬率说明，现阶段辽宁省新三板上市民营企业的总体获利能力低下，企业的资金利用效率越来越低；另外，这也与辽宁省新三板上市民营企业的产业集中于制造业有关，近年来，由于制造业整体产业景气度不足，直接影响了企业的盈利能力。

表22　　　　辽宁省新三板上市民营企业历年总资产报酬率对比情况　　　　单位：%

指标	2016 年	2017 年	2018 年	2019 年	2020 年
辽宁中位数	5.29	4.34	2.26	2.13	1.41
全国中位数	5.35	4.91	3.50	3.15	3.18

资料来源：根据 Wind 数据库计算所得。

从表23 的数据可以看出，辽宁省新三板上市民营企业的销售净利率同样呈现出逐渐下降的趋势，2020 年辽宁省新三板上市民营企业的销售净利率中位数值仅为 2.06%，显著低于 2016 年 7.29%的中位数值水平，同时也低于全国 4.02%的中位数值水平。较低的销售净利率说明辽宁省中小民营企业销售的盈利能力较弱，企业面临着较大的盈利压力。

表23　　　　辽宁省新三板上市民营企业历年销售净利率对比情况　　　　单位：%

指标	2016 年	2017 年	2018 年	2019 年	2020 年
辽宁中位数	7.29	6.54	4.05	3.10	2.06
全国中位数	6.33	5.54	4.14	3.78	4.02

资料来源：根据 Wind 数据库计算所得。

2. 资产质量状况分析

本报告主要采用总资产周转率、应收账款周转率等指标来对比分析辽宁省新三板上市民营企业的资产质量状况。从表 24 可以看出，2016～2019 年辽宁省中小民营企业的总资产周转率呈现较为稳定的状况，2020 年受疫情影响，总资产周转率有所下降，达到 0.57 次；但是与全国中位数相比，辽宁省中小民营企业的总资产周转率始终较低，较低的总资产周转率说明辽宁省新三板民营上市企业资产的运营能力不高，销售能力下降、存货增多及闲置资金增多等因素导致了企业总资产周转率的下降。

表 24   辽宁省新三板上市民营企业历年总资产周转率比较情况   单位：次

指标	2016 年	2017 年	2018 年	2019 年	2020 年
辽宁中位数	0.64	0.68	0.63	0.64	0.57
全国中位数	0.83	0.81	0.78	0.75	0.71

资料来源：根据 Wind 数据库计算所得。

从表 25 可以看出，辽宁省新三板上市民营企业的应收账款周转率从 2016 年的 2.85 次，逐步提升至 2020 年的 3.20 次，说明企业应收账款流动速度加快，但是仍低于全国中位数 4.48 次的水平，这说明与全国平均水平相比，辽宁省新三板企业的平均收账期相对较长，坏账损失相对较多，资产流动性相对较低，短期偿债能力偏弱，经营风险存在；另外，也说明辽宁省金融支持民营企业发展的力度还需进一步加强，信用市场建设亟须加强。

表 25   辽宁省新三板上市民营企业历年应收账款周转率比较情况   单位：次

指标	2016 年	2017 年	2018 年	2019 年	2020 年
辽宁中位数	2.85	2.65	2.71	3.19	3.20
全国中位数	3.93	3.71	3.60	3.48	4.48

资料来源：根据 Wind 数据库计算所得。

3. 债务风险状况分析

本报告主要采用资产负债率、已获利息倍数等指标来对比分析辽宁省新三板上市民营企业的债务风险状况。从表 26 可以看出，辽宁省新三板上市民营企业的资产负债率呈现小幅上升的趋势，从 2016 年的 36.15% 上升到 2020 年的 41.25%，同时，历年都低于全国中位数水平；整体上，辽宁省中小民营企业的资本结构较为合理，财务风险较低。但同时从侧面反映出，辽宁省中小民营企业的外部资金利用率还有加强的空间。

表 26　　　　　辽宁省新三板上市民营企业历年资产负债率比较情况　　　　单位：%

指标	2016 年	2017 年	2018 年	2019 年	2020 年
辽宁中位数	36.15	40.64	37.16	40.32	41.25
全国中位数	38.22	38.77	39.95	41.76	44.00

资料来源：根据 Wind 数据库计算所得。

从表 27 可以看出，2016～2020 年，辽宁省新三板上市民营企业的已获利息倍数呈现显著下降的趋势，尤其是 2020 年，已经降低至 1.69 倍的低值，远低于全国 4.19 倍的中位数水平，甚至低于 3 倍的安全值，这说明辽宁省中小民营企业的长期偿债能力非常弱，债务风险不断加强，未来亟须关注民营中小企业债务的偿还问题，同时结合辽宁省相对较低的资产负债率进行综合分析，一方面说明辽宁省民营中小企业盈利能力非常弱，无法充足覆盖利息支出；另一方面也说明辽宁省民营中小企业的融资成本可能较高，进而增加企业的偿还压力。

表 27　　　　　辽宁省新三板上市民营企业已获利息倍数比较情况　　　　单位：倍

指标	2016 年	2017 年	2018 年	2019 年	2020 年
辽宁中位数	4.18	4.31	2.39	2.28	1.69
全国中位数	6.83	6.26	4.38	4.07	4.19

资料来源：根据 Wind 数据库计算所得。

4. 成长性

本报告主要采用研发支出占营业收入比重来反映企业的未来成长性。从表 28 可以看出，2016～2020 年，辽宁省新三板上市民营企业研发支出占比呈现小幅增加的趋势，且高于全国中位数水平，这为企业核心竞争力的培育及企业的可持续增长奠定了较为坚实的基础，但是值得注意的是，这可能与辽宁省新三板上市企业较低的营业收入有关，根据笔者统计，2020 年，辽宁新三板上市民营企业的平均研发支出为 414.82 万元，低于全国 427.79 万元的平均水平。

表 28　　　　　辽宁省新三板上市民营企业研发支出占比比较情况　　　　单位：%

指标	2016 年	2017 年	2018 年	2019 年	2020 年
辽宁中位数	6.01	6.06	6.09	5.87	6.38
全国中位数	5.65	5.60	5.71	5.78	5.85

资料来源：根据 Wind 数据库计算所得。

综上所述，面对外部环境复杂、国内经济不确定性增强的大背景，辽宁省民营中小企业发展面临着一些困境。通过对辽宁省新三板上市民营企业的经营情况的对比分析，可以得出辽宁省中小民营企业经营的基本现状：第一，全省民营中小企业上市的地域结构与产业结构相对失衡；第二，全省民营中小企业的规模扩张能力在减弱；第三，全省民营中小企业的资产质量状况尚可，各项指标略低于全国平均水平；第四，全省民营中小企业的资本结构较为合理，但是长期偿债能力非常弱，债务风险不断加强；第五，民营企业科研投入不及全国平均水平，科技创新对全省民营中小企业可持续发展的支撑引领作用有待加强。

三、促进辽宁民营经济高质量发展的建议

（一）树立龙头企业引领挂帅

要选树龙头企业，以龙头企业为引领，带动产业链条经济高质量发展。要强化省市一体化联动、产学研深度融合等机制，在重点项目建设、双招双引、协同创新、数字赋能等方面合力推动，为龙头企业建立服务专班，组织专题采访、集中宣传省委省政府表彰的优秀民营企业家，研究制定对上榜企业家在医疗、交通等领域提供专项服务的细则，提升民营企业家的荣誉感、获得感和社会影响力。发展总部经济，吸引头部企业，在培育本地企业总部的同时，重点引进高端装备、新一代信息技术等先进制造业企业，金融、现代物流等现代服务业企业，以及国家级、省级农业龙头企业，在金融支持、要素保障、人才招引等方面给予定制化服务。

（二）积极开展创新创业能力提升行动

完善以企业为主体的创新体系，建设省级、市级科技创新公共服务平台，打造科技型企业梯次培育升级版，组织"专精特新"企业参与重点产业链技术攻关目录创新攻关，通过"创新服务券"等模式鼓励"专精特新"企业研发创新。

聚焦大学生创业项目、中小高新企业、创新创业赛事成果，进行精准培育。制定实施支持大学生创新创业的指导意见，鼓励用好各类孵化载体，推动开放部分免费空间。支持有条件的地区建设大学生创业孵化基地。

推动发展天使投资，培育一批天使投资人和创业投资机构，对投资于未上市的中小高新技术企业以及种子期、初创期科技型企业的投资额，按规定抵扣所得税应纳税所得额。

促进创新创业赛事活动成果转化，打造创新创业大赛、"互联网＋"大学生创新创业大赛、"中国创翼"创业创新大赛、"创客中国"中小企业创新创业大赛等区域赛活动升级版，积极承办相关专题赛，选取高水平创新创业基地作为载体，促进更多优质创新创业项目在各市落地孵化。

（三）大力发展特色产业集群

实施产业集群能级提升工程，按照区域相邻、优势突出、组织有力等原则，加快推动产业链群规模化发展，提升优势产业集聚能力；大力发展特色产业集群，做强园区聚集要素，培育龙头壮大企业矩阵。坚持统一规划、合理布局、突出特色、集约高效要求，推动"一县一区，一区多园"建设，精心打造一批特色鲜明的区中园、园中园。产业培育关键在于产业链的打造，关键在于龙头企业的培育。龙头企业越多，产业链就越丰富，产业的带动性就越强，产业集群辐射力就越大。一个具有竞争优势、结构合理的产业群，一批在国内外市场叫得响的品牌，是区域经济最具竞争力的部分。在做强园区聚集要素资源的基础上，通过采取产业招商、精准招商、主题招商、定向招商等方式，着重提升招商引资成效，培育特色产业链条，扩大产业集群规模，不断提升集群支撑能力和配套能力，实现产业集群化。同时，以引进战略性重大项目为突破口，大力引进投资额度大、市场前景好、带动能力强的优质项目和行业领军企业，抢占产业制高点，实现引进一个、形成一链、壮大一片。

（四）为数字化转型提供保障

应以协同创新、中小企业数字化赋能、网络安全保障为重点，为数字化转型提供支撑和保障，力争形成民营企业融通发展生态格局，基本建立多层次网络安全保障体系。

1. 构建协同创新体系

按照龙头企业牵头、高校和科研机构参与、市场化运作的方式，聚焦产业数字化、数字产业化重点领域，打造协同创新技术平台，布局建设产业研究院、制造业创新中心，形成以市场化机制为核心的成果转移扩散机制。

2. 建立民营企业数字化赋能体系

实施企业上云上平台提升行动，推动民营企业与数字化服务商开展对接合作，实现研发设计、生产制造、经营管理、市场营销、运维服务等关键环节广泛用云，构建大企业建平台、中小企业用平台的融通发展生态格局。

3. 完善网络安全保障体系

保障关键信息基础设施，加强能源、交通、水利、金融、公共服务等领域信息基础设施安全保护，完善关键设施和系统安全检查、风险评估，健全威胁监测、分析通报、处置溯源闭环机制。建立数据安全保护机制，强化数据全生命周期安全保密管理，加强个人信息保护，严格规范运用个人信息开展大数据分析行为。完善网络安全应急体系，加强网络安全资源共享、态势感知、监测预警、信息共享、应急处置等方面协同；确保工业互联网、大数据、人工智能等新一代信息技术安全有序应用。

（五）加强民营经济全生命周期服务

实施民营经济高质量发展行动，健全民营企业转型升级促进机制，加强对民营企业全生命周期服务，更好发挥民营企业吸纳就业主力军作用。培育一批骨干企业和高成长性企业，推进"个转企""小升规"，促进大中小企业协同发展，增强吸纳就业能力。发挥民营企业综合服务平台服务作用，特别是建强省普惠中小企业公共服务中心功能，汇聚涵盖智能化技改、数字化转型、融资上市等省内外优秀专业服务机构，打造民营经济中小企业"一站式"公共服务平台。落实减税降费、减租降息等政策，推动各项扶持政策直达基层，有效降低民营企业经营成本。推进普惠金融体系建设，缓解中小微企业融资难、融资贵问题。对中小企业吸纳重点群体就业、开展在岗培训，按规定给予补贴。加强对劳动密集型行业的保护和支持，在贷款融资等方面给予更多优惠政策，严格落实税费优惠政策。大力弘扬新时代企业家精神，鼓励广大企业家强化社会责任和契约精神，为推动发展和稳定就业作出更大贡献。

（六）定制化民营企业金融对接方案

开展"中小企业投融资联盟联动"服务入企活动，发挥省中小企业投融资联盟桥梁作用，实体化运行推进，汇集省内外优质投融资机构，为重点"专精特新"企业量身定制金融对接方案；组织开展线上宣介大讲堂和线下巡回对接活动，分门别类为中小企业提供差异化精准融资服务；积极对上争取，力争成为国开行"专精特新"中长期项目贷款试点。开展"梯次上市"转板育企活动，积极推动区域性股权市场与全国证券市场板块合作，大力推动民营企业到沪深京交易所上市。

（七）开展中小企业纾困帮扶攻坚行动

各地落实好国家和省中小微企业纾困政策，实行阶段性减税降费。通过技改贴息、社保补贴、稳岗返还等方式，对生产经营暂时面临困难但产品有市场、项目有前景、技术有竞争力的中小企业，以及劳动力密集、社会效益高的民生领域服务型中小企业按规定给予支持。深入做好中小企业账款清理工作。严格落实《保障中小企业款项支付条例》《保障中小企业款项支付投诉处理暂行办法》规定，针对大企业利用市场优势地位拖欠中小微企业账款、过度使用商业汇票，以及政府部门和事业单位拖欠账款等情况，坚决予以整治。

专题报告

专题一 辽宁各地民营经济发展比较分析

韩光强

2021 年以来，辽宁省民营企业市场主体数量、经济增加值、规模以上民营工业营业收入、民营经济税收等几项指标都保持了一定的增长速度。

一、辽宁各地市场主体发育比较分析

（一）辽宁省民营市场主体的主要特点

1. 民营经济是辽宁省重要的经济力量

截至 2021 年底，全省实有民营经济市场主体 424.7 万户，同比增长9.9%，占市场主体总量的 95.6%，全年新设 72.2 万户。其中，私营企业103.3 万户，同比增长 7.4%，新设 17.3 万户；个体工商户 321.4 万户，同比增长 10.7%，新设 54.9 万户，详见图 1－1～图 1－4。规上中小工业企业7743 户，新增 187 户，占全部规上工业企业的 97.6%。

2. 沈阳、大连成为辽宁省民营经济发展的双引擎

沈阳市民营经济市场主体达到 99.22 万户，同比增长 8.7%，占全市市场主体的 96%。其中，私营企业 32.07 万户，同比增长 3.6%，个体工商户 66.45万户。大连市 2021 年末全市市场主体总数 82.84 万户，其中私营企业 31.55 万户、个体工商户 50.82 万户。两个城市的市场主体占到全省总量的 42%，两市企业数量则占到全省企业总量的 56.26%，成为辽宁省民营经济发展的排头兵。

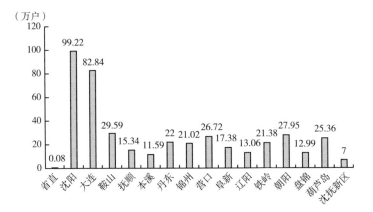

图 1-1　辽宁各市民营市场主体总户数情况

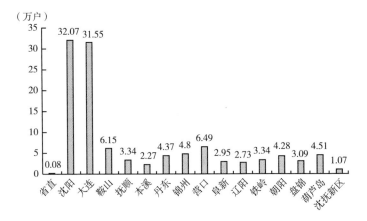

图 1-2　辽宁各市民营企业户数情况

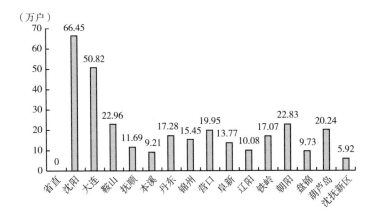

图 1-3　辽宁各市个体工商户户数情况

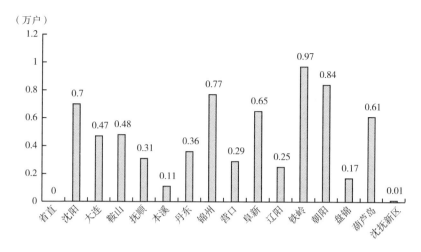

图 1－4　辽宁各市农民专业合作社户数情况

3. 鞍山、营口、朝阳、葫芦岛、丹东、锦州、铁岭是辽宁省民营经济发展的第二梯队

截至 2021 年 11 月 30 日，鞍山市各类市场主体总数达到 30.07 万户，首次突破 30 万户大关，其中私营企业 6.15 万户、个体工商户 22.96 万户。营口市市场主体达到 26.72 万户，其中私营企业 6.49 万户、个体工商户 19.95 万户；民营企业从业人员占全市就业人数 85% 以上，民营经济市场主体占全部市场主体的 95% 以上。丹东市市场主体达到 22 万户，其中私营企业 4.37 万户、个体工商户 17.28 万户。锦州市市场主体达到 21.02 万户，其中私营企业 4.8 万户、个体工商户 15.45 万户。铁岭市共有各类民营市场主体 20.6 万户，同比增长 11.59%，占全市市场主体总量的 93.84%，比上年同期占比提高了 0.91 个百分点，其中私营企业共有 2.98 万户，同比增长 11.16%；个体工商户共有 17.63 万户，同比增长 11.66%。朝阳市市场主体达到 27.95 万户，其中私营企业 4.28 万户、个体工商户 22.83 万户。葫芦岛市市场主体达到 25.36 万户，其中私营企业 4.51 万户、个体工商户 20.24 万户。

4. 抚顺、本溪、辽阳、阜新、盘锦市场主体数量相对较少，处于全省民营经济发展的第三梯队

截至 2021 年底，抚顺市实有各类市场主体 15.55 户，其中私营企业 3.34 万户、个体工商户 11.69 万户。本溪市市场主体达到 11.59 万户，其中私营企业 2.27 万户、个体工商户 9.21 万户。阜新市市场主体达到 17.38 万户，其中

私营企业 2.95 万户、个体工商户 13.77 万户。辽阳市全市共有民营经济市场主体 12.79 万户，同比增长 5.14%，其中私营企业 2.73 万户、个体工商户 10.08 万户。盘锦市民营企业（含个体工商户）12.7 万户，同比增长 8.95%，占全市企业总量的 95.5%，其中市私营企业 3.09 万户、个体工商户 9.73 万户。

5. 各地市场主体结构与产业结构呈现明显的一致性

锦州、铁岭、朝阳、阜新、葫芦岛等市农业基础好，第一产业占比相对较高，因此农民专业合作社发育明显好于其他城市，在户数、出资总额等居于全省各市前列；而营口、鞍山工业发达，其企业数量明显高于除大连、沈阳之外的其他城市。

（二）2021 年辽宁省各地市场主体发育分析

1. 市场主体呈现快速增长态势

从 2021 年辽宁省新设市场主体看，前三季度全省共新设 55.49 万户，相较上年同期增加了 10.87 万户，同比增长 24.38%；日均（指工作日，下同）新设市场主体 2952 户。其中，企业新增 138212 户，同比增长 12.02%；个体工商户新增 414416 户，同比增长 29.67%；农民专业合作社新增 2304，增速呈现下降的趋势，同比增长 −27.98%。辽宁省各市民营市场主体户数增长情况详见图 1−5，各市农民专业合作社户数增长情况见图 1−6。

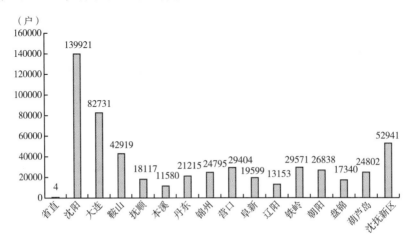

图 1−5　辽宁各市民营市场主体户数增长量情况

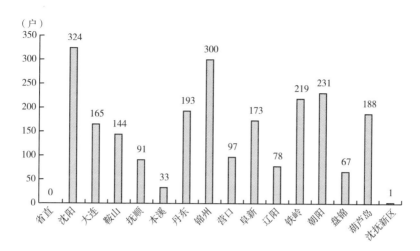

图 1-6　辽宁各市农民专业合作社户数增长量情况

2. 各地民营企业的增速差异明显

沈阳新增企业数 44373 户，高居榜首，大连紧随其后，以新增 33213 户位居第二位，这两个城市新增的企业数占全省新增企业数的 56.14%，远远高于其他城市。营口、鞍山、葫芦岛、锦州、朝阳新增的企业数都在 5000 户以上，处于第二梯队，本溪新增企业数最少，不足 3000 户（见图 1-7）。从增速上看，差异明显，沈阳、大连、本溪、丹东、锦州、铁岭等五市的增速都高于全省的平均水平，抚顺、葫芦岛两市增速垫底，抚顺新增企业数呈现下降的趋势，仅为 -8.15%，葫芦岛的增速也不足 1%。

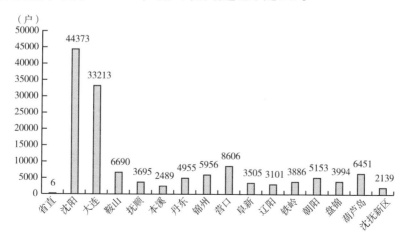

图 1-7　辽宁各市民营企业户数增长量情况

3. 辽中城市群的个体工商户增长速度快

鞍山、铁岭、沈阳等地区新设个体工商户数量同比增长显著，增幅分别为38.84%、35.28%、34.82%。从增加的数量看，沈阳、大连、鞍山居于全省14个城市的前三位（见图1-8）。

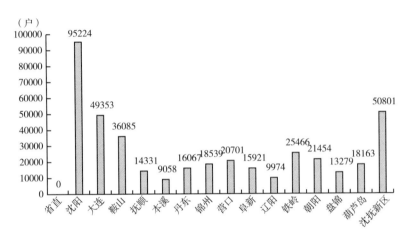

图1-8 辽宁各市个体工商户户数增长量情况

（三）辽宁省民营创新主体发育情况

1. 雏鹰、瞪羚、独角兽企业主要集中在沈阳大连两市

2021年辽宁省共评"雏鹰、瞪羚、独角兽"企业一共1018家。评出雏鹰企业794家，其中沈阳市289家、大连市240家、鞍山市37家、抚顺市10家、本溪市10家、丹东市12家、锦州市24家、营口市42家、阜新市18家、辽阳市21家、盘锦市26家、铁岭市13家、朝阳市18家、葫芦岛市14家、沈抚示范区20家。评出瞪羚215家，其中沈阳市63家、大连市57家、鞍山市8家、抚顺市5家、本溪市3家、丹东市11家、锦州市7家、营口市15家、阜新市9家、辽阳市3家、盘锦市7家、铁岭市7家、朝阳市9家、葫芦岛市3家、沈抚示范区8家。评出潜在和种子独角兽企业5家，其中大连2家、鞍山1家、沈抚示范区2家（见表1-1、图1-9~图1-11）。

表 1-1　　　　　　　2021 年辽宁省各市新增高新技术企业数量　　　　　　单位：家

城市	新增雏鹰企业	新增瞪羚企业	新增独角兽企业
合计	794	215	5
沈阳	289	63	
大连	240	57	2
鞍山	37	8	1
抚顺	10	5	
本溪	10	3	
丹东	12	11	
锦州	24	7	
营口	42	15	
阜新	18	9	
辽阳	21	3	
盘锦	26	7	
铁岭	13	7	
朝阳	18	9	
葫芦岛	14	3	
沈抚新区	20	8	2

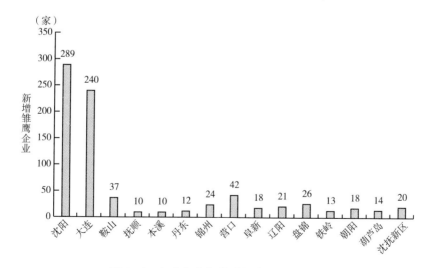

图 1-9　辽宁各市新增"雏鹰"企业数量

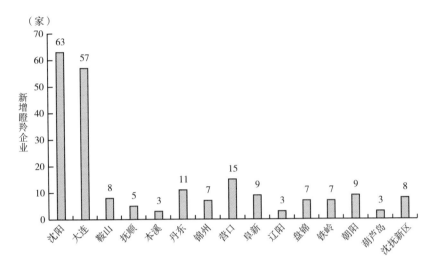

图 1 – 10   辽宁各市新增"瞪羚"企业数量

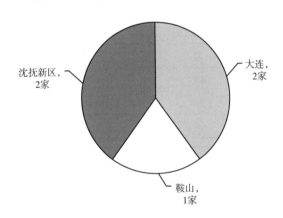

图 1 – 11   辽宁各市新增"独角兽"企业数量

2. 高新技术民营企业集聚明显

（1）专精特新"小巨人"企业数量较少且集聚明显。专精特新"小巨人"企业上榜数量是城市实力的直接体现，也关系着城市未来的产业升级和新旧动能转换。据工信部第三批 2930 家专精特新"小巨人"企业培育名单公示，截至 2021 年 9 月，我国"小巨人"企业已达 4762 家，辽宁省为 210 家。辽宁省的小巨人企业主要集中在沈阳、大连两市，占全省的 50%；本溪仅为 1 家，不足 10 家的城市还有锦州（9 家）、辽阳（9 家）、朝阳（8 家）、盘锦（8 家）、葫芦岛（4 家）、阜新（4 家）（见表 1 – 2、图 1 – 12 ~ 图 1 – 17）。

表1-2　　　　辽宁省各市高新技术企业数量对比（截至2022年底）　　　　单位：家

城市	国家级专精特新"小巨人"数量	科技型中小企业	高新技术企业	省"雏鹰"企业	省"瞪羚"企业	省"独角兽"企业
合计	210	15013	8371	2519	446	18
沈阳	52	6567	3402	1065	151	10
大连	53	4663	3000	903	127	7
鞍山	14	520	360	100	15	1
抚顺	10	249	115	39	16	
本溪	1	211	90	42	8	
丹东	10	417	260	65	19	
锦州	9	358	185	56	22	
营口	15	283	272	40	17	
阜新	4	221	94	47	16	
辽阳	9	211	71	15	6	
铁岭	13	305	123	37	20	
朝阳	8	532	143	48	15	
盘锦	8	292	158	28	6	
葫芦岛	4	184	98	34	8	

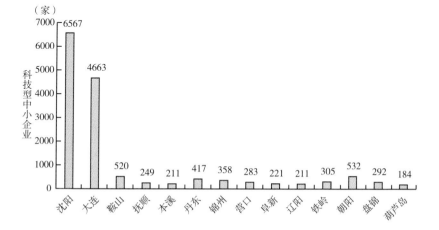

图1-12　辽宁各市科技型中小企业数量

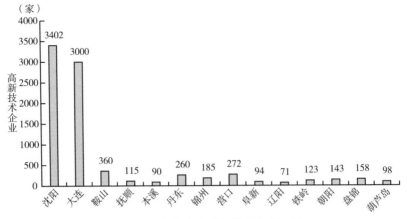

图1-13 辽宁各市高新技术企业数量

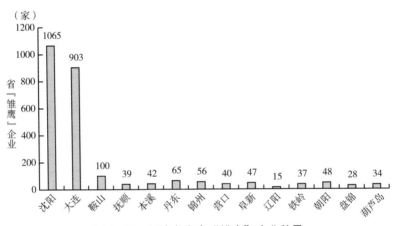

图1-14 辽宁各市省"雏鹰"企业数量

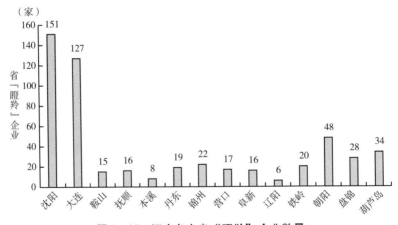

图1-15 辽宁各市省"瞪羚"企业数量

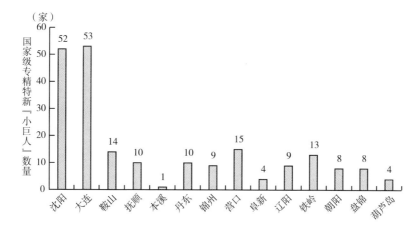

图 1-16 辽宁各市国家级专精特新"小巨人"数量

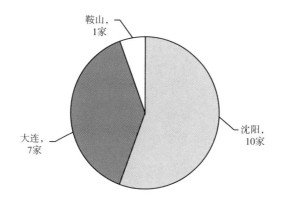

图 1-17 辽宁各市"独角兽"企业数量

（2）科技型民营企业主要集中在沈阳、大连。截至 2021 年底，沈阳市科技型企业数量达 1.1 万家。其中，国家科技型中小企业注册数量达 6567 家，新增 2008 家，同比增长 44.04%；高新技术企业数量预计达 3402 家，较上年增加 842 家，同比增长 32.89%；省"雏鹰"企业数量达 1065 家，较上年增加 289 家，同比增长 37.24%；省"瞪羚"企业数量达 151 家，较上年增加 63 家，同比增长 71.59%。大连市共有 1037 家"雏鹰"企业、"瞪羚"企业和"独角兽"企业获省科技厅新型创新主体备案。沈阳、大连两市的科技型中小企业、高新技术企业、省"雏鹰"企业、省"瞪羚"企业、省"独角兽"企业分别占全省总数的 74.8%、76.48%、78.13%、62.33%、94.44%。

3. 沈阳和大连以外其他城市的高新技术企业数量小，但增速较快

截至 2021 年底，鞍山市全市高新技术企业达 360 家、科技型中小企业达 520 家、国家级"专精特新"小巨人企业达 14 家、"瞪羚"企业累计突破 15 家、"雏鹰"企业累计突破 100 家。鞍山民营企业高新技术产值成倍增长。2021 年上半年，全市规模以上工业中，生产高新技术产品的民营企业 152 户，占规上工业生产高新技术产品企业的 93.3%；实现高新技术产品产值 270.1 亿元，占全市高新技术产品产值 95.7%，同比增长 2.9 倍。

抚顺全市国家高新技术企业 115 家、国家科技型中小企业 249 家、国家级专精特新"小巨人"企业 10 家、省级"雏鹰"企业 39 家、"瞪羚"企业 16 家；216 个产学研项目获国家和省（部）级科技奖励，登记技术合同成交额 29.8 亿元。新增国家专精特新"小巨人"企业 6 家、省级专精特新"小巨人"2 家、省级"专精特新"中小企业 3 家、省级"专精特新"产品 14 项。9 家企业 32 个技术创新重点项目列入省技术创新重点项目计划；2 家企业认定为省级企业技术中心；两个项目在第六届"创客中国"辽宁省中小企业创新创业大赛总决赛中获奖，其中辽宁诺科碳材料有限公司的"中间相沥青基碳纤维项目"入选中小企业创新创业大赛全国 500 强。

截至 2021 年底，丹东市全市高新技术企业将达到 260 家。新增注册科技型中小企业 155 家，同比增长 59%；注册总数已达 417 家，有 170 家企业进入全国科技型中小企业库。新型创新主体快速增长，新增"瞪羚"企业 14 家，总数达到 19 家，同比增长 280%；新增"雏鹰"企业 24 家，总数达到 65 家，同比增长 58.5%。

2021 年锦州市共争取国家、省科技项目 50 项，获资金支持总计 3365 万元；全市高新技术企业新增 34 家，总数达 185 家，同比增长 22.5%；新增"雏鹰"企业 24 家，总数达 56 家，同比增长 75%，增速全省排名第四位；新增"瞪羚"企业 7 家，总数达 22 家，同比增长 46.7%；国家科技型中小企业新增 109 家，总数达 358 家，同比增长 44%；引进"带土移植"创新创业人才团队 7 个；新获批建 5 家省级科技创新平台，省级科技创新平台达 65 家，总量居全省第 3 位；锦州大有国家农业科技园区经国家科技部评估达标，为锦州市科技创新发展提供了有力支持。

截至 2021 年底，营口市科技型中小企业注册登记数达到 283 家，国家级高新技术企业 272 家、稳居全省第四位，"雏鹰"企业 40 家，"瞪羚"企业 17 家。

截至 2021 年底，阜新市国家科技型中小企业注册数 221 家，同比增长 41.7%；共有高新技术企业 94 家，同比增长 32.4%；共有雏鹰企业 47 家，同比增长 62.1%；瞪羚企业 16 家，同比增长 77.8%。充分呈现出发展势头强，创新发展水平高、综合实力突出的特点。

截至 2021 年底，盘锦市已培育认定高新技术企业 158 家，培育"雏鹰"企业 28 家、"瞪羚"企业 6 家，全市研究与试验发展经费占地区生产总值比重达 2.83%，位居全省第二位。中蓝电子晋级全球 VCM 马达最具竞争力企业十强，国际市场份额占 9% 左右，国内排名第一位。盘锦市新建实质性产学研联盟 54 家，光学镜头关键性基础材料、润滑油关键技术等"卡脖子"难题攻坚破题。实施科技成果转化 46 项，技术合同登记额达 14 亿元；新建典型实质性产学研联盟 21 家、省级中小企业提升类产学研创新联盟 33 家，新注册科技型中小企业 52 家，新培育 4 家"瞪羚"企业、17 家"雏鹰"企业；东北快递（电商）物流产业园纳入第三批国家级物流示范园区。目前，全市集聚高新技术企业 158 家，科技研发投入占地方生产总值比重达到 2.83%，位居全省第二位。

辽阳市 2021 年全市累计注册科技型中小企业 211 家、高新技术企业 71 家、省级"雏鹰"企业 15 家、"瞪羚"企业 6 家，累计完成科技成果转化 163 项，获省部级科技进步奖 17 项。辽阳市共有院士工作站 3 个、国家级企业技术中心 2 家、省级制造业创新中心 1 个、省级企业技术中心 69 家、省级产业专业技术创新平台 33 家，正在建设一家国家级"大中小企业融通"特色载体，建成 2 个国家级中小企业公共示范服务平台、36 个省级中小企业公共服务示范平台、3 个省级中小微企业创业创新示范基地、3 个省产学研示范基地。与东北大学、大连理工大学等 11 家高校院所建立了战略合作关系，组建了 5 个校企协同创新骨干联盟。忠旺、奥克、辽鞍机械 3 家企业上榜 2020 年辽宁民营企业 100 强。胜达环境等 7 户企业获评国家专精特新"小巨人"。华兴化工再次成为行业领军企业。忠旺铝挤压材、奥克高性能混凝土减水剂获评全国制造业单项冠军产品。奥克聚酰亚胺项目中标国家强基工程。全市有 54 种产品获得省级"专精特新"产品和技术认定。辽阳市共完成"个转企"2668 家、"小升规"154 家。10 户企业入选省民营企业建立现代企业制度示范企业。辽阳市 3 家上市企业均为民营企业，2 家民营企业"新三板"挂牌，34 家民营企业在辽宁股权交易中心挂牌。服务型制造转变加速推进。

先后有 5 家企业获评省级工业设计中心，25 家企业被评为省级服务型制造示范企业（项目、平台），位居全省前列。

铁岭全市现有规模以上工业企业 305 家、高新技术企业 123 家、"瞪羚"企业 20 家、"雏鹰"企业 37 家。铁岭经济开发区被工信部评为国家新型工业化产业示范基地（军民结合）。铁岭市持续实施"个转企、小升规、规升巨"培育行动，截至 2021 年 8 月 26 日，铁岭市转企升级工作成绩显著共完成了 651 家，提前三个月完成了全年考核指标。截至 11 月底，个体工商户转型升级为企业 706 家，完成全年工作目标的 108.6%。全市"小升规"已完成 42 家，提前超额完成省政府考核指标。按照最新调度的预计升规情况，全年预计完成"小升规"52 家。建立了"规升巨"培育库，共入库企业 8 家。截至 2021 年培育库中已有中水六局华浙开原管业有限公司、辽宁新创水泥有限公司、辽宁衡驰新材料有限公司、新大地化肥和紫旭铜业 5 家企业营业收入超亿元，提前完成全年 4 家"规升巨"任务，预计年底将有 6 家企业实现"规升巨"。逐步健全高新技术、雏鹰、瞪羚、独角兽企业培育体系。

2021 年朝阳市新增注册科技型中小企业 183 家，达到 532 家；新增高新技术企业 38 家，达到 143 家；新增"雏鹰"企业 18 家，达到 48 家；新增"瞪羚"企业 9 家，达到 15 家。截至 2021 年 9 月，全市规模以上民营工业企业中，有高新技术产品的企业为 96 户，比上年同期增加 13 户，占全部规模以上工业企业总数的 26.4%。1~9 月实现高新技术产品产值 101.8 亿元，同比增长 154.2%；占全部规模以上工业高新技术产品产值比重 56.3%。截至 2021 年，全市省、市两级科技创新平台 68 家，组建实质性产学研联盟 9 个，实施省级"揭榜挂帅"科技攻关项目 3 项，申报省级"带土移植"项目 15 项，柔性引进人才 1000 余人次。加强知识产权保护，新增专利授权 511 件，万人有效发明专利数为 1.34 项，均实现大幅增长。支持企业品牌发展，新增商标注册 936 件，有效商标注册量达到 11833 件。朝阳市三年培育注册科技型中小企业 498 家，组建省级典型联盟、提升类联盟和市级联盟 59 个，新增校企合作项目 183 项，落地转化科技成果 161 项。全市新增注册科技型中小企业 145 家。建成各级各类研发服务平台 21 家，正组织申报省级研发平台 8 家。

葫芦岛市"雏鹰""瞪羚"企业发展到 42 家，高新技术企业发展到 98 家，科技型中小企业发展到 184 家，高新技术产品产值增长 50.3%。精细化工发展基础夯实，经济开发区、高新区、打渔山等 3 个化工园区获得省级认定。

（四）产业结构

沈阳市优化升级产业结构，改造提升"老字号"。以智能制造为主攻方向，以基础能力建设、数字赋能增效、重大技术改造为突破口，推动制造业向智能、绿色、高端、服务化方向转型升级，打造具有国际影响力的先进装备制造业基地。培育壮大"新字号"，突出抓好"锻长板、补短板、强企业"，推动新能源汽车、机器人、集成电路、航空、生物医药及医疗装备等具备先发优势产业成长壮大，布局推进新能源、新材料、节能环保等产业，打造一批领军企业和标志产品，形成新的产业梯队。特别是推动新一代信息技术产业发展，培育网络信息安全、5G 基础设施及应用、人工智能、智能终端制造、智能传感器 5 个产业链，为"老原新"产业赋能增效，形成沈阳全面振兴全方位振兴的关键增量。

大连市坚持不懈地进行产业结构优化，把科技创新支撑引领高质量发展作为加快转变经济发展方式、调整产业结构、提高发展质量和效益的重要抓手。改造提升"老字号"，推动传统产业转型升级，基本形成以装备制造、石化等传统产业为主体，以新一代信息技术、新材料、新能源、生物医药、节能环保等战略性新兴产业为辅的产业体系；深度开发"原字号"，提升产业链供应链现代化水平，推动石化产业结构调整和优化升级，产业链加快向下游延伸，"油头大、化身短、化尾小"的问题得到极大改善；培育壮大"新字号"，战略性新兴产业和数字经济加速发力，截至 2021 年第三季度，全市共签约项目 320 个，总投资规模 2980.6 亿元，人工智能、高端制造、科创数字……越来越多项目的落地构建具有大连特色的现代产业体系。在变中求新、变中求进、变中突破的持续推进中，新旧动能加快转换，新引擎对大连市发展的牵动力不断增强。

盘锦市推进"减油增化"，促进产业链现代化、产业基础高级化，围绕乙烯、丙烯、碳四、芳烃等四条产业链，不断降低成品油收率、调整炼化产品结构、提高化工精细化率。新邦、润兴、赛菲等 13 家企业开发的有机硅单体、锂离子电池负极材料、水性表面助剂、碳酸乙烯酯等产品已经量产，精细化率达到 35%。卓创新材料有限公司炼油催化剂和还原剂、中茂新材料特种功能添加剂、麦迪森化工功能性保健品及高级手性医药中间体等产品生产线正在建设中，同时谋划了超高分子量聚乙烯、三元乙丙橡胶等产品的生产，精细化工产业发展步伐加快，石化产业转型进入"快车道"。

抚顺市共有 13 个项目、5 家企业成功入选省文化产业项目库和成长性好的重点文化企业库。新增"辽宁省 5A 级绿色餐饮企业"3 家。抚顺"单片黑木耳""新宾蜂蜜"等 14 个特色农产品获得国家地理标志登记，"新宾大米""新宾辽细辛"荣获辽宁省区域公用品牌。

二、辽宁各市民营经济贡献分析

（一）民营经济的贡献越来越大，各地的差异也较为明显

2021 年，辽宁省民营经济实现税收 2607.6 亿元，同比增长 22.3%，占全部税收的 52.5%。

1. 辽南地区的民营经济占比高、贡献大

2021 年，大连市民营经济贡献了全市近 60% 的税收、70% 以上的 GDP、80% 以上的技术创新成果、80% 以上的城镇就业。营口市民营经济贡献税收收入 141.2 亿元，同比增长 2.8%，营口市民营经济总量占全市经济总量的 81%，民营企业从业人员占全市就业人数 85% 以上。

2. 辽中城市群民营经济的贡献有待进一步增强

2021 年，沈阳市民营经济实现增加值约占全市 GDP 的 44.2%。鞍山市全市规模以上工业中，民营企业增加值增长 16.6%，高于全市规上工业平均水平 2.6 个百分点；民营企业增加值占规模以上工业比重为 42.5%，对全市规模以上工业增加值贡献率 54.3%。铁岭市民营经济全口径税收达到 37.86 亿元，同比增长 4.18%。抚顺市民营经济实现税收总额 48.1 亿元。民营经济完成地方一般公共预算收入 27.87 亿元。辽阳市民营经济贡献了 40% 以上的税收、50% 以上的 GDP、60% 以上的地方财政收入和接近 80% 的城镇劳动就业。

3. 辽西地区民营经济的税收占比高

2021 年，盘锦市民营经济增加值约为 590 亿元，占全市 GDP 比重 41.5%，民营经济税收 158.8 亿元，占全市税收收入比重 57%，锦州市民营经济税收约占全市税收的 62%。

（二）辽宁各地民间投资比较分析

2021 年，全省民间固定资产投资同比下降 2%，占固定资产投资完成总额的 62.4%。其中，第一产业同比下降 5.6%，占比 2.9%；第二产业同比增长 5.1%，占比 34.1%；第三产业同比增长 1.7%，占比 63%。

2021 年，沈阳市民间固定资产投资同比增长 23.9%，占全市固定资产投资的 68.4%。盘锦市民间投资占全市固定资产投资的 56.8%。抚顺市完成固定资产投资总额 159.65 亿元，实现民间投资 89.2 亿元。鞍山市民间投资占比逐渐提高，达到 70%，民间投资增长 13.6%，高于全市投资平均增速 3.4 个百分点；两年平均增长 3.8%。营口市民间投资占全部投资比重的 78.5%。

2021 年 1~10 月，朝阳市全市民间固定资产投资完成 273.6 亿元，同比增长 13.7%，投资总量占全市固定资产投资的 78.1%。其中，第一产业完成投资 18.1 亿元，占全部民间投资比重 6.6%；第二产业完成投资 129.5 亿元，占比 47.4%；第三产业完成投资 126 亿元，占比 46%。在民营工业投资中，主要分布在制造业，电力、燃气及水的生产和供应业，两大行业分别完成投资 93.7 亿元、24.4 亿元，分别占工业投资的 72.3% 和 18.8%。

2021 年，铁岭市固定资产投资完成计划的 148.7%，比上年同期增长 12.9%，其中民间投资完成 69.8%，比上年同期下降 11%。

三、辽宁各市营商环境建设分析

（一）优化政务服务

1. 沈阳市

沈阳市各县（区、市）均已相继成立本地区民营经济和中小企业发展领导小组，并建立了工作协调机制，增强了对全市民营经济与中小企业发展工作的组织领导和政策协调。一是深化"一网通办"综合改革。制订出台《沈阳市"只提报一次"改革实施方案》《沈阳市"一网通办"行动方案》。全市累计办理政务服务事项达 3687.7 万件，全程网办事项占比提升至 98.9%，实际网办率提升至 91.4%，即办事项占比提升至 74.3%，"只提交一次材料"办件占比超过 70%，213 项便民服务实现"掌上通办"。二是推进"一件事一次办"。截至 2021 年，共完成 380 件"一件事"上线运行，平台累计访问量 200 万次，"一件事"套餐数量达到上海、杭州等先进城市水平。三是深化"万人进万企""一联三帮"活动。组织全市 10473 名干部联系帮扶 16617 家企业，帮助企业落实政策、解决问题、转型发展。开展"一联三帮"送政策专项行动，将惠企政策"三直一快"（直送、直办、直达、快办）送到企业。在国家 2021 年上半年发布的营商环境报告中，沈阳市被评为全国标杆城市，在 80 个参评城市中排名第 19 位，连续两年成为东北地区唯一的标杆城市。

2. 大连市

大连市进一步构建亲清新型政商关系，重在旗帜鲜明坚持"两个毫不动摇"，理直气壮支持发展民营经济，切实解决好民营企业的难心事、烦心事，真正让民营企业吃下"定心丸"，安心谋发展；核心是区分"亲"与"清"的边界，规范完善政商交往正负面清单，健全与企业联系服务机制，当好"有呼必应、无事不扰"的"店小二"；关键是以"有为政府"服务"有效市场"，不断优化非公经济发展的法治环境、政务环境、市场环境。

3. 盘锦市

盘锦市一是全面推进"一网通办"。依申请类和公共服务事项即办率提高至 50% 以上，全程网办率提高至 80% 以上；持续丰富"辽事通"App 盘锦板块，医保、社保等服务均可轻松"掌上办"。二是深化工程建设项目审批制度改革。制定全市工程建设项目审批服务事项、公共服务事项、中介服务事项、容缺受理事项、告知承诺事项 5 类清单；将 14 类工程建设项目审批时限全部压缩至 60 个工作日以内，最短压缩至 5 个工作日以内。三是提升项目管家服务能力。为 725 个企业（项目）配备专职管家，对服务进行"台账式"监管。共派驻项目管家 326 余人，为企业解决问题 318 个。

4. 抚顺市

抚顺市实施"一网通办"攻坚行动，企业和群众办事便利度明显提升。精准落实简政放权，放宽市场主体准入限制，全面推进"证照分离"改革全覆盖。印发《抚顺市创业担保贷款工作实施细则（试行）》《关于进一步做好抚顺市创业补贴工作的通知》，加大对民营企业创业扶持力度。开通政法系统"12345"政务便民服务热线法治化营商环境线索受理分平台，将热线平台延伸至各县（区）。加大社会监督力度，组织营商环境监督员开展明察暗访。

5. 朝阳市

朝阳市聚焦办事方便，全面提升政务服务水平，土地组卷审批流程改革成效明显，工程建设项目审批改革经验全面推广。聚焦法治良好，营造公平竞争法治环境，不断完善法治化营商环境制度体系，建立优化营商环境"1+4"总体方案，创新监管机制，加强事中事后监管。聚焦成本竞争力强，优化市场环境，激发市场主体活力，实现"8降1升"，进一步简化企业生产经营审批和条件，实现一般性企业开办全程"不见面"，规范中介服务行为，建立"中介服务网上超市"，提供全流程"项目管家"服务。聚焦生态宜居，全力打造宜居生态环境，持续推动"千名专家进园（景）区进企业"，为企业提供对接专家团队服务，加快全国文明城市提名城市创建，打造生态文明、客商舒心的人文环境。

6. 本溪市

2021年，本溪市不断深化"放管服"改革，承接省、市下放事项631项，取消调整行政事项52项，实现"区内事区内办"。开展"服务企业年""三上门三问三送"等系列助企纾困活动，制定支持民营经济高质量发展等惠企政策。

7. 辽阳市

辽阳市认真构建"一网通办"工作机制，网上"实办率"达到68.4%，排名列全省第4位。6961项行政审批和公共服务事项实现"无一例外""进厅上网"，政务服务"好差评"实现市县乡三级全覆盖。落实孟春景委员提出的《关于进一步扶持中小企业发展的提案》，市政府制定《辽阳市促进民营经济高质量发展若干政策（暂行）》，加大政策扶持力度，兑现奖励资金4382万元，惠及企业805家。

8. 营口市

营口市在全省率先出台"两个健康"45 条意见和 55 条新政，历史首次设立 1 亿元促进民营经济发展专项资金。建立民营经济健康发展和民营企业家健康成长评价指标体系，构建促进民营经济发展营口模式。营口市还成立了市民营经济发展研究中心，确定每年 11 月 1 日为"营口民营企业家日"，开展政策大讲堂、企业家座谈会等活动，推出一批具有营口市特色的实际举措，为构建规范有序、活力充足的民营经济发展生态提供全方位支持。确定 106 项改革目录清单，市场监管、审批、税务等各部门加强业务协同，解决"准入不准营"问题。目前，营口市已建立"一窗综合受理、内部同步审批、一个窗口出件"的审批工作机制，梳理工程建设项目审批事项清单 600 多项，前置要件清单 3000 多项。企业投资项目从项目备案或核准到取得施工许可证，已缩减至最长 48 个工作日、最短 10 个工作日。

9. 铁岭市

铁岭市推进政务服务"一网通办"，推进"辽事通"应用全覆盖。推进社保、医保、不动产、公积金等自建系统通过一体化平台实现统一受理、统一办结。完成了辽宁公安"互联网＋政务服务"平台与辽事通对接，实现公安电子凭证（电子身份证和电子驾驶证）在辽事通"App"上申领。实现中考成绩查询、便民缴费等上线"辽事通"，共对接便民事项 183 项。2021 年以来，全市网上申报率已达 81%，"只提交一次材料"办结业务达 90% 以上。市县两级部门制作印章 198 个。"辽事通"注册率从 2020 年底的 24.7% 增至 58.1%。"好差评"系统实现市县乡村四级全部覆盖，累计评价数据 38.7 万条。深化审批制度改革，全面实行"一件事办一次"。一是进一步加大简政放权力度。积极承接省政府取消下放调整的 1005 项省级行政职权事项，正式取消下放调整行政职权事项 1709 项，涉及全市 26 家市属部门（单位），精简比例达 52%。二是开展下放职权"回头看"工作。着力摸清各县（市）区、各部门实际落实情况，推动解决"放权不到位""明放暗不放""放责不放权""接不住""用不好"等问题。三是加快推进"一件事一次办"改革。424 项"一件事一次办"清单上线运行。四是推进落实容缺受理和告知承诺机制。梳理形成全市容缺受理事项清单（第一批）和涉企许可告知承诺制清单，并已在市政务服务网对外公示。积极推进政府服务标准化，推进"综合窗口"改革。畅通政企沟通渠道，构建新型政商关系，积极实施"项目管家"制度，全面提高项目建设的服务质量。重新梳理规范项目管家工作台账，覆盖全市 582 个重点项目（企业）。其中，5000 万元以上重大项目 209 个（市级领导帮扶 60 个、县区帮扶 149 个），限额以上商贸企业 96 个，规模以上工业企业 277 个。"项目管家"履职尽责，帮助协调解决项目建设中存在的困难和问题，提供涵盖前期、开工、建设、运营全生命周期的管家式的长效保障服务。持续开展"千人帮千企"专项行动。全市 84 个单位 833 名干部深入帮扶 868 家企业。建立了统一的企业服务平台，强化帮扶干部的"总协调、总调度、总监督"职能，着力解决服务过程中的真假服务定性难、工作调度即时难、日常监督跟进难、服务效果评估难等问题，与铁岭政务服务网、"辽事通"对接，以信息化促进全市"千人帮千企"工作常态化、规范化。截至 2021 年，共受理诉求 507 件，办结率达 96%。

（二）降低经营成市

1. 沈阳市

截至 2021 年 9 月，沈阳市累计发放失业保险稳岗返还资金 2.14 亿元，惠及用人单位 4.9 万家，稳定就业岗位 101 万个；为 7035 人发放首次购房补贴共记 1.2 亿元；为 9647 人次发放吸引人才就业创业租房补贴 2200 余万元；发放企业吸纳登记失业半年以上人员或毕业年度高校毕业生一次性就业补贴 786 万元。

2. 盘锦市

一是帮助企业稳岗留工。为 4760 家民营企业发放稳岗返还资金 1347 万元；积极落实以工代训政策，为 844 户企业发放补贴资金 6070.94 万元，惠及职工 15439 人；继续实施降低失业保险费率政策，累计减征失业保险费 4.38 亿元，减轻了企业缴费负担。二是降低企业用电成本。积极组织民营企业参加电力市场化交易。组织 74 家民营企业参加了 2021 年度电力市场化交易，交易电量 43.1 亿千瓦时，降低企业用电成本 4635 万元。三是在政府采购中加大对民营企业支持力度。市本级完成货物、工程和服务采购金额 27304.2 万元，中标供应商均为民营企业，为企业发展创造了市场空间。

3. 抚顺市

抚顺市开展各类职业技能培训 5.78 万人，发放培训补贴 8500 万元。为 3540 户企业发放失业保险稳岗返还 4348.6 万元。取消企业医保调剂金 2 亿元。

4. 本溪市

本溪市累计减税降费 8837 万元，投入产业发展专项基金 2649 万元，发放援企稳岗、以工代训等政策补贴 1050 万元。

5. 朝阳市

朝阳市 2021 年上半年全市累计减税降费 2.2 亿元，惠及企业 2 万余户次。延期缴纳税款合计 160 万元，增值税增量留抵退税 6189.5 万元，"六税两费"合计减征 4078.05 万元，微利企业所得税减免 5567.9 万元等。落实社会保险减免缓政策，年初以来，全市共计减征失业保险费 3900 余万元。积极落实稳岗返还政策，已审核完毕稳岗返还资金 1909 余万元，惠及企业 4763 户，稳定就业岗位 6 万余个。落实金融信贷政策，帮助民营企业发展，截至 2021 年，全市发放创业担保贷款 6881 万元。开展民营企业招聘月活动，为企业招用工提供保障。活动期间，共举办线上线下招聘活动 41 场，参加活动企业 760 家，提供岗位信息 17528 个，签订就业（意向）协议人数 2028 人。推广电力市场化交易，降低企业用能成本。全面开放经营性电力用户准入，凡符合产业政策及环保要求的用户不再受电量和电压限制，均可申请参加市场交易，切实为企业降低用电成本。目前，已累计办理准入 599 家。其中，2021 年共办理准入 64 家，当年电力市场化交易电量 549960 万千瓦时，节约企业用电成本约 2850 万元。

6. 辽阳市

辽阳市全面落实促进民营经济发展政策，新增减税降费 3.4 亿元，电力直接交易政策为企业节省电费 4348 万元。运用股权登记、"信易贷"平台等方式助企融资 67 亿元，办理普惠小微企业贷款延期 10.4 亿元。

7. 铁岭市

铁岭市 2021 年共向铁岭市银保监局推送各级纳税信用评价名单计 23933 户，提供信息 191464 条。银税互动取得丰硕成果，2021 年铁岭市纳税人通过辽宁省普惠金融企税银综合智能服务平台申请贷款 3076 笔，获得贷款金额 40085.99 万元。

（三）企业融资服务

小微企业贷款余额 12992.2 亿元，同比减少 6.5%；普惠口径小微贷款余额 2885.7 亿元，同比增加 11.2%。境内上市民营公司 50 家，占全部境内上市公司的 61.7%。2021 年度新增 5 家，分别为德迈仕、科德数控、盖世食品、连城数控、风光股份。

1. 沈阳市

沈阳市一是设立规模为 5000 万元的中小企业发展专项资金，专项用于支持全市中小企业信用担保体系、公共服务体系、创业（辅导）基地建设等方面。截至 2021 年 8 月末，全市本外币贷款余额 19064 亿元，同比增长 6.5%；普惠小微企业贷款余额 747 亿元，同比增长 32.2%；创业担保贷款贴息新增 5.9 亿元，累计发放贷款 27.26 亿元；知识产权质押融资累计贷款 9.87 亿元；科技担保、中小保及创业担保 3 家政府性融资担保机构，单户担保金额 500 万元以下业务占比达 76%。二是推进"助保贷""稳企贷"业务。"助保贷"持续扩大惠企覆盖面，累计投放 241 笔，服务企业 199 家。"稳企贷"继续扩大业务量，新增助企融资 16 笔累计 5034 万元。三是开展银企对接。全市累计组织 103 场银企对接活动，累计投放贷款 9.8 亿元。

2. 盘锦市

一是加强金融信贷支持。组织推动金融机构稳金融、防风险、增投放，全面促进全市民营经济、中小企业发展。截至 2021 年 11 月末，民营企业贷款余额 526.2 亿元，同比增长 3.8%；全市融资担保机构在保责任余额 67.88 亿元，在保企业户数 428 家。二是开展金融支持保市场主体工作。市人民银行定期汇集融资需求企业名单推送至各银行机构，共对接企业 275 家，已为 168 家企业发放贷款 147.3 亿元。三是开展"百亿送贷行动"。共举办送贷进企业、进市场、进乡村活动 74 次，惠及企业 1078 家，投放贷款 5 亿元。四是开展"银税互动"助力企业融资。"银税互动"平台业务申请范围由原来的纳税信用等级 A 级、B 级扩展至 M 级，覆盖约 1.6 万户企业纳税人，全年共有 5815 户纳税人通过"银税互动"获得贷款 5.6 亿元。

3. 朝阳市

朝阳市加大信贷支持力度。2021 年初以来，全市累计发放支小再贷款

16.3 亿元，支持 537 户民营企业和小微企业发展，帮助企业节约融资成本
3190 万元；累计发放支农再贷款 1.5 亿元；累计办理再贴现 30 亿元，涉农、
小微、民营企业票据合计占比 90% 以上。通过综合运用差别化存款准备金
率、宏观审慎评估等政策工具，从总量和结构上引导金融机构加大对小微企
业的信贷支持。截至 2021 年 9 月末，全市普惠小微贷款余额 136 亿元，占各
项贷款的比例为 12.1%，银行机构累计对 1.5 万户小微经营主体进行授信，
同比增长 6.5%。

4. 营口市

营口市全市 33 家银行机构进驻"金小二"综合金融服务平台，发布金
融产品 157 项，扩大信用贷款、无还本续贷业务规模。

5. 铁岭市

一是抢抓新增的 2000 亿元再贷款额度政策，加大推进力度、精准投放，
全力支持民营小微企业和涉农主体发展，再贷款余额创历史新高，截至 2021
年 11 月末，全市地方法人金融机构累计投放优惠利率贷款 15.8 亿元，惠及
4805 户市场主体。二是进一步压实金融机构主体责任，继续落实好普惠小微
企业贷款延期还本付息政策，切实为小微市场主体纾困解难，自政策实施以
来，14 家地方法人金融机构累计为 594 户市场主体办理了延期还本付息，贷
款本金合计 16.67 亿元。三是落实好全面降准政策，释放流动性 4.85 亿元，
有力支持了实体经济发展，促进综合融资成本稳中有降。持续降低中小微企
业贷款利率。人民银行通过优化存款利率定价管理、持续释放 LPR 改革潜
力、运用央行低成本资金，引导实际贷款利率进一步降低。2021 年 1～10
月，全市一般贷款、企业贷款、小微企业贷款加权平均利率分别为 5.68%、
5.49% 和 6.38%，同比分别降低 0.54 个、0.36 个和 0.88 个百分点。举办多形
式银企对接会 30 场，成功落实信贷资金 2.3 亿元。截至 2021 年 10 月末，全市
银行机构中小微企业贷款余额共 383.4 亿元，占全部贷款余额的 45.9%。其中，
中型企业 130.3 亿元，小型企业 157.8 亿元，微型企业 95.4 亿元。

（四）扶持企业转型发展

1. 沈阳市

沈阳市重点推进中小企业公共服务体系建设以及"专精特新"中小企业

培育工作。相继出台了"促进科技创新27条""人才新政3.0""促进消费22条"，进一步为中小企业转型升级、创新发展"松绑、清障、助推"。一是引导中小企业向"专精特新"发展。全市共获评为省级"专精特新"小巨人企业46家，国家级"专精特新"小巨人企业50家。2021年争取国家专项资金1964.2万元，支持国家专精特新"小巨人"企业4家和公共服务平台7家。二是支持网红经济发展。深入实施《沈阳市电商直播发展（网红经济）行动方案（2020－2022年）》，举办辽宁省第二届电商直播节、沈阳市首届电商直播节暨"我为家乡代言、开启电商直播新消费"等活动，推动电商直播与沈阳特产、本地生活、夜经济、文化旅游等相融合。三是支持会展业发展。组织开展第5届中国（沈阳）国际茶产业博览会、2021辽宁国际投资贸易暨特色产品采购洽谈会等展会30余场，带动中小企业创新发展。

2. 营口市

营口市深入实施智能制造工程，引导企业做精主业，加大研发力度，走"专精特新"发展道路。2021年，营口市实现"小升规"73家，新增国家级专精特新"小巨人"企业10家，新增省级"专精特新"中小企业和小巨人企业15家，为"专精特新"企业兑现奖励资金200万元。

3. 盘锦市

一是梯度培育民营企业。通过精心培育、积极辅导，目前全市共有瞪羚企业13家、雏鹰企业54家、高新技术企业158家、注册科技型中小企业280家；国家级专精特新"小巨人"企业8家、省级"专精特新"中小企业22家、省级专精特新"小巨人"企业16家、"专精特新"产品34个，培育出一批创新基础好、研发能力强、发展潜力大的企业。二是加强产学研创新联盟建设。制定出台《盘锦市实质性产学研创新联盟建设实施方案》，提出在联盟框架下加大人才引进，开展技术攻关，目前已组建21家实质性联盟，其中民营企业为盟主的有20家；组建33家中小企业提升类联盟，全部以民营企业为盟主，为促进企业科技成果转化集聚了资源。三是指导民营企业开展科技攻关。组织企业申报辽宁省"揭榜挂帅"科技攻关项目，盘锦积葭生态板业有限公司承担的"芦苇制备环保板材技术"等3个项目被列入2021年辽宁省首批"揭榜挂帅"科技攻关项目榜单，为加快全市产业链、创新链、人才链深度融合，促进产业创新注入了活力。四是推动产学研深度合作。推进以中科院、大连理工大学等高校院所为重点的技术转移，联合东北科技大市场和北京市科技情报所建设面向全市线上线下相结合的技术转移服务平台，定期召开常态化、专业化、品牌化的科技成果对接活动，为企业与高校合作搭建优质服务平台。

4. 抚顺市

抚顺市市人大常委会开展《抚顺市促进民营经济发展条例》及细则贯彻落实情况执法检查，强化惠企政策落实。市政府召开全市促进民营经济（中小企业）发展领导小组会议暨企业家座谈会，开展线上调查问卷和线下走访调研，开展"百名律师服务企业助力优化营商环境"活动，向全市各类企业发出"致企业家朋友一封信"，通过司法途径解决企业涉法难题，推动全市法治化营商环境建设。推进企业直接融资，新增辽股交挂牌企业23家，累计在辽股交挂牌企业161家。出台"六大产业"专项规划，加强"十四五"谋篇布局，政策规划体系加快完善，持续推进企业提档升级。发挥"项目管家"作用，建设抚顺市项目综合管理平台，强化项目建设的过程管控，实现"全口径、全周期、全要素"的管理和服务，开复工500万元以上项目全部纳入平台调度管理。推进结构调整"三篇大文章"，一批重点项目列入"老原新"项目库。开展"双创"活动周等活动，构建良好的科技创业孵化生态。

5. 铁岭市

铁岭开展专精特新培育工作。鑫丰矿业、五星油膜西格马数控机床等9家企业获评国家级专精特新"小巨人"企业。经省工信厅认定，众源医疗器械、卡斯特金属材料、陆平专用汽车等8家企业获评省级专精特新"小巨人"企业；优力安机电、鑫丰矿业、明瑞农牧等5家企业获评省级专精特新中小企业；长天机电的单丝杠碳纤维机械升降杆、西格马数控机床的CT2550卧式数控车床、康普利德生物的K–蛋白等20项产品（技术）获评省级专精特新产品（技术）。至此，铁岭市有效期内的国家级专精特新"小巨人"企业达到13家，全省排名第5位；省级专精特新"小巨人"企业14家，全省排名第4位；省级专精特新中小企业21家，全省排名第9位；省级专精特新产品（技术）58项，全省排名第6位；专精特新企业数量再创新高。

专题二　辽宁省营商环境评价
——基于企业的微观调查数据

唐吉洪　张满林　于春华

　　营商环境作为一个国家竞争力和影响力的重要体现，已引起社会各界广泛关注，打造法治化营商环境是依法治国、建设法治政府与有限政府有机结合的重要组成部分。自 2017 年以来，辽宁省各界狠抓营商环境建设，践行"人人都是营商环境、人人为营商环境作贡献"路线，营商环境建设取得重大成效，营商环境排名在国内稳步提升。营商环境的改善也促进了全省社会经济发展的全面提升。据辽宁省统计局提供的统计公报，2017～2021 年，全省地区生产总值平均增长率为 4.36%，固定资产投资平均增长率为 1.9%，进出口贸易平均增长率达到 6.68%，人均可支配收入平均增长率为 6.16%。除 2020 年受新冠肺炎疫情影响冲击外，其他年份宏观经济指标都保持持续向好的发展势头，这与辽宁省营商环境的持续改善和优化不无关系。

　　科学开展营商环境评价，既是对优化营商环境改革成效的有效评估检验，也是建设优化营商环境的有力之举。一方面，营商环境评价可以查漏补缺，发现营商环境建设中的短板和不足，及时制定优化政策措施；另一方面，营商环境评价可以借鉴经验，制度化创新成果，从而为进一步优化营商环境提供样板经验和制度性措施。目前，学界和政界主要采用自评和第三方评估两种营商环境评估方式。自评方式通过建立营商环境评价指标体系和标准进行测评，相对比较客观。第三方评估基于评估对象特点和目标选择相应的指标进行测评，相对比较主观。为了充分反映市场主体的满意度，本次营商环境测评基于国务院制定的营商环境指标体系及评估标准要求，对每项一级指标设计相应的二级指标，统计调研问卷获得相应指标的得分值实现营商环境的评估。因此本次测评结果既反映了营商环境评估的客观标准，又体现了市场主体对营商环境建设满意度的主观评价，具有一定的可取性。

本报告是渤海大学民营经济研究院调研成果之一。2021 年 7～8 月，渤海大学民营经济研究院组织十四个调研小组分赴辽宁 14 个地级市，就民营企业对当地的营商环境建设及优化进行了采访调研。共收回有效调研问卷 437 份，回收率为 96.6%，调查问卷结构有效度为 0.97，具备较高的可信度和有效度。本报告分五部分：（1）"受访企业基本情况"。该部分主要介绍受访企业的行业构成和规模构成。（2）"营商环境总体评价"。该部分介绍辽宁省民营企业对本省营商环境改善的总体评价。（3）"营商环境指标评价"。该部分参考国家发改委 2019 年制定的营商环境评价指标体系，对"企业开办""获得电力""获得用水""财产登记""招投标""政府采购""纳税""市场监管""跨境贸易""政企关系"10 个二级指标进行评价。需要说明的是，本次统计调研对象为辽宁省内企业，基于数据的可得性，本指标体系剔除了国家发改委营商环境指标体系中的"办理破产"和"办理建筑许可"2 项二级指标，增加了"政企关系"二级指标。（4）结论和政策建议部分。该部分对上述统计分析结果进行了总结分析，最后提出了辽宁省营商环境优化的对策建议。

一、受访企业基本情况

本次调研的民营企业的行业分布较广。从行业分布来看，受访企业涵盖农林牧渔、建筑业、制造业、批发和零售业、住宿和餐饮业、金融业、房地产业和教育业等 17 类行业，排名前 8 位的行业分布比例如图 2-1 所示，依次为制造业、批发零售业、住宿餐饮业、租赁和商务服务业、文化体育和娱乐业、建筑业、技术服务业和信息服务业。从企业规模来看，根据调查统计数据，其中，大中小型企业占比分别为 15.56%、20.82% 和 63.62%（见图 2-2）。

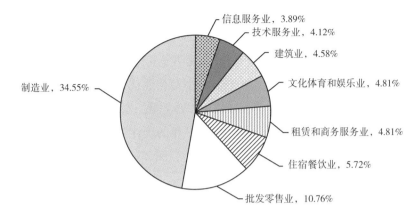

图 2 - 1　受访企业行业分布

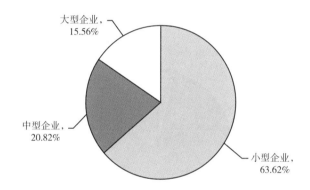

图 2 - 2　受访企业规模分布

二、营商环境总体评价

调查显示，在所有受访企业中，97.10%的企业认为当前营商环境得到了改善，其中72.08%的企业认为营商环境改善明显，而3.66%的企业认为营商环境无明显变化，只有0.23%的企业认为反而进一步恶化。而2020年的统计结果表明，84.02%的企业认为当前营商环境得到了改善，26.93%的企业认为营商环境改善明显，而15.98%的企业认为营商环境无明显变化，甚至2.87%的企业认为反而进一步恶化。与2020年比较，评价改善明显的占比变化明显，提高了将近15个百分点。从企业规模来看，所有受访大型企业认为本地营商环境得到了改善，其中认为营商环境改善明显的占比高达83.35%，97.8%的中型企业认为本地营商环境得到了改善，其中78.02%的中型企业认为营商环境改善明显，而有2.20%的中型企业认为营商环境无明显变化。只有94.6%的小型企业认为本地营商环境得到了改善，5.04%的小型企业认为营商环境无明显变化，甚至有0.36%的小型企业认为营商环境进一步恶化。总体来看，无论从不同规模企业还是所有受访企业来看，相较于2020年的统计调研结果，营商环境总体评价都得到了显著提高（见表2-1、图2-3、图2-4）。

表2-1　　　　　　　受访企业对当地营商环环境的评价　　　　　　单位：%

时间	改善明显	有改善	没有改善	进一步恶化
2021年	72.08	24.03	3.66	0.23
2020年	57.09	26.93	13.11	2.87

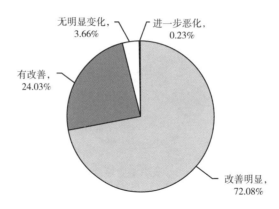

图2-3　营商环境总体评价（2021年）

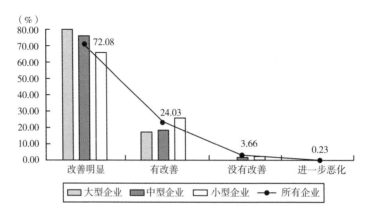

图2-4　不同规模企业对营商环境的总体评价（2021年）

三、营商环境指标评价

本部分根据调研结果，主要从"企业开办""获得电力""获得用水""财产登记""招投标""政府采购""纳税""市场监管""跨境贸易""政企关系"10个二级指标进行营商环境单个指标评价。

（一）企业开办指标

企业开办指标设置了企业开办过程中是否是"一窗通办"或"一网通办"和企业是否承担印章刻制费用两个指标来测度2017年以来企业开办的便利度和成本费用。测度结果如图2-5和图2-6所示。

从图2-5可以发现，2017～2019年，企业开办未实现"一网通办"的占比率是下降的，但2019年以后，未一网通办的企业占比率反而大幅反弹，这一反常现象可能与2020年初新冠肺炎疫情的冲击有关。

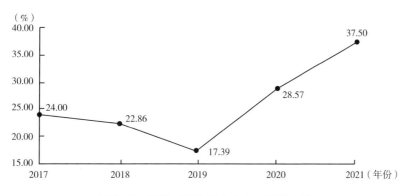

图2-5 2017～2021年企业未一网通办率

图2-6显示了2017年以来开办的企业在企业开办过程中是否承担印章刻制费用的统计结果。2017～2018年，开办企业未承担刻章费用的占比从12%上升到17.14%，而在2019年该比率下降到13.04%，之后又大幅度上升到33.33%，但总体来看，开办企业承担刻章费用的比例过高，至2021年才下降到约77%，表明在企业开办过程中，相关职能部门并未执行企业开办相关规定。

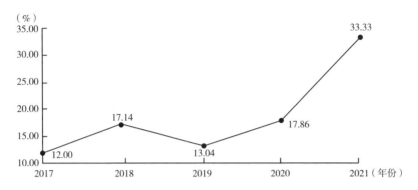

图 2 - 6　开办企业未承担刻章费用的占比率（2017 ~ 2021 年）

（二）获得电力指标

获得电力指标主要从获得电力的便利度、成本和时间进行测度。为了区分 2018 年前后企业获得电力的差异，获得电力指标以 2018 年为分界线设置了六个三级指标，针对 2018 年以来注册的企业设置了办电环节和是否可以通过网络平台查询、交纳用电费用两个指标来测度获得电力的便利度。高低压接入时间指标用来测度获得电力的时间长短。近三年的用电价格变化、企业是否获得"三省服务"和"三零服务"三个指标用来测度获得电力的成本。

从图 2 - 7 可以发现，2018 年以来，开办企业获得电力的办事环节大致分布在 1 ~ 2 道和 3 ~ 4 道办事环节，假设办事环节在所设区间服从均匀分布，则 2018 年后企业获得电力的平均办事环节为 2.69 道，落在 3 ~ 4 道办事环节区间。

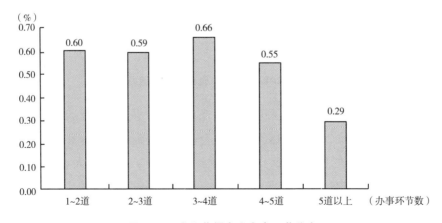

图 2 - 7　企业获得电力办事环节分布

图 2-8 显示了近三年企业通过网络平台缴纳电费的统计情况，发现超过 1/3 的企业还未通过网络平台查询、交纳用电费用，这在一定程度上拉低了获得电力指标的得分值。

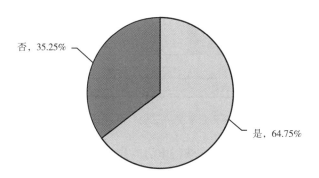

否，35.25%

是，64.75%

图 2-8　企业通过网络平台缴费统计

图 2-9、图 2-10 统计分析了企业获得电力的成本使用情况。图 2-9 表明，在 437 家受访企业中，超过 31% 的企业认为近三年的用电价格明显上升，而 32.31% 的企业认为近三年的用电价格明显下降。

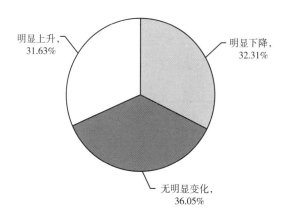

明显上升，31.63%

明显下降，32.31%

无明显变化，36.05%

图 2-9　受访企业近三年用电价格变化统计

按照国家发改委对营商环境获得电力指标的要求，当地电力公司应尽可能为中小型企业提供"省力、省时、省钱"的"三省"服务和"零上门、零审批、零投资"的"三零"服务。图 2-10 发现，对 2018 年后注册的企业，在企业获得用电时，约 23.33% 的大中型企业未享受"三省"服务，约 32.26% 的小微企业未享受"三零"服务。

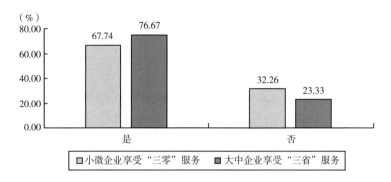

图 2 - 10 受访企业享受"三省"及"三零"服务统计

图 2 - 11 显示了受访企业在获得电力时高低压接入时间的统计分布情况，结果显示，约 55.04% 的企业用电接入时间分布在第一个区间内，假设接入时间在区间内服从均匀分布，统计显示受访企业高压用电平均接入时间为 21.9 天，低压用电平均接入时间为 7.05 天，获得用电时间估计在全国居于中游偏上水平。

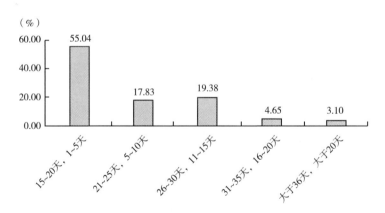

图 2 - 11 企业用电高低压接入时间频数统计分布

（三）获得用水指标

获得用水指标主要从获得用水的便利度、成本和时间进行测度。为了区分 2018 年前后企业获得用水的差异，获得用水指标以 2018 年为分界线设置了五类三级指标。以获得用水办事环节、通过网络平台缴纳用水费及用水过程是否存在"吃拿卡要"三个指标用来测度获得用水的便利度,以新办企业首次获得用水时间来测度获得用水的时间成本,以近三年的用水价格变化来测度获得用水的经济成本。

从图 2-12 可以发现,2018 年以来,开办企业获得用水的办事环节大致分布在 1~2 道和 3~4 道办事环节,假设办事环节数在所设区间服从均匀分布,则 2018 年后企业获得电力的平均办事环节为 2.10 道,接近于 2 道办事环节。

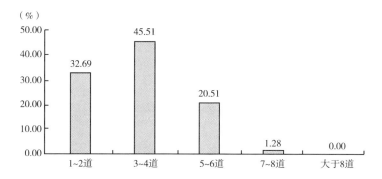

图 2-12 企业获得用水办事环节频数分布

图 2-13 显示了 2018 年后注册企业通过网络平台缴纳用水费及用水过程是否存在"卡拉拖要"统计情况。统计结果显示,接近 34.19% 的企业仍未通过网络平台缴纳用水费用,而超过 80% 的企业认为在用水过程中受到"卡拉拖要"等行为的影响。

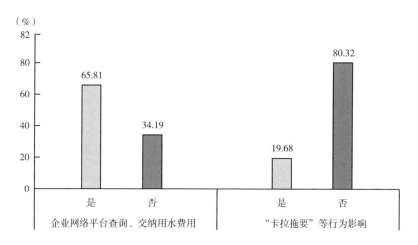

图 2-13 企业获得用水网络缴费及"卡拉拖要"行为影响

图 2-14 显示了 2018 年后注册企业首次获得用水所用时间的频数分布。统计显示，约 47.74% 的企业首次获得用水所用时间在 1～2 天内，约 29.03% 的开办企业在 3～4 天内获得用水。

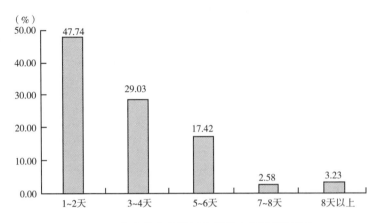

图 2-14 企业首次获得用水所用时间的频数分布

图 2-15 显示了受访企业近三年用水成本变化的频数分布。从图中可以看出，约 1/4 的受访企业认为近三年用水成本明显上升，约 3/4 的受访企业认为用水成本无明显变化甚至明显下降。

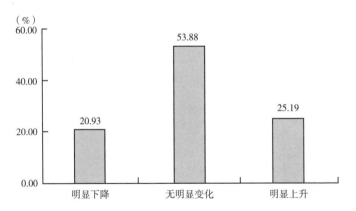

图 2-15 企业首次获得用水所用时间的频数分布

（四）不动产登记

根据国家发改委对不动产登记指标的最新要求，本次调研用"一次办"

和"一网办"作为不动产登记指标便利程度的测度指标，用不动产登记所用时间作为不动产登记时间成本的测度指标。

图 2－16 显示了 2017 年以后注册的受访企业在财产登记时"最多跑一次"和"一网通办"的频数分布，从图中可以看出，"最多跑一次"的企业占比从 2017 年的 40% 逐步下降到 2019 年的 26%，然后逐步上升到 2021 年的 63%。而"一网通办"的企业占比从 2017 年的 38% 逐步上升到 2020 年的 59%，2021 年小幅回落到 57%。从总体发展趋势来看，"最多跑一次"和"一网通办"指标都存在很大的改善空间。

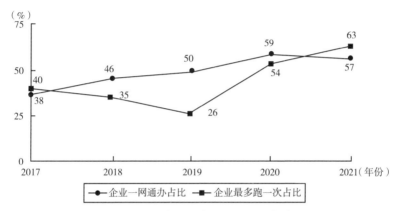

图 2－16　最多跑一次企业占比和一网通办的企业占比

图 2－17 显示了 2017 年以后注册的受访企业在财产登记时所用时间的频数分布。从图中可以发现，49% 左右的企业登记财产所用的时间为 1 天或 2 天，而超过 50% 以上的企业用时 3 天或超过 3 天。假设频数在所用时间区间服从均匀分布，经计算企业登记财产平均所用时间为 3 天。

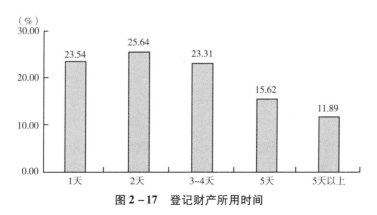

图 2－17　登记财产所用时间

（五）招标投标

为了测度招标投标的市场活跃度、便利程度、成本和公平性，分别设置当地企业参与招标投标的比例、招投标是否采用网络化平台、招投标是否承担印刷费用和企业对招投标公平公正的认知四个指标进行测度。

图 2−18 显示了当地企业参与招标投标占比的情况。统计结果显示，参与招标投标的企业占比约为 44%，而通过电子化平台进行招投标的企业占比约为 74.33%，未承担招投标印刷费用的企业占比仅为 26.32%。这一方面说明辽宁省招投标市场开放度不高，企业参与招投标的比例偏低；另一方面说明电子招投标的普及度不广，大多数企业需要承担招投标的印刷费用。

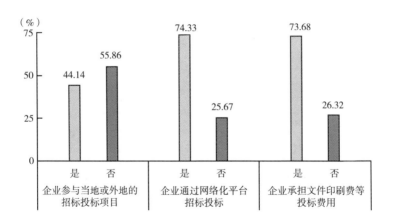

图 2−18　企业参与招投标情况

图 2−19 显示了当地企业在参与招标投标过程中对公平公正性的评价。总体上来看，超过 80% 的企业认为招标投标过程比较公平公正，仅有约 1.33% 的企业认为招标投标过程存在不公平、不公正现象。

（六）政府采购指标

政府采购指标主要通过企业参与政府采购项目的比例和政府采购的公开公平公正性进行评判。图 2−20 统计结果显示，在所有受访企业中，只有约 31.38% 的企业参与了政府采购项目，而小型企业的参与度略低，为 30.07%。

在公开公平公正性方面，约83.92%的企业认为政策采购项目公开公平公正。结果表明企业参与政府采购项目的比例偏低。

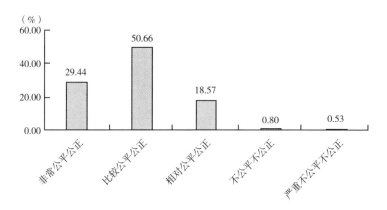

图2-19 企业参与招投标公平公正性评价

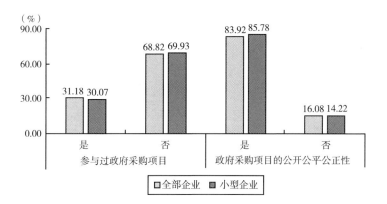

图2-20 企业参与政府采购项目统计

（七）纳税指标

营商环境纳税指标通过企业在网络平台纳税、企业增值税留抵退税和企业所得税申报更正的便捷度及企业纳税所用时间三个指标进行测度。图2-21显示了前两个指标企业占比的统计结果。从图中可以发现，小型企业通过网络平台纳税的比例最高，达86.55%，所有受访企业通过网络平台纳税的比例约为4/5，而认为企业增值税和所得税申报更正相对便捷的，小型企业占比高达93.41%，所有受访企业占比达到91.29%。

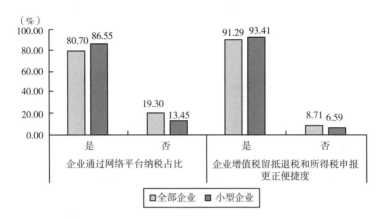

图 2 – 21　企业纳税便捷度统计

图 2 – 22 显示了纳税企业花费的时间成本统计。从图中可以发现，纳税时间在 8 小时之内的企业占比超过了 56%，而纳税时间在 8 ~ 12 小时的企业占比约为 30%。假设纳税时间在纳税时间区间服从均匀分布，所有受访企业和小型企业纳税平均用时分别为 14.33 小时和 14.93 小时，大致比较接近。

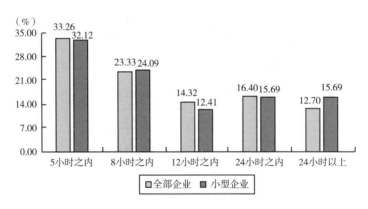

图 2 – 22　企业纳税用时统计

（八）市场监管指标

营商环境市场监管指标主要通过企业对"双随机、已公开"监管的了解及政务服务态度两项指标来测度，相应的统计结果如图 2 – 23 所示。从图中可以发现，了解市场监管随机监管清单事项的企业占比找过八成，对政务大厅政务服务满意的企业占比超过了九成，小型企业的满意度略高于大型企业的满意度。

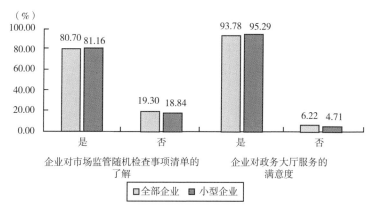

图 2 - 23　企业对市场监管满意度的统计

（九）政企关系指标

学界和政界目前还没有成熟的指标测度营商环境政企关系，按照党中央、国务院对"新型政商关系"和"亲清"政企关系的解释与要求，设置了企业参加政府组织的宣讲会或推介会次数、接受政府或非政府组织提供的"项目管家"或"政务服务驿站"的次数、是否参加过 PPP 项目、对当地政府政策持续性的满意度四个指标进行测度。测度结果如图 2 - 24 所示。从图 2 - 24 可以发现，在受访企业中，未参加当地政府政策宣讲会或推介会的企业占比达到 25.17%，小型企业占比达到 27.34%。未接受政府或非政府组织帮扶的企业占比达到 40.05%，小型企业占比高达 49.06%。大中型企业参加当地政府宣讲会和接受政府提供的帮扶服务的比例明显高于小型企业占比。

图 2 - 25 显示了企业参与 PPP 项目的统计结果。结果显示，在所有受访企业中，只有 15.10% 的企业参与过 PPP 项目。在参与 PPP 项目的企业中，大型企业占比为 10.61%，中型企业占比 28.79%，小型企业占比为 60.61%。这一方面反映了企业参与地方政府项目合作的预期不高，另一方面也反映了企业与政府之间的合作联系并不是很紧密。

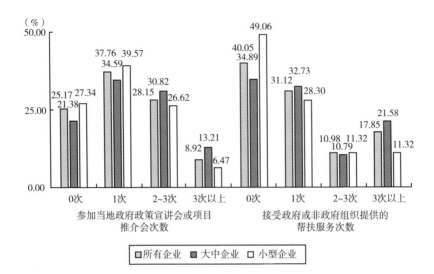

图 2-24　企业与当地政府联系情况统计

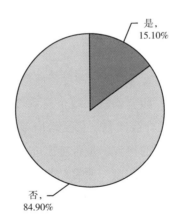

图 2-25　受访企业参与 PPP 项目的比例

　　图 2-26 显示了企业对当地政府政策持续性满意度的统计结果。结果显示，对当地政府政策持续性非常满意和比较满意的企业占比约为 84%，基本满意和不满意的企业占比约为 16%，这表明地方政府政策的持续性还存在改善的空间。

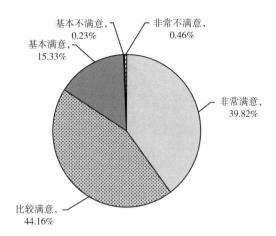

图 2 – 26 企业对当地政府政策持续性满意度统计

（十）跨境贸易指标

营商环境跨境贸易指标通过企业办理跨境贸易业务的便捷度来进行测量。统计结果如图 2 – 27 所示。从图中可以发现，在受访企业中，约 17.14% 的企业认为办理跨境贸易业务不便捷，大中型企业的占比略高，达到 21.13%。办理外贸业务不便利的主要原因是业务流程复杂，办事环节过多。

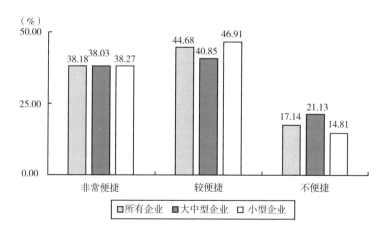

图 2 – 27 企业办理跨境贸易业务便捷的满意度

四、营商环境综合评价

在上述营商环境指标体系基础上，对统计调研各问题进行赋分处理。（1）二级指标的赋值处理，设置各二级指标的权重都为10%，即每项二级指标的总分值为10分，营商环境综合评价指数的满分值为100分。（2）三级指标的赋值处理，三级指标的权重为每个二级指标分值的算术平均数，然后对于逻辑选项的调研问题，利于营商环境的答案给予该项指标的满分，不利于营商环境的赋值0分，对于多项选择支的答案，给予最有利于营商环境的答案为该项指标的满分，然后依次递减，最不利于营商环境的答案赋值为1分，并按照各选择项的比例进行加权计算，最终得到每项三级指标的量化值和营商环境综合评价指数。

在上述基础上，对辽宁省14个地级市的调研数据分类统计，最终得到表2-2所示的统计结果。从统计结果来看，营商环境综合评价指数排在前三位的依次是沈阳、大连、锦州，排在后三位的依次是丹东、营口和葫芦岛。

表2-2　　　　　　　　辽宁省各市营商环境总得分排名　　　　　　单位：分

各地级市	企业开办	获得用电	获得用水	财产登记	招投标	政府采购	纳税	市场监管	政企关系	跨境贸易	总得分	排名（位）
沈阳	7.00	8.28	7.85	8.91	6.19	6.12	9.33	7.86	6.06	8.29	75.88	1
大连	7.20	7.98	7.08	6.50	8.31	6.09	8.14	7.82	7.69	7.85	74.67	2
锦州	7.53	8.08	7.78	7.57	5.19	5.69	8.89	10.00	4.45	9.14	74.31	3
朝阳	6.04	8.44	8.72	7.83	6.83	5.38	8.52	9.58	4.75	7.08	73.19	4
抚顺	5.25	8.99	7.72	7.28	7.08	5.38	8.20	10.00	6.21	7.33	73.05	5
鞍山	4.77	8.94	8.07	7.75	5.41	5.00	9.10	8.64	4.43	9.85	71.95	6
辽阳	4.54	8.09	8.64	8.52	6.10	5.16	8.71	8.67	4.94	7.67	71.02	7
盘锦	4.38	6.96	8.35	7.17	6.25	6.88	9.42	9.38	4.50	7.50	70.77	8
阜新	4.83	7.61	8.07	5.72	5.52	4.83	9.11	9.00	5.70	8.10	68.49	9
本溪	4.38	7.80	7.58	7.09	5.40	4.38	8.80	8.00	4.81	6.97	65.19	10
铁岭	5.00	4.56	4.89	4.38	5.73	8.93	6.71	8.75	5.89	7.26	62.11	11
丹东	3.60	6.34	6.80	6.38	4.76	3.80	7.97	9.00	3.84	5.20	57.68	12
营口	4.00	7.09	6.68	2.80	4.27	6.56	4.83	7.33	5.58	6.59	55.73	13
葫芦岛	5.00	4.53	6.56	1.67	4.28	3.50	7.03	8.00	4.89	4.33	49.79	14

从得分数值来看，营商环境综合评价指数的数值并不高，排名第一位的沈阳总得分为75.88，葫芦岛的分值为49.79分。对统计问卷中逻辑选项不利于营商环境的评价直接赋值0分在一定程度上影响总分值的高低。表2－3给出了十大二级指标的平均得分值和高低排序。从表2－3中可以发现，得分值较高的前三位二级指标分别为市场监管、纳税和获得用水，失分较多的二级指标分别为招标投标、政府采购、政企关系和企业开办。

表2－3　　　　　　　　　营商环境各指标平均得分排序

项目	市场监管	纳税	获得用水	获得用电	跨境贸易	财产登记	招标投标	政府采购	政企关系	企业开办
平均得分	8.72	8.20	7.49	7.41	7.37	6.40	5.81	5.52	5.27	5.25
排序	1	2	3	4	5	6	7	8	9	10

从2014年至2021年，辽宁省狠抓营商环境建设，全省各市基本形成了营商环境硬件基础架构，基本完成纳税、获得用水电气等营商环境的硬件平台建设，因而指标得分值相对较高。而招标投标、政府采购及政企关系这样的软环境营商环境建设，受到市场活跃度及经济地域的影响，得分值相对较低。

统计发现，导致招标投标指标得分值低的主要原因是招标投标的市场活跃度低，参与市场招标投标的企业不到50%，比例相对较低。其次是招标投标的成本相对较高，参与招标投标的企业中，80%以上的企业需承担投标招标印刷等费用。导致政府采购指标得分值较低的原因是地方企业参与政府采购的比例偏低，仅为31.18%。导致政企关系指标得分较低的主要原因是政府与企业之间的联系不强，超25%的企业从未参加过政府组织的推介会或宣讲会，超过40%的企业从未接受过当地政府或组织的帮扶服务。再次是企业参加PPP项目的机会和比例偏低，接近85%的企业从未参加过当地或异地的PPP项目。导致企业开办指标得分值较低的原因是"一网通办"率和企业开办成本。根据国家发改委要求，"一网通办"和是否承担开办印章费用是企业开办指标重要的考核指标，统计显示，2021年未实现"一网通办"率的企业比率达到37%，约67%的开办企业承担开办印章费用。

五、结论及对策建议

（一）结论

近年来，辽宁省按照市场化、法治化、国际化要求，全力打造办事方便、法治良好、成本竞争力强、生态宜居的营商环境，取得了可喜效果。

1. 营商环境建设形势整体向好，各项指标得到逐步提升和改善

整体来看，近年来辽宁省营商环境建设水平得到极大提升。根据中国社会科学院财经战略研究院2021年发布的《中国城市竞争力报告》，大连、沈阳、锦州在全国城市营商硬环境竞争力排名中分别排在第23、第25和第37名，其他城市排名也有较大幅度的提升。总结起来，辽宁省营商环境的改善和提升主要表现在以下两个方面：（1）基本完成流程优化、办事方便的营商硬环境平台建设。以"放管服"改革为推手，在推广"一网通办"和"一窗通办"平台建设中，大量简政放权，优化重组业务流程，完成了营商环境一体化平台建设，使政务环境水平得到极大提升。（2）公用事业服务环境进一步完善。在完善政务环境平台建设中，优化公用事业办事环节的业务重组和再造，简化公共服务供给办事环节，加强公用事业服务质量和效率的监管，使公用服务事业的服务质量和能力得到显著提升，市场主体的满意度明显提高。

2. 营商环境建设尚存在短板，某些营商环境指标亟须改善

近年来辽宁省营商环境建设虽然取得了不俗的成绩，但存在的短板也很明显，主要表现在：（1）营商环境某些关键指标要求并未得到有效执行。调研发现，企业开办指标中的印章刻制费用、"一网通办"服务考核并未得到真正实施，导致企业开办指标的得分较低。多数企业承担招投标印刷费用导致招标投标指标的得分值偏低。当地企业参与政府采购的比例偏低导致政府采购指标得分的偏低。（2）政企关系亟须改善。政企关系是至关重要的营商软环境指标，良好的政企关系有助于释放企业的动能，解放生产力，激发创新意识，优化资源配置，创造更多的社会财富。从调研统计结果看，辽宁省政企关系指标得分值相对偏低。一是企业与政府之间的合作渠道单一，企业参与政府组织的宣讲会和推介会的比例尚不足1/4，只有15%的企业参加过PPP项目。二是企业与

政府之间的合作机制尚不完善，按照辽宁省营商环境条理的规定，地方政府与当地大型企业应该建成一对一的帮扶服务，并有序推广到中小型企业，但调研统计显示，近35%的大中型企业近三年未接受过类似的帮扶服务。

（二）对策建议

1. 破除营商环境建设"难点、痛点"，推进营商硬环境建设上新台阶

目前，辽宁省营商硬环境建设基本形成一体化的平台架构，后续重点应放在业务流程优化重组和营商环境建设效率方面，涉及体制和人事等各个方面，也是营商环境建设的难点和堵点。一方面，当地政府需要进一步深化"放管服"改革，简政放权，优化政务办事流程，特别要重视企业开办的"一网通办"和"一窗通办"平台建设，加强政府采购的市场监管。另一方面，当地政府需要进一步提升公用事业服务质量和效率，促进公用事业部门简化公用服务办事环节，降低公用服务的供给成本，提升公共服务的质量和效率，从而让市场主体获得更多的实惠和满足感。

2. 深化新型政企关系，努力提升营商软环境建设

建立新型政企关系是辽宁省营商环境建设的堵点，相对于发达省份和城市来说，这也是导致辽宁省营商环境建设水平相对落后的主要原因。新型政企关系的建立不是一蹴而就的事情，受到当地经济发展、政治生态及人文思想的影响。从宏观层面讲，深化新型政企关系首先要提高政府的治理能力，一是政府的社会管理能力，二是政府的专业知识应用能力，三是政府的执法能力。其次，深化新型政企关系需要提高政府的主动服务意识，重新定位政府与企业的政企合作模式。新形势下，政府更应该发挥主观服务意识，将过去企业找政府的合作模式更新为政府找企业的合作模式，捅破政企之间信息不对称的隔阂，形成亲清的新型政商关系。从微观层面讲，深化新型政企关系需要拓宽政府与企业合作之间的方式和渠道。一是继续完善政府对企业的定向帮扶政策机制，引进网格化联系机制，拓宽受惠企业的覆盖面。二是建立常态化政企沟通联系机制。加强政府与企业和行业协会、商会的常态化联系。建立政企直通车的联系机制，加快推进政务服务热线的整合，充分利用政务服务平台的大数据功能，及时回应企业诉求。

专题三 新冠肺炎疫情背景下辽宁省 民营经济纾困路径研究

王志刚

一、引言

民营经济是我国社会主义市场经济的重要组成部分，在我国经济发展中发挥着举足轻重的作用。中小微企业贡献了我国50%以上的税收、60%以上的 GDP、70%以上的技术创新、80%以上的城镇劳动就业、90%以上的企业数量，是国民经济和社会发展的生力军①。

为防控新冠肺炎疫情，辽宁省内外物流、人流受到严格限制，经济出现了系统性停滞，中小微民营企业经营受到重创，甚至停顿，从而陷入严重经营和财务危机（朱武祥等，2020）。然而，贸然复工不利于疫情防控，长期停工又会造成经济困难，民营企业生存危机加剧（李维安等，2020）。根据相关学者在对辽宁省232家民营企业深入调查后发现，调查对象中已经复工企业占比达到50.74%，对企业全面复工存在较大影响的原因包括"地方政府要求延迟复工"和"员工无法按时返岗"，两者所占比例分别为38.97%和24.26%；调查对象中绝大多数民营企业深受疫情影响，生存压力大，企业经营困难，订单履行与延续存在难题，订单不能按期交付，许多企业存在客户订单转移风险与违约风险，甚至面临巨大金额索赔风险，同时经营成本上升，面临现金压力，资金周转困难；调查对象企业面向未来，主要有四大期待，

---

① 刘鹤主持召开国务院促进中小企业发展工作领导小组第一次会议 [DB/OL]. 中国政府网，2018 – 8 – 20.

包括期待政府在税费支持方面持续发力；期待政府于疫情前后在经济形势研判、政府税收政策指导、企业应急管理、企业经营方向指导和网络办公指导等方面，给予分类指导；期待政府助力企业转型升级；期待后疫情时期政策的持续性与精准性（李芊霖等，2020）。

面对突如其来的疫情，辽宁省快速启动重大突发公共卫生事件一级响应，也是较早统筹规划企业复工复产的省份之一。但是，复工期间仍存在防护物资不足、生产成本较高、物流运输不畅等诸多困难。在不放松疫情防控、不影响防疫成果的前提下，政府如何"输血"扶持，民营企业如何"止血"自救，仍是辽宁省对民营企业精准施策的重点难题。

受到营商环境、价格指数、政策环境等多种因素影响，民营企业总体营业收入比上年同期有明显增加，订单较为充足，加之国家、省市出台了一系列应对疫情支持中小微企业发展的相关政策扶持，中小微企业生产经营普遍向好。个体工商户对市场预期普遍看好，新设市场主体总量不断提升，就业人数增幅较大增长，各项经营指标远高于上年同期。随着减税降费政策的出台落实，个体工商户税费成本压力明显降低。然而，近年来民营企业整体经济下行加之受疫情的冲击，全省民营企业的生存环境压力进一步加大，处境更加艰难。2021 年，受全球新冠疫情、流动性泛滥、供给瓶颈等因素影响，国际大宗商品价格大幅上涨，推高了全球通胀水平，不少国家物价创多年新高。中国经济已深度融入世界经济，石油、天然气、铁矿石等商品外采比例较高，国际价格上涨，客观上加大了输入性通胀压力，推高了国内能源、原材料价格，而对于中下游的民营企业来说，原材料价格上涨，导致企业成本压力增加，经营压力加大，利润空间将受到一定挤压。

二、新冠肺炎疫情对辽宁省民营企业的冲击和影响

（一）民营企业经营收入严重下滑

1. 民营企业普遍缺乏生产订单，新订单违约风险增大

疫情影响了人口的自由流动，同时也降低了消费欲望和积极性，造成市场需求严重不足。部分区域普遍实行停工管制，导致上游原材料供应商无法

开工，再加上物流运输也受到严格管制，造成制造业中小企业无法及时补充生产原材料。同时，抗疫期间实行隔离政策，造成各行业假期延长，不少企事业单位处于半停工或低水平运行状态，这些非正常的状态普遍造成中小企业的订单不足，甚至陷入停顿的状态，尤其对服务类行业冲击巨大。疫情所带来的原材料涨价、人工不足、物流和人流的限制、运输道路的不顺畅等因素，使中小企业接受新订单的风险增大，违约成本上升，对市场来说订单本身是一种契约行为，市场的经营离不开订单，许多中小企业担心接受订单后，不能按时履约交付商品，最终会导致失去原有市场，虽然在疫情得到有效控制后流失订单能够逐渐恢复，但过程比较缓慢。

2. 产业供应链受阻，企业生产原材料不能及时到位

受产业供应链制约，上游企业未复工、生产原材料供应不足；下游企业未复工、订单被取消；随着疫情防控措施的严格管制和实施，短期内对原材料的运输会造成影响，交通受阻，物流中断导致产品和生产原材料无法及时运送，中小企业正常生产经营和销售计划难以实现，企业复工率低且不全面，亦无法实现预期销售营业收入。

3. 出口贸易业务下滑，冲击全球产业链

外贸出口业务大幅度下滑，严重冲击中小企业对外贸易的收入；欧美和东南亚等国家疫情快速扩散，这将进一步限制进口需求，并对全球产业链构成冲击。新冠肺炎疫情期间，部分欧美国家和地区对中国采取了贸易管制措施，在一定程度上，出口贸易业务受到限制。

4. 中小企业复工复产困难重重，复工率较低且不全面

目前，从中央到地方都在强调平稳有序推进企业复工复产，使经济逐步恢复正常；但在实际过程中，大量中小企业的复工复产，面临许多困难和障碍，其主要表现在三点：一是疫情防控政策限制了人员流动，中小企业配套设施不完善，与其相匹配的关联企业复工率较低，而且不全面。二是中小企业不具备相关复工复产条件，且无力承担复工复产后的人员收入和企业正常运营费用。三是复工复产防疫困难。在推进企业复工复产的同时，多地对企业复工复产后的防疫措施制定了严格防疫标准。例如，防疫用品的存量必须达到一定标准，企业住宿、餐饮食堂服务要防止近距离接触等。很多地方对企业复工复产后一旦发生聚集性传染事件有明确规定，要求企业承担集中隔离、医疗救护、住宿膳食等各方面的成本，这无形中给企业的成本带来很大的不确定性。

（二）民营企业经营成本大幅增加

1. 人工成本

疫情不仅影响中小企业的营业收入，对企业的经营成本也有很大影响。其中人工成本主要包括员工工资及五险一金等人工成本。疫情期间对于中小型民营企业，大多数企业人员实行"合同制"，企业负担比重较高的成本为人工成本；还有一些企业是实行弹性工作制，这些企业人员流动性较高，基本属于企业临时性用工，员工保障低，收入波动较大，尤其是那些餐饮服务、交通运输、文化旅游等劳动密集型的服务行业，部分制造业的出口加工业中亦有一些是属于劳动密集型企业，在销售受疫情影响下降的情况下，这部分企业的临时用工成本所占企业经营成本的比例较高，应特别需要关注。

2. 租金和偿还贷款成本

受疫情影响，中小企业复工复产率不足，大多数企业选择停产或半停产状态，而之前支付的厂房、门店、写字间及办公设备等租金成本以及贷款成本是需要实际负担的，中小企业本身抵抗经营风险的能力较弱，在销售额下滑，租金和还贷成本上升和预期不确定情况下，会加大中小企业经营风险。

3. 原材料和仓储库存成本

因疫情原因中小企业的物资、劳动力流动性受到限制，中小企业订购的原材料无法及时运送到车间，会导致生产计划无法完成，销售停滞，迫使企业通过多种渠道购买原材料来维持生产，会使原材料成本上升；由于物流交通受阻，生产的产品又无法及时发货，库房产品严重积压，资金无法周转，形成较高仓储成本。

4. 收账成本

中小企业对客户赊销产品产生的应收款，考虑疫情会对自身企业的经营和现金流造成一定影响，为防范资金风险，企业会进行重点催收，强化对客户资产和信用的甄别，制定合理信用体系和管控对策，编制专门财务报表，加强对应收账款的管理，这些监管过程亦会额外增加企业的收账成本。

5. 融资成本

受疫情影响，金融市场会出现剧烈波动；外部的融资环境收紧，而辽宁中小民营企业先天资金存在不足的问题，这会让本省中小微企业面临巨大资金流压力。一方面，在抗疫过程中，员工工资、社保费用、房屋租金等固定成本并未减少；另一方面，银行贷款和非金融机构融资利息相对较高，融资难、融资贵的问题，始终是民营企业发展的一道难坎儿，而大量中小企业因信用等级较低，在无法获得银行贷款的同时，会依赖民间借贷，其利息支出成本较高。

（三）民营企业的隐性成本也在增加

从企业成本构成来推断，以上的五种成本为企业运营的显性成本，从另一个角度，企业的运营也会因疫情影响从而增加一些隐性成本。

1. 社会系统性风险带来的延迟成本

疫情使社会经济的风险等级增加，中小企业经营外部环境恶化，降低资金的流通速度，甚至会影响大众对社会发展愿景的预期，基于对疫情的恐慌，企业复工复产之后的较长时间内，大众很有可能会继续减少出门消费，缩减开支，从而增加了企业获取资金的难度，这会造成中小企业上述的显性成本进一步加大，甚至可能会高于实质性疫情的损害。

2. 疫情管控成本

按照辽宁疫情防控部门要求，企业要主动开展疫情防控和动员工作，在此期间产生的人员和防疫物资成本，大部分需要企业自身来承担和消化，企业收入下降，负债压力大，会对企业造成巨大冲击，一旦企业无法及时发放工资，这会对企业团队的凝聚力造成重创，甚至会导致企业破产。

3. 延迟复工的竞争成本

目前国际经济环境波动较大，中美贸易摩擦前景不确定，再加上俄乌冲突的影响，全球粮食、石油、天然气等大宗商品的供求价格持续上涨，外汇储备收紧，国际收支大幅度波动，对人民币汇率带来较大压力，这些外部经济环境对辽宁中小型民营企业的外贸收入构成威胁，必将进一步使中小企业的出口难度增大。

三、政府对中小企业抗疫扶持政策

在中央支持和救助中小企业共渡难关的财政政策基础上，辽宁省各级地方政府快速响应，先后出台了支持中小企业生存和发展的多项政策措施，减轻中小企业生产经营负担，帮助行业市场主体渡难关、稳增长。主要体现在以下四个方面。

（一）设立中小企业帮扶基金，完善税收减免措施

企业可按有关规定申请房产税、城镇土地使用税减半征收。实施小微企业"六税两费"减免政策，减征房产税和城镇土地使用税，实施延长社保费缴费期限优惠政策，实施失业保险费优惠政策，给予减免租金的房屋业主税收优惠。

（二）给予中小企业水电、房租等费用优惠

实施预存电费积分奖励，积分自动结转电费或冲抵欠费。减免中小企业的房租，对生产经营过程中产生的水、气费用，实施阶段性的缓缴，从而保证"欠费不停供"。在计收电费时，统一按原到户电价水平的95%结算。

（三）减免社保缴费，已缴失业保险费返还

疫情期间中小企业可免缴不超过 5 个月社保的单位缴费，失业保险金标准临时性上调。稳岗返还标准大幅度提高，返还金额从其上年度实际缴纳失业保险总额的50%提高到80%。

（四）加强企业用工保障

疫情期间加大稳岗力度，实施援企稳岗政策、企业职工培训费补贴政策、灵活用工政策等具体措施。对不裁员或少裁员的参保企业，返还其一定比例

的上年度实际缴纳失业保险费。阶段性延长社会保险补贴和岗位补贴期限、稳定企业劳动关系、重点支持面向中小企业的公共就业服务和优化补贴办理流程，实施培训费补贴等措施。

四、辽宁省民营经济发展面临的困境

长期以来，民营企业都是依靠高能耗、低劳动力成本、外需拉动、循环简单再生产等粗放型的发展模式，维持企业的利润和生存，造就了大量中小企业的繁荣。自上年以来，由于辽宁省部分民营企业缺乏管理、品牌、技术、资金等核心竞争要素，完全依赖外部市场需求，受制于新冠肺炎疫情及原材料、劳动力价格上涨等叠加因素影响，许多民营企业陷入困境，其生存和发展面临着巨大挑战，具体表现为以下几方面。

（一）民营企业融资难问题突出，缺乏融资保障机制

一是融资渠道单一。民营企业注册资本较少，普遍规模较小，资本实力有限，房屋、土地等银行认可的不动产数量较少，缺乏抵押资产，且有效担保不足，导致企业通过商业银行贷款难、其他途径融资路径狭窄，资金缺乏严重制约企业在产品技术上的投入和企业规模上的发展壮大。二是信用状况不佳。相比于大型企业，民营企业特别是小微型企业财务制度不完善，缺乏完整的信用记录，造成企业与企业间、企业与政府间、企业与金融机构间信任度不高，特别是对企业信用的不重视，使金融机构无法准确地判断企业经营状况和财务风险，直接影响银行发放贷款。三是经营管理水平不高，市场行为不规范，财务管理不健全，依法经营、诚信观念不强，导致银行贷款意愿不高，融资难题仍是制约其生存发展的主要原因。

（二）民营企业人才短缺，人才队伍建设不足

当代企业发展，人才是第一资源，创新需要人才，民营经济的高质量发展更加需要人才。辽宁省民营经济发展过程中一直缺乏人才。一是民营企业

很多是家族经营，规模小，实力弱，经营管理模式僵化，这些问题限制了个人能力的发挥，导致了人才的流失。二是受薪酬、保险等福利保障因素制约，大部分民营企业对人才的吸引力远不如大企业，从事科研开发的科技人员绝大多数集中在大企业，在民营企业从事技术创新的人员很少，现有科技人员流失也日益严重。企业专业人才匮乏、技术基础薄弱直接导致了民营企业无力开展产品、工艺、设备的技术创新，部分企业扩大生产规模受到制约，难以适应市场的急剧变化。三是民营企业缺乏人才引进和培养机制以及人才扶持政策，导致各种人才的流失，民营经济的人才缺乏较严重。民营企业一线工人不足，技能型人才难招，部分城乡求职人员技能单一或根本没有技能与技术，文化水平不高，限制了企业招工的选择范围。

（三）民营企业科技创新投入不足，创新能力不强

一是创新意识不强。部分民营企业缺乏创新意识和专业技术背景，急功近利的经营思想、过强的规避风险意识，使其对技术创新顾虑重重，畏缩不前。二是从事科研开发的科技人员绝大多数集中在大企业，在民营企业从事技术创新的人员很少。企业科技人员不足且流失严重，直接影响了民营企业的自主创新。三是技术研发投入不足。民营企业科技研发投入主要靠自筹和银行贷款，很多民营企业技术研发资金往往不足其营业收入的1%，自我积累能力很弱，民营企业资本社会化程度低且总量小，难以应对技术创新成本高、回收期长等风险。很多企业因资金缺乏而无力进行技术创新，整体技术装备水平也较低，造成技术创新和技术改造投入严重不足，这些直接影响了民营企业的科技创新能力。

（四）民营企业抵御风险能力低，营商环境存在短板

一是民营企业管理观念陈旧。辽宁省大部分民营企业采取家族式、粗放式的管理经营模式，管理权利主要集中于企业的"大家长"，管理观念的保守制约了企业发展的脚步，随着企业规模的不断扩大和市场环境不断变化，家族企业的局限性就成为制约民营企业发展的主要因素。大多数个体工商户的生产经营活动主要是为了求生存，其经营规模小，产品科技含量低，服务

水平一般，在市场竞争激烈的行业，会面临生存困难甚至自然倒闭。二是民营企业开拓意识不强。部分成长型民营企业，缺乏做大做强的投资胆量和发展气魄，易安于现状。一些民营企业对企业和市场未来形势的预期，仍处于不稳定状态，即没有明确的企业战略目标，也没有形成内部制衡和外部专家支持的科学决策机制。三是受疫情和外贸变化的影响，线上销售模式更加受到消费者青睐，导致实体经济竞争更为激烈，中小微企业、个体工商户倒闭数量较多。四是民营经济存在着市场准入的门槛高、税收负担重、投资等程序烦琐、生产要素成本高，以及政务、法治和人文环境不健全等问题，民营经济营商环境的不完善不利于辽宁省民营经济的高质量发展。

（五）民营企业受市场需求制约，转型升级压力大

一是受疫情和国内经济下行压力的影响，辽宁省外需严重下降，内需市场收缩，特别是一些中小微企业和个体工商户经营状况堪忧，现金流紧张问题较为突出。二是外部订单流失，企业收入锐减。全省中小民营企业外贸经济整体下滑，出口受到重创，疫情严重冲击供给端，由于复工复产难，融资困难，用工紧张等不利因素交织叠加，外贸订单流失或者履约中断，加工贸易受挫严重。三是在需求收缩和供给冲击影响下，民营企业订单履约困难，企业资金链条紧张或濒临断裂，企业流动性不足，传统市场受挫，亟须培育新业态。另外，市场规模小、对外贸易体量小、利用外资规模小等"三小情况"，反映出市场主体抗风险能力弱，经营能力不强，而以电子商务为代表的营销网络、线上销售等新业态发展相对滞后。四是辽宁省民营经济产业结构调整步伐不快，大多数民营企业仍处于外延式扩张阶段，尚未完成向内涵式发展的转变，企业的创新动能有待进一步挖掘，与发达省份相比，辽宁省民营企业在技术、品牌、知名度等方面亦面临严峻的挑战。

五、辽宁省民营经济纾困的政策优化措施

为进一步优化营商环境，减轻民营企业负担、激发发展活力，确保经济平稳运行，坚持稳字当头、稳中求进，扎实做好"六稳"（稳就业、稳金融、

稳外贸、稳外资、稳投资、稳预期）工作，全面落实"六保"（保居民就业、保基本民主、保市场主体、保粮食能源安全、保产业链供应链稳定、保基层运转任务）任务，提出以下政策优化措施：

（一）缓解民营企业融资难题，建立融资保障机制

一是改善民营企业金融服务。充分运用政策奖励资金，鼓励银行、证券、期货、基金、保险等金融机构服务民营企业发展。健全政银企合作机制，实现常态化银企对接。鼓励金融机构细化民营企业贷款不良容忍度管理，完善授信尽职免责规定，加大对基层金融机构发放民营企业、小微企业贷款的激励力度。二是支持民营企业信用融资。充分发挥辽宁省综合金融服务平台和征信平台作用，利用大数据等技术手段开发针对民营企业的免抵押、免担保信用贷款产品。推动沈阳综合金融服务平台、企业征信平台互联互通，加大信用信息归集力度，支持民营企业、小微企业信用贷款。三是拓宽民营企业融资渠道。支持大型企业协助上下游企业开展订单融资、应付账款融资，深入推进产业链金融试点。逐步扩大知识产权质押物范围，对企业无形资产进行打包组合融资，推动知识产权质押贷款增量扩面。推进"助保贷"业务、扩展"稳企贷"业务，降低中小微企业融资担保费率及贷款利率。四是加快完善融资担保体系。完善融资担保风险补偿机制，对融资担保机构开展的小微企业贷款担保业务，给予一定风险补助，提高融资担保机构承保能力。支持融资担保机构发展，建立健全市级政府性融资担保机构内控制度，充分发挥政府性担保平台增加授信功能。

（二）落实兴辽英才计划，打造人才中心和创新高地

人才是辽宁省民营经济高质量发展的智力保障。一是优化整合人才政策项目，加强高层次人才吸引力度，拿出"真金白银"支持"带土移植"团队、科技创新人才、产业项目高端人才、经济社会重点领域专门人才，推动培养集聚、创新创业、评价激励、服务保障等各项政策措施落实落地；坚持人才"全周期"服务理念，完善人才"引、育、用、留"服务体系；引导有需求的民营企业开展"共享用工"，促进人才流动和灵活就业；畅通民营企

业专业技术人才职称评审通道，大力推行社会化评审模式；组织企业、培训机构开展新型学徒制培训、技能提升培训、技师和高级技师培训。二是民营企业要积极利用辽宁省的高等院校和科研机构资源，进行产学研合作，使大量的优秀人才与民营企业对接，对于大学生和科技人员的创新项目，民营企业可以给予扶持，将大量的创新人才引入企业。借助全省高校资源对民营企业经营管理人员进行培训，提升民营企业经营管理人员的综合能力，进而提高民营企业的质量。民营企业要加强人才的引进，对于引进和培养的人才，不仅给予奖金奖励、提供科研经费，而且要为人才的住房、医疗等提供保障。支持全省高校设立大学生创新创业基地，鼓励民营企业设立大学生创新创业奖学金、参与大学生创新创业教育和培训。三是全省要以《辽宁省人力资源社会保障厅关于支持民营经济发展的若干政策措施》为基点，使更多的人才投入民营经济建设活动中，推动辽宁省民营经济高质量发展。

（三）完善民营企业创新机制，加大改革创新力度

一是增强民营企业创新能力。建设辽宁省科技型中小企业、高新技术企业、高成长性企业培育库，加强"科技型中小企业—高新技术企业—雏鹰企业—瞪羚独角兽企业"梯度培育。加快实施科技企业孵化器、众创空间等创新平台提质升级，不断壮大科技型中小企业规模。强化高新技术企业靶向招商，实施高成长性企业上市培育计划，在产业细分领域加快涌现出一批创新型领军企业。充分发挥财政、金融、监管等政策的积极作用，鼓励和引导企业加大技术创新、经营模式创新力度，加快用高新技术改造传统产业，发展新业态、新模式，实现高质量发展。二是构建科技创新平台体系。加快辽宁省科学城建设，整合高校、企业和科研院所等高端创新资源，布局建设重大科技基础设施，着力攻破关键核心技术，打造一流科学名城。开展产学研对接。定期组织与国内知名高校院所的科技成果对接，推进企业技术创新交流与合作，为"专精特新"中小企业创新发展提供精准技术服务。以辽宁省高校院所为依托，加快发展市场化、专业化、集成化、网络化的众创空间，构建一批低成本、便利化、全要素、开放式的创新创业平台。三是提升科技成果转化效率。进一步完善东北科技大市场科技成果发布、创新需求对接、科技成果评价、技术成果交易、科技经纪人服务等市场服务机制。支持民营企

业参加产业联盟、技术联盟、标准联盟等新型产业组织，建立产学研用市场
化利益联结机制。

（四）优化民营企业营商环境，打造生产要素聚集新洼地

一是优化政策环境。按照"直送、直达、直办、政策兑现快"的工作原
则，严格落实国家、省、市各类支持民营企业发展的政策措施，帮助企业用
好用足用活相关优惠政策。探索建设"惠企直达"应用场景，推动实现"申
报零材料、审批零人工、兑现秒到账"的政策直达模式。建立常态化的政策
评估机制，审慎事前评估，重视过程评估，在制定相关惠企政策时，起草部
门在调研论证阶段充分听取工商联、商（协）会及民营企业家意见和建议。
加强政策协调性，细化、量化政策措施，制定相关配套举措，推动各项政策
落地、落细、落实，让民营企业从政策落实中增强获得感。二是优化政务环
境。贯彻落实《辽宁省营商环境建设行动方案》，加大简政放权的力度，优
化对民营企业的行政审批流程，实现行政审批和公共服务事项网上办理，提
高办事效率；深入开展"放管服"改革，全面提升"一网通办"能力，到
2025 年，全程电子化审批达到全国一流水平，依申请类政府服务事项 100%
实现"一网通办"。深入开展"万人进万企""一联三帮"活动，增强各级
公务人员"店小二"服务意识，牢固树立"营商环境就是我"理念。落实领
导干部联系企业制度，帮助企业协调解决发展中的困难和问题。三是优化市
场环境。严格执行负面清单制度，全面排查和清理各类违规制定的负面清单，
着力破除市场准入显性和隐性壁垒，推动"非禁即入"的深入落实，调动民
营企业这一市场主体的积极性。鼓励民间资本按照市场规则，通过出资入股、
认购可转债、收购股权、股权置换等方式，参与市属国有企业改革。全省要
把国家的税收优惠政策落实到位，尤其要规范涉企收费，对符合条件的民营
企业和其他纳税人一视同仁，帮助民营企业解决过重的税收负担问题。加大
监管力度，整顿和规范市场经济秩序，推行"双随机、一公开"监管，加强
事中事后监管，强化市场主体责任。加强民营企业信用体系建设，完善信用
信息共享机制和失信主体信用修复机制。四是优化法治环境。加强法治宣传
教育，引导民营经济市场主体树立普遍的规则意识和法治观念，重契约、讲
规则，依法组织生产经营，依法参与市场竞争，依法化解矛盾争议。进一步

完善司法服务和保障机制，加强产权保护，依法维护民营企业的合法权益。坚决依法打击合同诈骗、职务侵占、挪用资金及串通招投标、商业贿赂等侵害民营企业合法权益的违法犯罪行为，净化市场秩序。规范行政执法机关的执法行为，明确行政执法程序，规范行政执法自由裁量权，确保严格规范公正执法。五是优化人文环境。提升全省城市品质，进一步完善城市精细化管理体系，推动城市洁化、序化、绿化、亮化、智慧化，吸引不同层次人才集聚辽宁。构建亲清新型政商关系，引导公职人员坦荡真诚与企业接触交往，靠前服务，积极为企业排忧解难。组织开展全省上规模民营企业关于发展现状与社会贡献的调研，广泛宣传重商亲商的重大意义、政策措施和先进典型，加大对辽宁省振兴发展作出突出贡献的企业家的宣传力度，让民营企业家事业上有底气、政治上有荣誉、社会上受尊敬。

（五）开拓新业态、新模式，引领民营企业产业转型升级

一是创建个体经营者创业平台，免费为市场主体提供创业计划、市场采购、市场营销、金融财会等方面的知识培训，帮助解决经营中遇到的问题，提高经营管理水平、商品质量，及时调整经营行业、商品种类，增强抵御经营风险的能力。鼓励个体工商户转型升级为企业，积极宣传个体工商户"转型升级"的有利政策及相关法律法规，把经营规模较大或发展前景较好的个体工商户作为转型升级的帮扶重点对象，有针对性地做好帮扶引导工作。二是重点实施"电商直播＋"工程。借鉴发达省份经验，出台并细化推动全省民营企业开拓国内市场的政策措施。推动企业产品品牌建设、自建网络营销平台，鼓励产品线上销售。推动电商直播与区域地理特产、本地生活、夜经济、文化旅游、非遗保护、专业市场、主题会展、工业制造、跨境贸易、政务公开相融合，健全全省电商直播产业链，带动民营企业创新发展。三是鼓励民营企业参与乡村振兴建设，开拓农村市场。鼓励民营企业在全省粮食、蔬菜、特色农品生产功能区，建立优质原料基地，布局加工产能，构建产业链条，培育龙头企业。实施"互联网＋现代农业"行动，鼓励民营企业发展数字农业，运用农业物联网、大数据，提高现代农业智慧化及综合信息服务水平。

专题四 辽宁省民营经济统计指标体系研究

赵晓波

改革开放以来，在党的政策正确指引下，我国民营经济从小到大、由弱变强不断发展壮大，在创业就业、优化经济结构、转移农村剩余劳动力和扩大出口等方面发挥了重要作用，成为推动我国经济发展不可或缺的力量。

伴随着全球疫情的持续演变，外部经济形势日趋复杂严峻，辽宁省民营企业凭借其自身活力和韧性稳步向前，走出以创新为动力的发展壮大之路。截至 2021 年 9 月底全省有民营经济市场主体 414.1 万户，同比增长 9.5%，占市场主体总量的 95.5%；民营经济市场主体新增 54.5 万户；全省科技型中小企业达 14478 户，同比增长 44.9%；民营高新技术企业 6463 户，民营雏鹰企业 1733 户，民营瞪羚独角兽企业 265 户。

当前，我国民营经济飞速发展，理论认识逐步加深，相比民营经济的发展速度与规模，我国民营经济的统计工作还有待进一步完善与提升。各省市根据本区域民营经济发展情况制定了若干民营经济统计的内容、范围和调查方法等信息，统计信息相互缺乏可比性，对民营经济的统计监测能力非常弱，不能起到监测民营经济发展状况。2020 年 9 月 16 日，全国民营经济统战工作会议在北京召开，中共中央办公厅印发《关于加强新时代民营经济统战工作的意见》，明确了五个方面的重要任务，其中，在创新服务方式方面，明确提出了要"加强民营经济统计和监测分析"。

一、辽宁省民营经济统计现状

如表 4 - 1 所示，根据《辽宁省民营经济统计制度》，目前辽宁省民营经济统计范围主要包括集体企业、股份合作制企业、联营企业、非国有控股的有限责任公司和股份有限公司、私营（个人）独资和合伙企业、私营有限责任公司、私营股份有限公司、非外商及港澳台商绝对控股的合资与合作企业及个体工商户（即不包括国有及国有控股企业、外商和港澳台商独资及外商和港澳台商绝对控股企业，不包括第一产业）。统计内容主要是民营经济的规模、速度、结构、效益等，包括单位个数、营业收入、利润总额、固定资产原价、从业人员、工资总额、出口创汇收入、实缴税金、增加值等指标。采用全面统计的方法，以报告形式提供给省委省政府，以新闻宣传和统计分析报告、统计报告等形式向社会公布。虽然辽宁省已经设计了一系列统计指标对民营经济运行情况进行调查，但是指标的设计主要围绕的是民营经济规模、发展速度和效益等方面，无法充分发挥统计调查、统计监测和统计评价的功能。由此得到的统计数据，无法准确地体现民营企业对新时期发展理念的践行情况。因此在经济新常态的背景下，为了提高对"民营经济高质量发展"合理监测的能力，准确反映民营经济对经济发展的贡献力，构建科学、完善的民营经济统计评价指标体系迫在眉睫。

表 4 - 1 　　　　　　　　辽宁省民营经济统计监测报告制度要素

项目	要素内容
统计对象及范围	集体企业、股份合作制企业、联营企业、非国有控股的有限责任公司和股份有限公司、私营（个人）独资和合伙企业、私营有限责任公司、私营股份有限公司、非外商及港澳台商绝对控股的合资和合作企业及个体工商户
统计内容	民营经济的规模、速度、结构、效益等，包括单位个数、营业收入、利润总额、固定资产原价、从业人员、工资总额、出口创汇收入、实缴税金、增加值等指标
统计方法	全面统计
数据发布	以报告形式提供给省委省政府，以新闻宣传和统计分析报告、统计报告等形式向社会公布

二、存在的问题及不足

从实践的角度看，反映辽宁省民营经济发展规模、发展速度、对经济发展的贡献等相关数据指标还存在一些不足和问题。

（一）统计口径不统一

由于目前国家统计部门尚未明确民营经济统计指标和口径，因此辽宁省各部门针对民营经济的统计也是从各自工作实践出发，并没有严格统一的口径和精确权威的指标解释。从全省实践情况来看，辽宁省工商联、工商局及中小企业局各方均发挥各自优势和职能作用，携手助力辽宁省民营经济发展。从统计口径上看，省工商局所统计的民营经济指标实际上只是个体工商户和私营企业。省中小企业局核算体系中主要包括中小企业、乡镇企业、民营经济和城镇集体经济。概念界定不清、统计口径不统一，缺少科学判断、监测、统计民营经济的指标体系，给基层工作带来很大不便。面对到来的大数据时代，统计体系不完备，不利于把握规律和研判形势，难以形成对民营经济发展科学决策的有力支撑。因此明确民营经济的概念和范畴，健全民营经济管理体制，自上而下指定一个部门牵头负责民营经济统计工作，并研究建立专门针对民营经济的统计指标体系至关重要。

（二）统计数据使用分散

由于尚未对民营经济的概念、统计口径做出统一规定，也未出台关于民营经济的统计制度，辽宁省尚未形成以民营经济为核算为核心的统计指标体系，民营经济的统计工作以部门各自统计发布居多，在选择统计数据的时候主观随意性较强，导致统计数据使用较为分散，统计指标连续性、可比性较差。

（三）统计数据质量不高

通过对辽宁省的民营经济数据的梳理可以发现，由于某些原因，导致一些类别的指标数据失真。例如，为了反映全省民营经济的贡献情况，通常会选取增加值贡献、税收贡献、就业贡献、进出口贡献等统计指标。其中，民营经济吸纳就业的状况，相关部门通常使用私营企业和个体工商户登记的从业人数来测度，由于私营企业和个体工商户存在着流动性强、变更快，一些已经破产、倒闭的私营企业由于各种原因未能及时注销，仍然被纳入了统计范围，导致了统计数据存质量下降，存在短板。作为工商登记注册的一项内容，经营者对统计工作的重要性认识不够，统计法律意识淡薄以及"利己"意识的驱使，导致企业填报有一定的随意性，影响指标数据的准确性。例如，人力资源和社会保障厅的"民营企业参加职工养老保险的人数"，由于存在着避税的动因，且缺少对民营企业灵活用工人数的统计，统计值比实际值偏小，也不能完全反映民营经济对就业的真实贡献。

（四）缺少高质量发展统计指标

我国经济发展进入新常态，已由高速增长阶段转向高质量发展阶段，创新是引领发展的第一动力。辽宁省民营经济统计指标长期重注于反映经济总量及增速，缺少反映经济发展质量和效益的统计指标，因此需要构建一套科学、完善的与高质量发展相适应的统计监测、考核评价体系。

三、辽宁省民营经济统计指标体系构建

（一）民营经济统计范围的界定

准确界定民营经济统计范围、明确民营经济的概念，离不开对我国民营经济发展变迁历史进程的了解与探究。回望过去，我国民营经济从小到大、

由弱变强，大致经历了曲折起步、快速发展、跨越式发展和转型发展四个阶段（见图 4 - 1）。

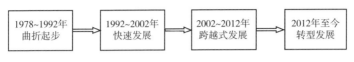

图 4 - 1　中国民营经济发展历程

如图 4 - 1 所示，1978 ~ 1992 年是中国民营经济起步阶段。全国个体经济从业人员从 1978 年的 14 万人快速增加到 1992 年的 2467.7 万人，私营企业第一次被纳入官方统计数据，达到 13.9 万户。民营经济开始苗壮成长，乡镇企业异军突起。

1992 ~ 2002 年，是中国民营经济进入了快速发展阶段，邓小平南方谈话中提出"三个有利于"，中国共产党第十五次全国代表大会正式确立"公有制为主体、多种所有制经济共同发展"为我国社会主义初级阶段的基本经济制度。这些无疑为我国民营经济的蓬勃发展注入了强心剂，有些民营经济迅猛发展。在此发展阶段中，中小企业和民营科技企业成为带动我国民营经济发展的生力军，这一时期，全国个体工商户增长了 54%，从业人员增长了 92%；私营企业达到 243.5 万户，增长了 16.5 倍，税收贡献 976 亿元，增长了 243 倍。

2002 ~ 2012 年，中国民营经济实现了跨越式发展。中国共产党第十六次全国代表大会明确提出"必须毫不动摇地鼓励、支持和引导非公有制经济发展"，《关于鼓励支持和引导个体私营等非公有制经济发展的若干意见》《中华人民共和国企业所得税法》《中华人民共和国物权法》等相关政策法规的接连出台，为各地民营企业带来良好的发展机遇，提供了新的发展动力，加快推进了非公有制经济发展的政策体系和法律体系日益完善。在这一阶段，中国加入世界贸易组织（WTO）、互联网创业浪潮的兴起等也都为民营经济带来了前所未有的机遇和挑战。全国个体工商户首次突破 4000 万户，10 年间私营企业增长了 3.46 倍，从业人员增长了 1.03 倍，民营经济占 GDP 的比重、民间投资占固定资产投资的比重双双超过 60%。

2012 年至今，中国民营经济发展步入了全面转型升级阶段。从中国共产党第十八次全国代表大会提出"要保证各种所有制经济依法平等使用生产要素、公平参与市场竞争、同等受到法律保护"，到 2016 年民建工商联委员联组会上，习近平强调"两个毫不动摇"，重申非公有制经济"三个没有变"，坚定了我国民营经济全面转型升级的信心。另外，由于我国经济发展进入新常态阶段，中国政府提出提质降速、推行新旧动能转换等一系列政策，民营经济按照市场经济运作的机制运行，遵循供求平衡、价值规律和竞争规律，展现出强劲的经济活力和高额的回报率，是中国科技创新和经济增长的关键动力。

民营经济经历了上述发展过程，但至今仍未有明确的概念。民营经济是在我国经济体制改革中应运而生的、具有中国特色的经济概念和经济范畴。参照国家统计局的规定，借鉴理论界研究成果，认为在统计实践中民营经济应指除国有及国有控股、外商港澳台商独资及其控股以外的其他各种经济，即：民营经济=国民经济-国有经济-集体经济-港澳台经济-外商经济。另外，在民营经济的范畴界定上，除去要考虑所有权因素之外，还应当引入"最终经营权"概念进行补充界定。为了使民营经济统计工作具有好操作性，主要考虑所有权因素对民营经济进行界定，根据企业登记注册的类型对其进行划分，然后再具体参考控股情况对民营企业进行认定。但是针对部分特殊企业，应当引入"最终经营权"进行补充认定。

（二）构建原则

构建民营经济统计评价指标体系，需要既能充分考虑统计调查制度的要求，又能够科学地、客观地描述民营经济发展的基本情况，评价民营经济发展是否符合经济高质量、健康可持续发展的指导思想，构建民营经济统计指标体系，应坚持以下几条原则。

1. 制度从属性原则

民营经济统计指标体系的构建，应充分体现统计调查制度的总体要求。应首先尊重统计调查制度，因为这是对我国整体的统计调查体系的完善，在统计范围界定、统计内容及指标、统计调查方法和数据发布等方面要符合统计制度的总体要求。

2. 科学可行性原则

民营经济统计指标体系的构建应该从科学的角度出发，立足于现阶段民营经济发展和民营经济统计的现状，统计数据应该具有可获得、易操作性。能够反映提质增效、转型升级、社会责任履行的情况。

3. 成长导向性原则

民营经济统计指标体系的构建不能仅仅反映民营企业现状，指标的设计应该遵循成长导向性原则，设置若干能够反映增长动能转换、金融稳定、产业结构优化等情况的指标，从而真正提高民营企业的国际竞争力。

（三）民营经济统计指标体系

构建一套科学完善的民营经济统计评价指标体，是准确测度民营经济对经济发展的贡献作用、助力民营经济的发展的客观需求。该评价体系的设计主要基于民营经济发展的基本内涵、影响因素和高质量发展的重要理论成果等。民营经济的健康发展可以从过程和结果两个方面进行观察，从民营经济发展的过程看，设置为基础观测项指标、竞争能力指标；从运行结果看，设置高质量发展指标和贡献度指标。因此将辽宁省民营经济评价指标体系确定为四个维度，分别是基础观测指标、竞争能力指标、高质量发展指标和贡献度指标。

1. 基础观测项指标体系

如表 4-2 所示，"基础观测指标"下设置了 5 个一级指标，分别是市场主体数量、完成增加值、就业情况、民营企业 100 强、民营制造业 100 强入围"中国民营企业 500 强"。在"市场主体数量"一级指标下设置了私营企业和个体工商户累计数量、私营企业累计数量、个体工商户累计数量、新型农村经营主体数量、民营企业主体退出数量共 5 个二级指标来反映民营经济主体数量变动的基本情况；在"完成增加值"一级指标下，设置了民营经济、民营规上工业、私营规上工业、私营个体经济共 4 个二级指标来核算民营经济增加值情况；"就业情况"一级指标下设置了从业人员数、工资总额、社会保险金额共 3 个二级指标反映民营经济吸纳就业人员的能力；"民营企业100 强"一级指标下，设置了入围门槛、营收总额、利润总额、资产总额等二级指标考察民营企业 100 强的整体发展水平，并以同样的二级指标测度了"民营制造业 100 强入围中国民营企业 500 强"的基本情况。

表 4-2   基础观测项指标体系

	一级指标	二级指标
基础观测指标	市场主体数量	私营企业和个体工商户累计数量
		私营企业累计数量
		个体工商户累计数量
		新型农村经营主体数量
		民营企业主体退出数量
	完成增加值	民营经济
		民营规上工业
		私营规上工业
		私营个体经济
	就业情况	从业人员数
		工资总额
		社会保险金额
	民营企业 100 强	入围门槛
		营收总额
		利润总额
		资产总额
		≥1000 亿元
		500 亿~1000 亿元
	民营制造业 100 强 入围"中国民营企业 500 强"	入围门槛
		营收总额
		利润总额
		资产总额
		≥1000 亿元
		数量
		入围门槛
		营收总额

2. 竞争力指标体系

如表 4-3 所示，我们选取"经济活力"和"驱动创新"两个一级指标来反映当前民营经济主体竞争力。其中经济活力体现了民营经济基本内涵中的自身主体素质方面，是民营经济的最大特色、最大资源和最大优势，发展民营经济就是要激发民营企业活力，为民营企业"百花齐放"搭台铺路。我们使用民营经济增加值增长率、新登记注册私营企业和个体户数增长率、民营上市公司数量增长率、民间投资增长率、新增民营制造业用地占总供地比重、地方财政对民营经济发展支出的比重共 6 个二级指标反映民营企业经济活力；创新发展注重的是解决民营经济发展动力问题，新发展理念将创新列为五大理念之首。创新驱动体现了基本内涵中的生产经营活动的动力，是因为创新是引领发展的第一动力。包括民 6 个二级指标，分别为民营高新技术企业和科技型中小企业新增数、民营规上工业企业研发费用占营业收入的比重、民营企业自主品牌拥有量、民营企业研发机构设置率、大学专科及以上学历人员比重和民营企业专利拥有量。

表 4 - 3 　　　　　　　　　　　　　　竞争能力指标体系

一级指标		二级指标
竞争能力指标	经济活力指标	民营经济增加值增长率
		新登记注册私营企业和个体户数增长率
		民营上市公司数量增长率
		民间投资增长率
		新增民营制造业用地占总供地比重
		地方财政对民营经济发展支出的比重
	创新驱动指标	民营高新技术企业和科技型中小企业新增数
		民营规上工业企业研发费用占营业收入的比重
		民营企业自主品牌拥有量
		民营企业研发机构设置率
		大学专科及以上学历人员比重
		民营企业专利拥有量

3. 高质量发展指标体系

辽宁省正处在转变发展方式、优化经济结构、转换增长动力的攻关期。如表 4 - 4 所示，选取结构优化、金融稳定、动能转换 3 个一级指标来反映辽宁省民营经济高质量发展情况。"结构优化"体现了基本内涵中的经济内部资源配置，当前经济运行面临的突出矛盾和问题，虽然有周期性、总量性因素，但根源是重大结构性失衡。包括 6 个二级指标，分别是民营技改投资占固定资产投资比重、民营新兴经济增加值占比、民营高技术产业增加值占比、民营服务业增加值占比、民营数字经济核心产业增加值增长率、民营规上智能制造业增加值增长率；"金融稳定"一级指标下设置民营企业贷款户数量、民营企业贷款余额、民营企业直接融资户数、民营企业直接融资规模、民营企业资产负债率和资产负债率6个二级指标来反映民营企业静态和动态负债情况，如果出现过度负债会影响其持续健康发展；民营经济是推动新旧动能转换的重要载体，包括技改投资占固定资产投资比重、新兴经济增加值占比2个二级指标。

表4-4　　　　　　　　　　高质量发展指标体系

一级指标		二级指标
高质量发展指标	结构优化指标	民营技改投资占固定资产投资比重
		民营新兴经济增加值占比
		民营高技术产业增加值占比
		民营服务业增加值占比
		民营数字经济核心产业增加值增长率
		民营规上智能制造业增加值增长率
	金融稳定指标	民营企业贷款户数量
		民营企业贷款余额
		民营企业直接融资户数
		民营企业直接融资规模
		民营企业资产负债率
		民营企业利息覆盖率
	动能转换指标	技改投资占固定资产投资比重
		新兴经济增加值占比

4. 贡献度指标体系

为了反映民营经济高质量运行结果，设计民营经济贡献度指标来反映全省民营经济对经济增长、税收、就业、投资贡献情况。如表4-5所示，共选取了增加值贡献、税收贡献、就业贡献、投资贡献、进出口贡献5个一级指标。增加值贡献包括4个二级指标，分别为私营企业和个体工商户累计、私营企业累计、个体工商户累计、新型农村经营主体数量；税收贡献包括2个二级指标，分别为缴纳税金、占税务部门直接征税总额比重；就业贡献包括3个二级指标，分别为从业人员数、工资总额、社会保险金额；投资贡献包括3个二级指标，分别为民间投资总额、民间投资占全省投资的比重、民间投资占全省投资增长的贡献率；进出口贡献包括 2 个二级指标，分别为民营企业进出口总产值、占全市外贸进出口总值比重。

表 4 - 5　　　　　　　　　　贡献度指标体系

一级指标		二级指标
贡献度指标	增加值贡献	私营企业和个体工商户累计
		私营企业累计
		个体工商户累计
		新型农村经营主体数量
	税收贡献	缴纳税金
		占税务部门直接征税总额比重
	就业贡献	从业人员数
		工资总额
		社会保险金额
	投资贡献	民间投资总额
		民间投资占全省投资的比重
		民间投资占全省投资增长的贡献率
	进出口贡献	民营企业进出口总产值
		占全市外贸进出口总值比重

四、提升辽宁省民营经济统计数据质量对策建议

民营经济的统计数据不仅是了解和评价民营经济发展水平的重要手段，而且也是科学预测国家和区域民营经济发展趋势的重要依据，为政府宏观调控政策的制定提供必要的决策支持。近年来，各种行业协会、自媒体不断涌现出来，大大增加了信息传递的渠道，企业竞争、区域竞争和国家竞争空前激烈，使统计数据在政策决策中的作用提高到前所未有的高度，社会各界的信息使用者也高度关注统计数据。信息技术是一把"双刃剑"，一方面，其在统计工作中的应用可以加强数据质量管理、提高数据质量；另一方面，随着信息技术的进步，民间主体数据库提供的大数据信息也日益增加，为统计数据的质量管理提出了全新的挑战。为提升辽宁省民营经济统计数据质量，

提出以下三条对策建议。

（一）加强统计数据生产的全过程管理

要提升民营经济统计数据质量需"追本溯源"，加强统计数据生产的过程管理，从根本上提升统计数据的质量。之前对数据质量的管理手段主要是对原始数据和汇总数据进行事后检查，这种管理手段较为被动、局限性较大。应调整为贯串于统计数据生产全过程的质量管理方法，在统计设计、调查、整理三个阶段的每个具体环节都规定防止误差的方法，不仅依赖于事后检查，更加关注事前预防工作。统计数据在每个节点都要通过质量检查，经过验收才能进入下一道工序。完善统计数据的质量风险防控体系，重视数据生产全过程的风险监控，提高灵活性，及时采取补救措施，统计数据质量管理工作不应仅停留在事后的检查方面，而是统计数据生产的全过程监测。

（二）推进统计制度改革创新

积极推动统计工作改革创新，对于进一步提高统计数据质量具有意义深远。推进统计制度改革创新，可以提高统计工作标准化、规范化，转变统计数据核算方式，从而减轻调查对象和基层统计机构负担。在不改变现有组织机构设置和专业分工的情况下，推进统计制度改革创新，利用计算机和网络技术的信息化手段，对数据采集过程进行统一组织，实现数据审核、汇总等业务，完善统计业务流程。

（三）加强数据来源共享

信息技术，一方面可以加强数据质量管理，提高数据质量；另一方面由于民间主体数据库提供的大数据信息的爆发式增长，导致民间主体数据与官方发布的统计数据相悖的情况时有发生，这为统计数据的质量管理提出了全新的挑战。因此，推进政府统计信息与大数据拥有者、商业的合作，积极鼓励非传统数据源的统计应用，促使官方统计向社会提供高质量、无偏见的统计数据。逐步提高数据共享程度，对基本单位名录库、数据处理平台和政务服务平台等资源，各部门互通互联，在解决信息孤岛症结的同时，也能够加强各部门搜集信息的相互印证，构建行政系统的内部控制体系，加强数据来源共享的顶层设计，在督促提高数据质量的同时，更能够发挥出数据的真正价值。

高质量的民营经济统计指标体系是政府准确把脉经济形势的重要依据，也是制定政府宏观调控政策的重要依据。通过对民营经济发展历程的梳理、内涵的剖析、统计范围界定、统计指标体系设计等问题展开讨论，并针对如何提高统计数据质量提出对策建议，为促进辽宁省民营经济高质量发展提供统计指标和数据支撑。

专题五　金融支持辽宁省民营企业科技创新问题研究

苏明政

我国的民营经济经过 40 多年的蓬勃发展，已经成为国民经济的重要组成部分，民营企业也成为我国科技创新的重要载体。民营经济是辽宁省经济发展的重要支撑，提升民营企业科技创新能力，促进民营经济高质量发展已成为实现辽宁全面振兴全方位振兴目标的重要保障。而资本是科技创新活动必不可少的生产要素，完善、高效运行的金融支持体系，不仅能够提供科技创新活动中所需的各类资本，同时也通过优化资源配置、降低信息成本和分散风险等机制深刻地影响着民营企业的科技创新活动，为民营企业的科技创新保驾护航。

一、金融支持辽宁民营企业科技创新的现状

（一）风险投资支持辽宁民营企业科技创新的现状

风险投资主要是针对具有成长潜力的民营初创企业进行股权投资，资助其科技研发，并参与企业管理，帮助企业快速成长，因此是民营企业科技创新的理想资金来源。但是，受地方经济发展禀赋、市场完善程度、机构投资者数量等因素的影响，辽宁省风险投资对民营企业科技创新的扶持力度要远低于发达省份，且呈现下降趋势。近十年，辽宁省民营企业获得的风险投资金额在经历过 2017～2018 年的激增后，又重新回到了 2012 年水

平（见图5-1），以2021年为例，辽宁省民营企业获得风险投资13笔，风险投资金额为31.5亿元，在31个省份中排名第17位，远低于经济发达省份与地区（见图5-2）。

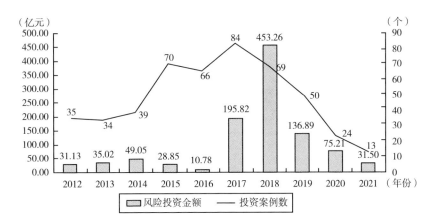

图5-1　辽宁省历年民营企业获得的风险投资金额与投资案例数量

资料来源：Wind数据库。

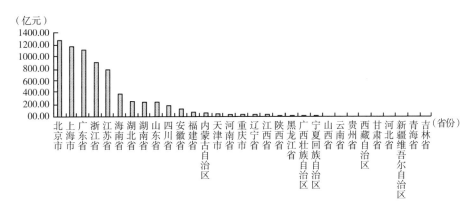

图5-2　2021年各省份民营企业获得的风险投资金额情况

资料来源：Wind数据库。

（二）商业银行支持辽宁民营企业科技创新的现状

目前，商业银行是我国企业融资的主要渠道，在国家政策指引下，商业银行开展多种产品与服务创新以支持企业科技创新活动，但是商业银行资金投放的特点与企业科技创新行为对资金需求的天然错配，仍在很大程度上限制着商业银行对企业科技创新的支持；进一步，受众多因素影响，民营企业与国有企业相比，在获取商业银行信贷支持方面始终处于劣势，从图 5 - 3 可以看出，2018 ~ 2019 年，辽宁省民营上市企业银行贷款总额占总资产的比重始终低于国有企业。

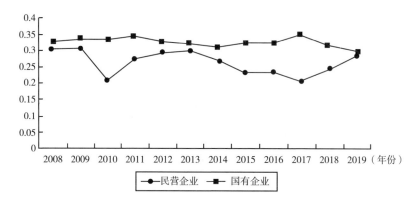

图 5 - 3　辽宁省历年民营上市企业与国有上市企业银行贷款占总资产比重情况
资料来源：笔者整理计算。

（三）政府财政支持辽宁民营企业科技创新的现状

财政科技投入对于民营企业科技创新活动具有基础性、引领性作用，财政支持科技创新体制机制是科技体制机制的重要方面，主要形式包括财政拨款、财政补贴、贴息、政策担保等。通过财政投入，放大金融杠杆，撬动社会资本，最终形成扶持民营企业科技创新的财政体系。笔者通过计算整理发现，2008 年以来，辽宁省公共财政中科研支出总额及占比均呈现先增长后下降的趋势，2019 年辽宁省公共财政中用于科学技术的支出为 74.03 亿元，占公共财政支出比重为 1.29%，两项指标在各省份排名中均列第 17 位（见图 5 - 4、图 5 - 5）。

（四）债券市场支持辽宁民营企业科技创新的现状

债券市场对于未上市民营企业来说是一条重要的融资渠道，对于支持民营企业科技创新、优化民营企业资本结构具有重要的意义，但是由于债券市

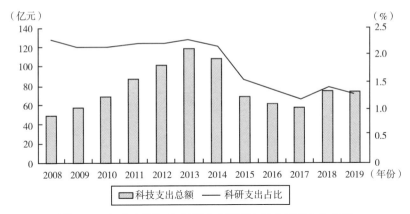

图 5-4　辽宁省历年公共财政中科研支出总额及占比情况

资料来源：笔者整理计算。

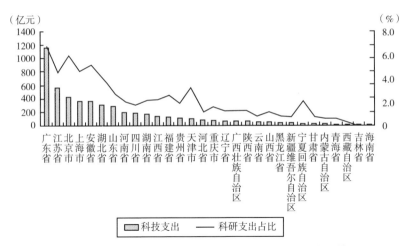

图 5-5　2019 年各省份公共财政中科研支出总额及占比情况

资料来源：笔者整理计算。

场的特点，其更多的是服务于规模较大且处于成熟期的大型民营企业，同时受市场客观条件影响较大，这在一定程度上限制了债券市场支持科技创新作用的发挥。目前，辽宁省信用债券市场的融资增长相对乏力，截至2021年9月份，辽宁省企业债券余额3064亿元。从2017年开始，辽宁省企业债券净融资规模不断下降，对社融贡献度下滑明显（见图5-6）。2021年全年，辽宁省新增各类信用债融资总额522.35亿元，其中民营企业融资总额74亿元，占比仅为14.15%，受资金性质的影响，这些资金的使用更多是被用于资本运作与资金营运，较少被用在科技创新当中。

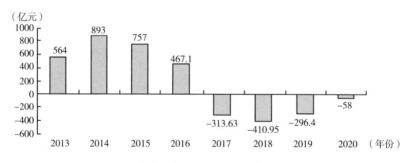

图 5 - 6　辽宁省历年企业债券净融资规模变化情况

二、金融支持辽宁省民营企业科技创新的难点

（一）商业银行业支持民营企业科技创新的意愿不强

科技创新活动本身存在的投入大、期限长、信息不透明、收益不确定性强的特点，这些特点直接增加了商业银行对其创新活动的估值，科技创新活动的这些特征与银行风险偏好之间存在显著的错配，导致科技企业较难获得银行金融支持，虽然在监管部门的引导下，省内各地商业银行均开展了一些支持科技企业创新的信贷产品与服务，但是这种"锦上添花"式的金融支持，难解民营科技企业大量资金需求的"渴"。

（二）多层次资本市场服务民营企业科技创新的效率低下

目前，我国多层次资本市场体系正在逐渐建立，但是辽宁省企业的参与情况并不理想，以深圳创业板为例，2021 年辽宁省上市公司在深圳创业板境内首次发行筹资额累积仅为 15.93 亿元，仅占全国的 1.08%，位列全国第 16 位，远低于北京、上海、广州等地。在多层次资本市场体系中，以区域股权交易市场为代表的非公开层次资本市场应该是辽宁省民营企业科技创新融资的主战场，但是由于联通制度、产品创新方、机制建设以及辽宁省民营科技企业公司治理结构不完善等原因，其融资功能及投资属性没有发挥出来，挂牌企业融资比例过低，民营科技创新企业融资效率低下。

（三）政府财政引导民营企业科技创新的力度不足

促进金融支持科技创新活动，重点在于解决信息不对称和风险承担问题，为此，政府财政理应发挥更大的基础与引领作用。但是，受自身财力不足、体制机制不健全等因素的影响，辽宁省政府财政在引导民营企业科技创新方面还存在着诸多问题：在支出规模上，辽宁省财政支持总规模与发达省份无法相比，例如，2019 年辽宁省高技术企业收到来自政府的研发补助资金分别为 14087 万元，占当年内部研发支出比例仅为 4.48%，低于全国平均水平。在投入方式上，支持方式单一，主要是以传统的拨款方式为主，对成果转化的支持不足，预算安排与绩效评价结果不挂钩，导致科技成果市场转化率较低，引领产业创新发展的重大科技成果不足等。

（四）区域信用危机依然存在，企业债服务民营企业力不从心

近年来，受地方经济下行以及企业经营不善等影响，辽宁省企业债券违约事件频发，其中既有东北特钢、沈阳机床、华晨汽车等国有企业，也有丹东港、大连机床等民营企业，截至 2021 年 12 月，辽宁省累积有 52 支企业债券发生违约，共涉及 10 个发行主体，违约金额 454.39 亿元，违约率仅次于海南，排名全国第 2 位，违约率高企引发区域信用危机，市场融资生态亟须修复，投资者信心严重受挫，极大降低了民营企业利用企业债进行融资的可行性。

三、金融支持辽宁省民营企业科技创新的对策建议

（一）针对科技创新活动不同周期，实行差异化金融支持

民营企业科技创新活动本身存在投入大、期限长、信息不透明、收益不确定性强等特点，而在科技创新活动不同的周期，民营企业对资金的需求存在不同的特点，因此，尊重科技创新活动规律，针对科技创新生命周期各阶

段特点，高效利用各类金融要素实行差异化的综合金融支持是十分必要的，在科技创新研发阶段，政府为主实施大力的金融、财政支持是十分必要的；在科技成果转化阶段政府牵头，风险资本、社会资本广泛参与的支持效果会更明显；在创新产业化阶段，银行类金融机构的大力支持对于加速成果的产业化进程具有十分重要的促进作用。

（二）充分利用资本市场分层融资功能

目前来看，多层次资本市场是民营企业科技创新活动最直接有效的资金来源，其中，区域性股权市场作为发挥资本市场资源配置功能的最前端，应该对全省民营企业科技创新提供更多支持，为解决全省区域股权市场交易不活跃等问题，建议适当降低对挂牌企业规模要求，扩大服务的行业覆盖度；尊重科技创新活动周期，对市场进行细化分层，建立分层分类服务体系，主动了解民营科技企业的需求，根据需求做定制化融资产品的开发；同时，通过探索私募债、可转债等跨市场衔接与合作，引入更多资金方，使市场交易更加活跃；最后，要建立与完善区域性股权市场与新三板间的转板衔接与利益分享机制。

（三）充分发挥辽宁省产业（创业）投资引导基金民营企业的引领作用

2021年8月，辽宁省政府出台《辽宁省产业（创业）投资引导基金管理办法》，明确按照运作市场化、投向精准化、风险管控规范化、绩效管理透明化的理念，引导社会资本投向辽宁省产业发展重点领域和薄弱环节，支持相关产业和领域实现跨越发展，为此建议在基金运作过程中，要重点关注民营科技企业的需求，适当向民营企业中解决辽宁省卡脖子技术问题的项目倾斜，对省内各类私募股权投资基金投资民营企业给予一定的奖励及风险补偿；同时建议省内各市以有限合伙方式出资参与设立市级产业（创业）投资子基金，积极引入社会资本，聚焦民营企业科技创新成果转化及科创企业孵化、引导、培育及上市，拓宽科技创新创业融资渠道。

（四）发挥财政、担保机构增信分险作用，促进商业银行信贷支持

针对民营企业科技创新活动特点与商业银行资金供给要求的错配，建议通过与银行共同建立风险补偿"资金池"，充分发挥省、市、区各级政府财政的增加信用与分散风险作用，按照 10～15 倍的杠杆撬动合作银行，提供融资支持，解决省内民营科技企业的融资需求；同时，进一步完善融资担保风险分担机制，在担保机构、省担及国担基金、合作银行、市级财政之间适度分配责任风险，以降低商业银行风险；最后，通过加强政—企—行沟通，开展线上办理与信息共享、设立风险补偿基金等手段，鼓励银行开展知识产权质押融资业务。

（五）完善财政服务，充分发挥财政导向作用

建议不断健全财政资金支持服务民营企业科技创新的服务体系，充分发挥财政贴息贴费、税收优惠的导向作用。以支持民营企业创新为目的，明确支持范围，对省内民营企业支付给银行、非银行金融机构等的贷款利息费用，给予实际支付利息的相应比例贴息，比例可按 20%～50% 分为三档，对省内民营企业获得省、市政策性融资担保的，由省市财政按担保额的 1.2%～1.5% 给予民营企业担保费补贴；对辽宁民营科技企业实施有针对性的组合税收优惠政策，适当降低民营科技企业的所得税，对于民营科技企业引进的拔尖人才在个人所得税方面给予 10%～20% 的优惠，对于民营科技企业购置国产新设备给予设备投资额一定比例的抵税优惠。

专题六 辽宁民营经济数字化发展比较研究

2021年12月，国务院发布的《"十四五"数字经济发展规划》指出，数字经济是继农业经济、工业经济之后的主要经济形态，是以数据资源为关键要素，以现代信息网络为主要载体，以信息通信技术融合应用、全要素数字化转型为重要推动力，促进公平与效率更加统一的新经济形态。数字经济发展速度之快、辐射范围之广、影响程度之深前所未有，正推动生产方式、生活方式和治理方式深刻变革，成为重组全球要素资源、重塑全球经济结构、改变全球竞争格局的关键力量。数字经济健康发展，有利于推动构建新发展格局，有利于推动建设现代化经济体系，有利于推动构筑国家竞争新优势。当前，我国民营企业进入转型升级的关键时期，面临新的风险和挑战，迫切需要数字经济这种新的经济形态带来产业变革，通过数字化升级赋能民营企业，推动民营经济实现高质量发展。

辽宁省委、省政府深入贯彻习近平新时代中国特色社会主义思想和党中央决策部署，将建设数字辽宁作为落实数字中国战略，推动高质量发展的重大举措，编制实施《数字辽宁发展规划（1.0版）》。根据《中华人民共和国国民经济和社会发展第十四个五年规划和2035年远景目标纲要》《辽宁省国民经济和社会发展第十四个五年规划和二〇三五年远景目标纲要》，为强化数字科技创新引领，巩固提升数字经济基础产业优势，赋能产业数字化转型发展，在升级完善《数字辽宁发展规划（1.0版）》基础上，制定出台《数字辽宁发展规划（2.0版）》。在今后五年乃至更长一个时期，辽宁省将立足新发展阶段，完整准确全面贯彻新发展理念，服务和融入新发展格局，聚焦维护国家"五大安全"、补齐"四个短板"、做好"六项重点工作"、做好结构调整"三篇大文章",充分发挥数据作为关键生产要素的放大、叠加、倍增效应,夯实数字基础设施,加快数字科技创新,利用新一代信息技术,用数字化思维壮大数字经济新动能,高水平打造数字政府、建设数字社会,为加快建设数字辽宁、智造强省,推动辽宁"数字蝶变",实现辽宁全面振兴全方位振兴提供有力支撑。

一、辽宁省民营经济与数字经济发展情况

(一)辽宁省民营经济与数字经济发展现状

根据《二〇二一年辽宁省国民经济和社会发展统计公报》,2021年辽宁省全年地区生产总值 27584.1 亿元,比上年增长 5.8%。其中,第一产业增加值 2461.8 亿元,增长 5.3%;第二产业增加值 10875.2 亿元,增长 4.2%;第三产业增加值 14247.1 亿元,增长 7.0%。全年人均地区生产总值 65026元,比上年增长 6.4%(见图 6-1、图 6-2)。

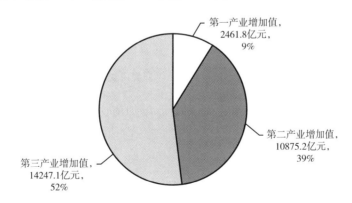

图 6-1　2021 年辽宁省全年地区产业增加值分布

全年规模以上工业增加值比上年增长 4.6%。其中,高技术制造业增加值增长 12.9%。分经济类型看,全年规模以上国有控股企业增加值比上年增长 8.7%,股份制企业增加值增长 3.4%,外商及港澳台商投资企业增加值增长 7.9%,私营企业增加值下降 0.8%(见图 6-3)。

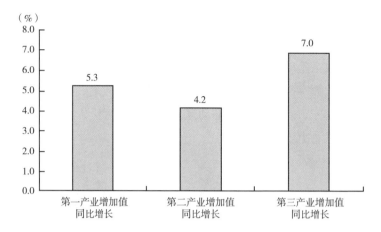

图 6－2　2021 年辽宁省地区不同产业增加值同比增长

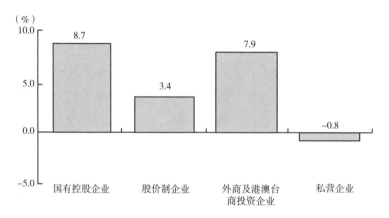

图 6－3　2021 年高技术制造业不同经济类型企业增加值

在规模以上工业中，全年装备制造业增加值比上年增长 8.1%。其中，通用设备制造业增加值增长 14.1%，汽车制造业增加值增长 8.4%，专用设备制造业增加值增长 2.2%（见图 6－4）。全年规模以上工业产品销售率 98.7%，私营企业产品销售率 98.6%。

全年固定资产投资（不含农户）比上年增长 2.6%。分经济类型看，全年国有控股投资比上年增长 14.1%，外商及港澳台商控股投资增长 2.5%，民间投资下降 2.0%（见图 6－5）。

全年电信业务总量 415.2 亿元，比上年增长 26.6%。年末电话用户 5543.2 万户，其中固定电话用户 568.0 万户、移动电话用户 4975.2 万户。年末固定电话普及率 13.3 部/百人，移动电话普及率 116.8 部/百人。年末 5G

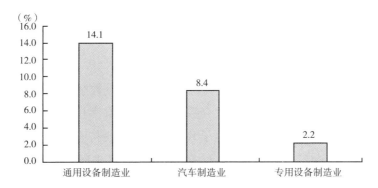

图 6 - 4　2021 年装备制造业不同行业增加值

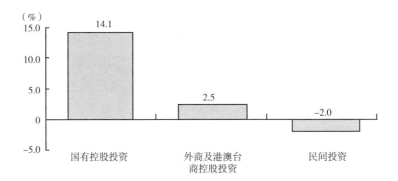

图 6 - 5　2021 年固定资产不同经济类型投资增加值

终端用户 1524.5 万户，占移动电话用户的比重为 30.6%。年末移动互联网
用户 3994.1 万户，其中手机上网用户 3992.2 万户。全年移动互联网接入流
量 54.0 亿 GB，比上年增长 34.0%（见图 6 - 6）。

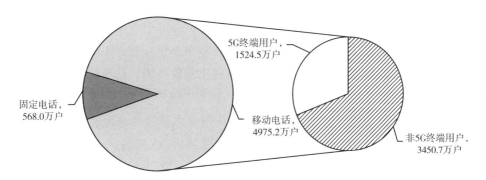

图 6 - 6　2021 年电信用户分布

（二）辽宁省数字经济发展基础

"十三五"时期，辽宁省认真贯彻落实国家建设数字中国战略部署，制定出台系列政策举措，推进经济社会数字化发展，数字技术与实体经济加速融合、新业态新模式加速涌现，电子政务、信息惠民持续深化。数字经济增加值年均增长8.6%，2020年数字经济增加值占地区生产总值比重居全国11位，数字辽宁建设具备良好基础条件，主要表现为以下几个方面。

1. 信息基础设施持续升级

2020年，全省信息基础设施指数居全国前十位。移动通信网络和固定宽带网络实现行政村100%双覆盖：缆线路长度164.5万公里，千兆光纤网络覆盖各市，光缆线路单位面积长度、固定互联网光纤接入端口数均居全国第10位。固定宽带接入用户1331.2万户，光纤接入宽带用户占比95.94%，高于全国2个百分点；建成开通移动通信基站30.4万个，其中5G基站25万座，居全国第12位，实现全省重点区域、重点场所5G网络覆盖。建设北斗地基增强系统（基站）84座，具备厘米级定位服务能力。沈阳建成国家互联网骨干直联点、国家根服务器镜像节点和顶级域名节点。6个工业互联网标识解析二级节点上线运营。营口市建设全国首个"星火·链网"骨干节点。

2. 数字科技创新成果显著

全省R&D经费支出占GDP比重达到2.19%，全国排名第11位。拥有国家级工程研究中心（工程实验室）、企业技术中心、重点实验室73个。在数字经济领域布局145个重点实验室和技术创新中心。全省国家高新技术企业超过7000家，全国排名第15位；注册科技型中小企业超过14000家。数字经济领域民营企业创新能力不断提升，涌现出东软集团、新松机器人等一批科技领军企业以及拓荆科技、蓝卡健康等一批"瞪羚""独角兽"企业。其中，大连达利凯普获得2018年度中国创新创业大赛行业总决赛一等奖。拓荆、芯源微、佳峰、富创等企业突破了一批制约IC装备产业发展的关键技术。

3. 数字产业化实力提升

辽宁省与北京、上海构成国内集成电路装备三大重点地区。2020年，集成电路产业业务收入约占全国的 46%，其中集成电路装备产业约占全国 17.5%。软件和信息技术服务业业务收入 1857 亿元，"十三五"年均增速 10% 以上，其中软件业离岸外包收入持续位居全国首位。沈阳芯源微入选 "中国半导体设备五强企业"，盘锦中蓝电子 VCM 马达列入全球最具竞争力企业前十强。东软集团、大连华信、文思海辉多年蝉联全国软件出口前三强。

4. 产业数字化转型加快

两化融合基础能力全面增强，规上企业数字化研发工具普及率 75%，关键工序数控化率 51.8%；6 家企业获批国家智能制造系统解决方案供应商。48 项工程入选国家工业化和信息化领域试点示范项目；累计上云企业 5 万家，其中工业企业约 1 万家。积极推进服务业领域数字技术创新应用，2020 年全省实现网上零售总额 1426.4 亿元；3 个市成为国家级电子商务示范城市，5 个市获批国家级跨境电子商务综合试验区，数量居全国前列；大连成为全国法定数字货币试点城市。农业生产经营数字化不断普及，建成农业农村信息化示范基地 3 个，推广"互联网 + 精准施肥"，建立农产品质量安全追溯体系。

二、国内五省份民营经济与数字经济发展情况比较

（一）浙江省民营经济与数字经济发展情况

1. 浙江省民营经济与数字经济发展现状

根据《二〇二一年浙江省国民经济和社会发展统计公报》，浙江省 2021 年全省生产总值为 73516 亿元，按可比价格计算，比上年增长 8.5%。分产业看，第一、第二、第三产业增加值分别为 2209 亿元、31189 亿元和 40118 亿元，比上年分别增长 2.2%、10.2% 和 7.6%，三次产业增加值结构为 3.3∶40.8∶55.9。人均地区生产总值为 113032 元，比上年增长 7.1%（见图 6 – 7、图 6 – 8）。

高新技术产业、生态环保城市更新和水利设施、交通投资分别增长 20.5%、12.0% 和 2.4%，工业技改投资增长 13.9%（见图 6 – 9）。

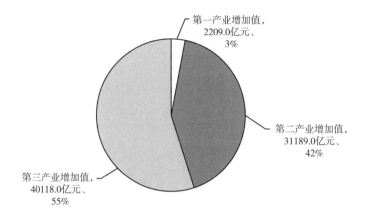

图 6 – 7　浙江省 2021 年全年地区产业增加值分布

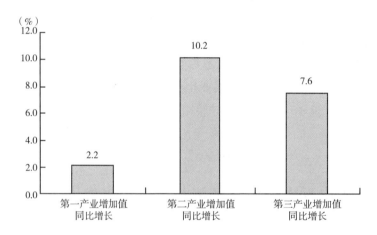

图 6 – 8　浙江省 2021 年不同产业增加值同比增长

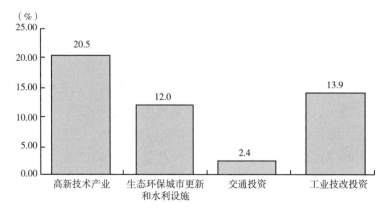

图 6 – 9　浙江省 2021 年不同行业投资增加值同比增长

电子商务交易促进快递需求大幅增长，快递业务量 228 亿件，仅次于广东省（295 亿件），比上年增长 26.9%，占全国比重 21.0%。全年电信业务总量 1088 亿元，居全国第 3 位，增长 27.3%。移动电话用户 8860 万户，普及率达 137.2 部/百人，居全国第 3 位。5G 基站总数达到 11.3 万个，每万人拥有 5G 基站数达 17.6 个，居全国第 4 位，仅次于北京、上海、天津。固定互联网宽带接入用户 3117 万户，普及率达 48.3%，居全国第 1 位。

民营经济方面。浙江省全年民营经济增加值占全省生产总值的比重为 67%。规模以上工业民营企业增加值比上年增长 13.3%，增速高出规模以上工业 0.4 个百分点，增加值占比为 69.5%，比重提高 0.7 个百分点。规模以上服务业民营企业营业收入增长 27.2%，增速高出规模以上服务业 4.4 个百分点。民间投资占固定资产投资总额的 58.8%。民营企业货物出口 2.46 万亿元，增长 19.0%，进口 6814 亿元，增长 37.2%，分别占全省总额的 81.6% 和 60.3%。在册市场主体 868 万户，比上年增加 65.2 万户，新设民营企业 53.1 万户，增长 11.4%，占新设企业数的 94.2%，私营企业 290 万户，占企业总量的 92.5%。民营经济创造的税收占全省税收收入的 73.4%。

数字经济方面。浙江省全年以新产业、新业态、新模式为主要特征的"三新"经济增加值预计占 GDP 的 27.8%。数字经济核心产业增加值 8348 亿元，按可比价格计算比上年增长 13.3%。数字经济核心产业制造业增加值增长 20.0%，增速比规模以上工业高 7.1 个百分点，拉动规模以上工业增加值增长 2.9 个百分点。装备、高技术、战略性新兴、人工智能和高新技术产业增加值分别增长 17.6%、17.1%、17.0%、16.8% 和 14.0%，分别拉动规模以上工业增加值增长 7.5、2.7、5.5、0.7 和 8.7 个百分点（见图 6 - 10）。

在战略性新兴产业中，新一代信息技术、新能源、生物、节能环保产业增加值分别增长 18.7%、20.4%、14.4% 和 13.7%（见图 6 - 11）。

2. 浙江省民营经济与数字化发展模式

浙江省 2020 年发布《浙江省数字赋能促进新业态新模式发展行动计划(2020—2022 年)》，指出要深入实施数字经济"一号工程"，全面开展"数字赋能 626"行动，以国家数字经济创新发展试验区建设为基础，数字赋能新业态新模式快速发展，"三新"经济增加值到 2022 年占地区生产总值

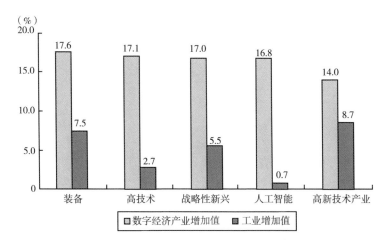

图 6-10　浙江省 2021 年数字经济产业增长拉动工业增长

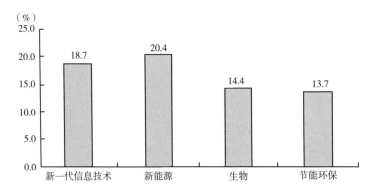

图 6-11　浙江省 2021 年战略性新兴产业增长

（GDP）比重达到 29%，全面推广企业数字化转型，培育形成 5 家千亿级平台型企业，加速新业态新模式，推广 100 个以上新业态新模式典型企业和平台。具体包括以下几个方面。

（1）推动企业深度上云。深入实施企业上云行动，完善企业上云用云标准体系，推广工业企业设备联网上云、数据集成上云等深度用云模式。鼓励综合体、商场、连锁店和其他生活服务业场所进行人、货、场的云化改造，推进杭绍甬等智慧高速公路及宁波舟山港智慧港口等建设，引导快递物流平台和企业通过货源、车（船）源和快递物流服务等信息业务上云实现高效匹配。到 2022 年，培育 400 家上云标杆企业。

（2）建立数字化转型伙伴生态。搭建中小微企业与平台企业、数字化服务商的对接机制，鼓励开发轻量应用和微服务。支持建设数字化转型公共服务平台，降低企业数字化转型门槛。开展浙江制造拓展市场系列活动，推进跨境电子商务综合试验区和产业集群跨境电子商务发展试点建设，推动企业营销渠道数字化升级。

（3）创新"云量贷"服务。推行普惠性"上云用数赋智"服务，建立政府、金融机构、平台、中小微企业联动机制，鼓励平台为中小微企业提供数字技术、产品和服务。开展"云量贷"服务试点，探索根据云服务使用量、智能化设备和数字化改造的投入，认定可抵押资产和研发投入，对经营稳定、信誉良好的中小微企业提供低息或贴息贷款。发挥科技创新券和小微企业服务券作用，加大政府对数字化服务的购买力度，支持企业数字化转型。

（4）推动共享制造。持续推进"1＋N"工业互联网平台体系建设，依托平台整合区域企业制造资源，健全平台接单、按工序分解、多工厂协同的共享制造模式。鼓励龙头企业建设共享工厂，集中配置通用性强、购置成本高的生产设备，面向行业发展分包协同生产、融资租赁。到 2022 年，建设 20 个（家）具备共享制造能力的车间（工厂），实现全省主要行业工业互联网应用全覆盖。

（5）建设"未来工厂"。推广应用数字孪生、物联网、工业互联网等技术，打造数字化设计、智能化生产、智慧化管理、协同化制造、绿色化制造、安全化管控和效益大幅提升的现代化工厂。到 2022 年，培育建设 30 家左右"未来工厂"，引领全省制造业数字化、智能化、绿色化转型发展。

（6）建设虚拟产业园和产业集群。以数字化供应链为依托，推动订单、产能、渠道等信息共享，实现产业供需调配和精准对接。支持具有产业链、供应链带动能力的核心企业打造产业数据平台，以信息流促进上下游、产供销协同联动，保障产业链、供应链稳定。支持虚拟产业园和产业集群开展云会议、云展览、云招商、云体验等活动。到 2022 年，形成一批具有浙江特色的虚拟产业园和产业集群。

（7）推动园区服务共享。鼓励开发区（园区）面向企业共性需求，推动原材料采购、仓储配送、检验检测、品牌营销、售后服务等全方位共享。鼓励园区建设 5G、工业互联网、数据中心等信息基础设施，探索工业大数据创新应用。建设一批"云＋人工智能＋5G＋物联网"快递园，搭建园区公共物流信息平台。建设一批产业创新服务综合体，提升行业共性技术研发、产品质量检测等创新服务能力。

总之，浙江省民营经济数字化发展中，重点通过推动工业互联网在产业集群中的垂直应用，加快建设一批产业链级工业互联网平台，加快打造一批优秀数字化解决方案，加快培育一批数字化创新发展载体，加快树立一批数字化转型企业标杆。同时，浙江将聚焦十大标志性产业链和"415"先进制造业集群，支持龙头企业建设产业链级工业互联网平台，推动产业链企业相关要素向平台汇聚，促进供应链精准匹配，实现生产制造动态组织、生产要素灵活配置等，实现标志性产业链工业互联网平台全布局。通过发挥龙头企业的引领作用，推动"产业集群＋工业互联网平台"融合发展，带动集群民营中小企业大规模转型升级，大力推动制造业高质量发展。

（二）江苏省民营经济与数字经济发展情况

1. 江苏省民营经济与数字经济发展现状

根据《二〇二一年浙江省国民经济和社会发展统计公报》，江苏省2021年全年实现地区生产总值116364.2亿元，迈上11万亿元新台阶，比上年增长8.6%。其中，第一产业增加值4722.4亿元，增长3.1%；第二产业增加值51775.4亿元，增长10.1%；第三产业增加值59866.4亿元，增长7.7%。全年三次产业结构比例为4.1∶44.5∶51.4。全省人均地区生产总值137039元，比上年增长8.3%（见图6-12、图6-13）。

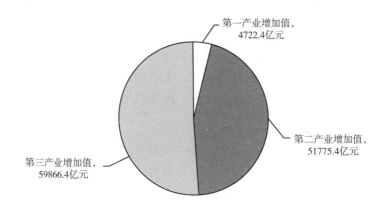

图 6-12　江苏省 2021 年产业增加值分布

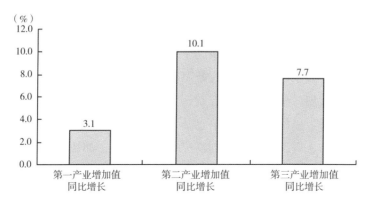

图 6 – 13　江苏省 2021 年产业增加值同比增长

全年工业战略性新兴产业、高新技术产业产值分别占规上工业比重达 39.8% 和 47.5%，分别比上年提高 3 个和 1 个百分点。全年高技术产业投资同比增长 21.6%，年内增速明显高于全部投资。规上服务业中互联网和相关服务营业收入比上年增长 27.5%。

民营经济方面。江苏省全年非公有制经济实现增加值 87622.2 亿元，占 GDP 比重达 75.3%，比上年提高 0.4 个百分点；私营个体经济增加值占 GDP 比重达 53.2%，民营经济增加值占 GDP 比重达 57.3%。民营企业增长 15.9%，其中私营企业增长 15.5%；小微型企业增长 14.0%。年末工商部门登记的私营企业 357.4 万户，全年新登记私营企业 64.0 万户；年末个体经营户 951.0 万户，全年新登记个体经营户 184.8 万户。区域经济发展支撑有力，扬子江城市群对全省经济增长的贡献率达 76.9%，沿海经济带对全省经济增长的贡献率达 18.1%。

数字经济方面。江苏省全省 5G、人工智能、区块链等新一代科学技术保持较好发展势头。2021 年末移动电话用户 10179.5 万户，净增 282.4 万户；电话普及率达 134.3 部/百人。年末长途光缆线路总长度 3.96 万公里，比上年末减少 856.4 公里；年末互联网宽带接入用户 4071.6 万户，比上年末增长 8.4%，净增 314.8 万户；移动互联网传输流量 146.1 万亿 GB，增长 33.9%。2021 年 1 ~ 11 月，全省规上信息传输、软件和信息技术服务业营业收入同比增长 17.6%，两年平均增长 17%；其中互联网平台、互联网数据服务分别同比增长 31%.3、153.1%，两年平均分别增长 82.1%、75.4%。

2. 江苏省民营经济与数字化发展模式

江苏省 2021 年 12 月发布《江苏省制造业智能化改造和数字化转型三年行动计划（2022－2024 年)》，指出坚持把数字经济作为江苏转型发展的关键增量，加快推进数字产业化、产业数字化，深化实施先进制造业集群培育和产业强链行动计划，全面推动全省制造业智能化改造和数字化转型，促进制造业高质量发展。以深化新一代信息技术与制造业融合发展为主线，以智能制造为主攻方向，以工业互联网创新应用为着力点，加快推动制造业质量变革、效率变革、动力变革，着力提升产业链供应链现代化水平，为加快建设制造强省和网络强省提供有力支撑。通过三年的努力，全省制造业数字化、网络化、智能化水平显著提升，新业态、新模式、新动能显著壮大，制造业综合实力显著增强，率先建成全国制造业高质量发展示范区。具体包括以下几个方面。

（1）龙头骨干企业引领工程。对标世界智能制造领先水平，支持行业龙头骨干企业开展集成应用创新。分行业分领域制定智能制造示范标准，每年认定一批省级智能制造示范工厂、示范车间和工业互联网标杆工厂、5G 全连接工厂，加快形成"一行业一标杆"。到 2024 年底，累计建成国家智能制造示范工厂项目 30 个、省级智能制造示范工厂项目 300 个、省级智能制造示范车间 2500 个、工业互联网标杆工厂 200 家、5G 全连接工厂 10 家。

（2）中小企业"智改数转"推进工程。依托"e 企云"等平台，加快建设江苏省中小企业"智改数转"云服务平台。制定"上云用平台"产品目录，每年重点培育 1000 家星级上云企业。通过政府采购，省、市、县对规上中小工业企业协同开展智能制造免费诊断服务，推行智能制造顾问制度，帮助企业提供解决方案。到 2024 年底，全省中小企业"智改数转"云服务平台汇聚资源 500 家以上。

（3）产业链"智改数转"升级工程。充分发挥南京、无锡、苏州、常州等地集成电路、新型显示、智能装备等产业优势，培育一批生态主导型产业链"链主"企业。支持"链主"企业基于产业链协作平台开展协同采购、协同制造、协同销售和协同配送等应用，提高产业链协作效率。支持"链主"企业推行数字化交付，带动上下游企业数字化协作和精准对接，培育数字化产业生态。到 2024 年底，建成重点产业链协作平台 10 个。

（4）工业互联网创新工程。支持综合型、特色型和专业型工业互联网平台建设，每年新认定 10 个省级重点工业互联网平台，推动平台汇聚工业大数据、工业 App 和数字化转型解决方案等赋能资源。推动"5G + 工业互联网"场景应用，每年打造 20 个多场景融合、多系统集成、多设备协同的应用项目。强化工业大数据产品及服务供给，每年打造 20 个工业大数据应用示范项目。到 2024 年底，全省重点企业工业互联网平台普及率接近 40%，累计打造重点工业互联网平台 150 个，工业大数据典型应用场景 10 个，工业大数据产品和服务标杆企业 40 家。

（5）领军服务商培育工程。分类制定标准，遴选建立全省"智改数转"生态资源池。支持制造业龙头企业剥离"智改数转"业务部门成立独立法人。鼓励引进优秀服务商，支持符合条件的数字化转型服务商在境内外证券交易所上市。建立服务绩效考核评价机制，对考核优秀的服务商给予支持。到 2024 年底，累计培育省级领军服务商 100 家。

（6）工业互联网支撑工程。组织制造业企业与网络运营商对接合作，加快改造企业内网。推动企业外网建设，建成覆盖重点产业集群聚集区域的"双千兆"高速网络。优化全省数据中心布局，推动智能计算、边缘计算等新型算力供给。支持企业建设标识解析二级节点及数字运营中心。到 2024 年底，累计建成 5G 基站 22.5 万座，部署 10G – PON 端口数 120 万个，工业互联网标识解析节点服务全国企业累计超过 6 万家。

（7）优秀解决方案推广工程。总结提炼"智改数转"经验做法，每年征集和遴选 100 个应用场景、100 个实践案例。通过国家和省应用创新体验（推广）中心、区域一体化公共服务平台，开展各类供需对接活动，加大优秀方案和实践案例的宣传推广。到 2024 年底，累计推广数字化优秀解决方案典型应用场景和案例 600 个。

总之，江苏省民营经济数字化发展中，以"智改数转"升级工程为核心，以工业互联网创新工程为基础，重点通过支持"专精特新"中小企业高质量发展，推动民营经济数字化转型。通过强化政策支持、注重基础投入、推动集聚发展和加大融资支持，降低企业信息化改造和"上云上平台"成本。加快工业企业互联网网络基础设施建设进度，组建全省数字企业联盟，鼓励科技服务企业向广大民营制造业企业提供技术服务，以数字企业联盟为依托，以制造业行业细分为依据，以纵向深耕的行业平台吸引民营企业在工业互联网领域做大做强。扶持省内制造业领军企业与信息技术企业紧密合作，形成江苏特色工业互联网发展的快速通道。推动工业互联网领域混合所有制改革试点，鼓励数字科技企业跨行业整合资源，推动横向、普适性工业互联网平台的发展。

（三）广东省民营经济与数字经济发展情况

1. 广东省民营经济与数字经济发展现状

根据《二〇二一年广东省国民经济和社会发展统计公报》，广东省2021年实现地区生产总值124369.67亿元，比上年增长8.0%。其中，第一产业增加值5003.66亿元，增长7.9%，对地区生产总值增长的贡献率为4.2%；第二产业增加值50219.19亿元，增长8.7%，对地区生产总值增长的贡献率为43.0%；第三产业增加值69146.82亿元，增长7.5%，对地区生产总值增长的贡献率为52.8%。三次产业结构比重为4.0∶40.4∶55.6，第二产业比重提高0.9个百分点。人均地区生产总值98285元，增长7.1%（见图6-14~图6-16）。

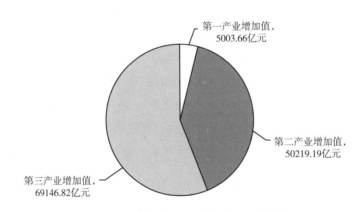

图6-14 广东省2021年产业增加值分布

全年固定资产投资比上年增长6.3%。国有经济投资增长6.1%，民间投资增长7.8%，港澳台及外商投资增长15.2%（见图6-17）。

民营经济方面。截至2021年底，广东省民营经济单位数达1476.54万户，同比增长10.2%。其中，私营企业（主要为中小企业）630.56万户，约

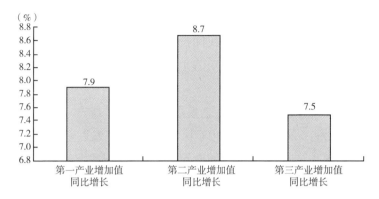

图 6 – 15 广东省 2021 年产业增加值同比增长

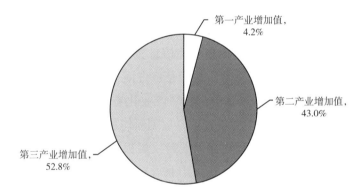

图 6 – 16 广东省 2021 年地区不同产业生产总值增长的贡献率

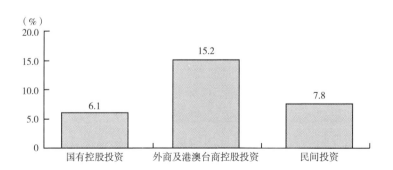

图 6 – 17 广东省 2021 年固定资产投资增加值

占 45%，个体工商户 837.37 万户，约占 55%。民营经济吸纳全省六成以上就业人口。2021 年，广东省民营经济实现增加值 6.78 万亿元，同比增长 7.8%，占全省经济比重 54.5%；民间投资同比增长 7.8%，占全省固定资产投资的 52.9%；上缴税收 1.29 万亿元，同比下降 8.5%，占全省税收比重 48.6%。

数字经济方面。数字经济的蓬勃发展，推动了传统产业改造升级，为经济发展增添新动能。2021 年广东地区生产总值增长 6% 以上，按照 6% 计算，2021 年广东地区生产总值将达 117406.60 亿元，预计数字经济核心产业增加值占地区生产总值比重 13.2%，数字经济核心产业增加值将达 15497.67 亿元。

2. 广东省民营经济与数字化发展模式

广东省 2020 年发布的《广东省制造业数字化转型实施方案（2021—2025 年)》《广东省制造业数字化转型若干政策措施》提出，到 2025 年，推动超过 5 万家规模以上工业企业运用新一代信息技术实施数字化转型，带动 100 万家企业上云用云提质增效降本。数字经济方面，从数字产业化和产业数字化两方面共提出 12 项举措。其中，数字产业化方面提出了打造全球领先的 5G 产业创新高地、打造人工智能产业开放创新体系、打造世界级软件与信息服务产业集群、打造我国集成电路产业新发展极、打造全链条融合发展的先进视听产业、培育发展数字经济新兴产业等 6 项举措；产业数字化方面提出了以数字化转型重塑广东制造新优势、推进数字赋能现代农业、以数字化推动服务业高端化发展、建设具有全球影响力的智慧金融科技中心、推动产业互联网加速发展以及强化数字化转型公共服务供给等 6 项举措。具体措施包括以下几个方面。

（1）打造全球领先的 5G 产业创新高地。重点发展 5G 器件、网络和基站设备、天线、终端、模组、基础材料与核心零部件等产业，在有条件地区建设高水平 5G 产业园区，持续完善 5G 标准体系，开展 5G 重点领域标准化行动，推动产业集聚发展，形成涵盖系统、材料、芯片、终端、应用的完整 5G 产业链。以行业拓展为重点丰富应用场景，推动 5G 技术在工业互联网、智慧交通、智慧教育、医疗健康、智能制造、车联网、4K/8K 视频、数字创意等领域应用，打造一批"5G + 行业"应用标杆，建设 5G 融合应用示范省。

（2）打造人工智能产业开放创新体系。高质量推进人工智能融合创新载体建设，支持广州、深圳推进国家新一代人工智能创新发展试验区和国家人工智能创新应用先导区建设。构建开放协同的创新平台体系，在医疗影像、智能视觉、基础软硬件、普惠金融等领域推进国家和省新一代人工智能开放创新平台建设。促进人工智能与各产业深度融合，培育发展人工智能辅助医疗、智能网联汽车、智能无人机（船）、智能机器人、智能家居、智能可穿戴设备等智能终端产业。

（3）打造世界级软件与信息服务产业集群。加大对基础软件和工业软件的支持力度，支持研发自主可控的操作系统、数据库、中间件等基础软件，以及计算机辅助设计、电子设计自动化、工程仿真和流程模拟等工业软件。强化广州、深圳"中国软件名城"的产业集聚和辐射带动作用，支持有条件的地市大力发展特色软件产业，形成双核心引领、梯队式协同发展的产业新格局。加快培育信息安全产业，围绕互联网、大数据和云计算、人工智能、工业互联网和车联网等重点安全领域，完善提升产业链。培育信息服务业新业态，打造与生产生活紧密相连、特色突出、广泛渗透、平台化发展的信息服务产业体系。

（4）打造我国集成电路产业新发展极。增强芯片设计能力优势，重点突破边缘计算、存储、处理器等高端通用芯片设计，推动第三代半导体、毫米波、太赫兹等专用芯片设计前沿技术研究。努力补齐生产制造能力短板，大力支持技术先进的集成电路系统集成服务商（IDM）企业和晶圆代工企业布局研发、生产和运营中心，推动 12 英寸晶圆线及 8 英寸硅基氮化镓晶圆线等项目建设，建设全耗尽绝缘体上硅（FDSOI）工艺研发线，推进发展模拟及数模混合芯片生产制造。大力发展氮化镓、碳化硅等化合物半导体器件和模块研发制造。积极发展高端封装测试，引进先进封测生产线和技术研发中心，大力发展晶圆级、系统级先进封装技术以及先进晶圆级测试技术。

（5）打造全链条融合发展的先进视听产业。高水平推进超高清视频产业发展试验区建设，支持发展有机发光二极管（OLED）、主动矩阵有机发光二极体（AMOLED）、微发光二极管（MicroLED）、量子点发光二极管（QLED）、印刷显示、柔性显示、石墨烯显示等新型显示关键核心技术，加速激光显示、3D 显示等前沿显示技术研发及产业化，进一步提升全球产业化引领能力。实施原创优质 IP 培育工程，增加 4K 电视频道，提升超高清视频、游戏、动漫等先进视听内容供给能力，打造全国先进视听内容制作交易集散地。强化虚拟现实（VR）、增强现实（AR）、混合现实（MR）、全息成像、裸眼 3D 等数字创意应用技术创新发展。

（6）培育发展数字经济新兴产业。加快培育区块链产业，加快打造国家级区块链发展先行示范区，突破一批区块链底层核心技术，打造若干安全、自主可控的联盟链底层平台，推动区块链与实体经济、数字产业、民生服务、社会治理等领域深度融合。战略谋划卫星互联网产业，聚焦突破小型卫星设计与批量生产、商业运载火箭研制、卫星通信地面终端生产以及卫星运营服务等产业链关键环节，抢占未来发展先机。前瞻布局量子信息产业，加速突破关键核心技术，拓展在保障基础设施安全运行、信息与网络安全、公共服务、数字货币等关键领域的应用。

（7）推动传统制造装备联网、关键工序数控化，积极建设智能车间、智能工厂。持续完善工业互联网网络、平台、安全体系，加快建设跨行业、跨领域工业互联网平台以及面向重点行业、区域和领域的特色专业型工业互联网平台。在汽车、家居、智能终端等行业推广网络化协同制造、个性化定制和柔性生产，发展服务型制造。支持发展"5G + 工业互联网"，支持企业利用互联网平台提升品牌影响力。

总之，作为国内最早布局数字经济政策的省份之一，广东省在 2017～2020 年，连续 4 年数字经济总量位居全国第 1 位。2021 年，广东在制造强省、网络强省、数字经济强省等建设取得新进展新成效，推动跨行业、跨领域以及特色型、专业型工业互联网平台建设，建立完善工业互联网标识解析体系，健全工业互联网安全保障体系。在工业数字化方面，强调支持工业企业实施数字化改造，推进工业设备和业务系统上云上平台，建设智能工厂、智能车间，培育推广智能化生产、网络化协同、个性化定制等新业态新模式。在农业数字化方面，提出要加快种植业、种业、林业、畜牧业、渔业、农产品加工业等数字化转型，推动发展智慧农业，促进乡村振兴，推动乡村信息服务供给和基础设施数字化转型。在服务业数字化方面，重点推动智能交通、智慧教育、智慧医疗、智慧文旅等数字应用场景建设，推动发展数字金融、优化移动支付应用。针对广东制造业体量大且包含大量民营中小企业，传统制造企业数字化转型速度不快以及中小企业不愿、不敢、不会等问题，重点推动中小型工业企业运用低成本、快部署、易运维的工业互联网解决方案。对于大中小企业融通发展，全方位、成体系地提出工业数字化路径和措施，加快传统制造业转型升级。以数字技术为抓手，通过应用场景落地的方式，形成试点示范案例，吸引民营企业进行数字化改造。同时，在改造过程中，以金融支持和政策支持，来帮助民营企业实现数字化。

（四）黑龙江省民营经济与数字经济发展情况

1. 黑龙江省民营经济与数字经济发展现状

根据《二〇二一年黑龙江省国民经济和社会发展统计公报》，黑龙江省2021年全省实现地区生产总值（GDP）14879.2亿元，按可比价格计算，比上年增长6.1%。从三次产业看，第一产业增加值3463.0亿元，增长6.6%；第二产业增加值3975.3亿元，增长5.0%；第三产业增加值7440.9亿元，增长6.3%，三次产业结构为23.3：26.7：50.0（见图6－18、图6－19）。

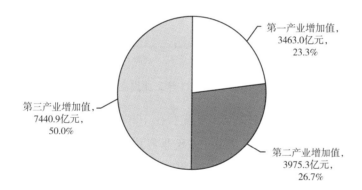

图 6－18　黑龙江省 2021 年不同产业增加值分布

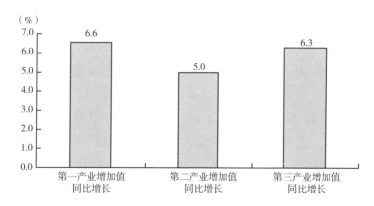

图 6－19　黑龙江省 2021 年不同产业增加值同比增长

全省规模以上工业企业 3907 个，比上年增长 9.0%。全省工业固定资产投资同比增长 12.6%，排名全国第 13 位；技改投资同比增长 18.2%。全省规模以上工业增加值增长 7.3%。从重点行业看，装备工业增长 13.3%，石化工业增长 9.8%，能源工业增长 6.3%，食品工业增长 6.1%。其中，通用设备制造业增长 10.7%，汽车制造业增长 23.0%，石油、煤炭及其他燃料加工业增长 11.8%，农副食品加工业增长 6.9%（见图 6 - 20）。

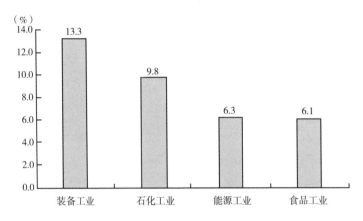

图 6 - 20　黑龙江省 2021 年工业重点行业增加值

全省完成邮电业务总量 379.1 亿元，比上年增长 22.2%。其中，电信业务总量 245.7 亿元，增长 23.2%；邮政业务总量 133.4 亿元，增长 20.3%。快递业务量 60491.0 万件，增长 32.9%；快递业务收入 83.4 亿元，增长 18.9%。年末固定电话用户 316.9 万户，增长 6.1%；移动电话用户 3759.5 万户，下降 2.2%。移动电话普及率为 118.0 部/百人；固定互联网宽带接入用户 1013.5 万户，增长 14.4%；移动互联网用户 3093.9 万户，增长 3.8%。

在民营经济方面。创新推进"免申即享"惠企政策 27 项，落实国家减税降费政策助企纾困为市场主体减负突破 63 亿元。新增省级"专精特新"中小企业 180 户、国家级专精特新"小巨人"企业 22 户；省级隐形冠军企业达到 32 家、国家级单项冠军企业 4 家。58 户行业领军和专精特新企业跻身上市企业后备库。新登记市场主体 54.5 万户，增长 28.7%。

在数字经济方面，累计建设 5G 基站 3.69 万个，建成运营大数据中心 30 个。制定出台数字经济高质量发展 20 条政策措施。认定首个省级智能工厂，数字化车间累计达到 175 个。积极对上争取突破性建成全省首个工业互联网标识解析二级节点平台。哈尔滨国家级互联网骨干直连点获批建设。哈电集团发电设备数字孪生项目成功中标工信部创新发展工程。21 个项目成为工信部工业互联网、大数据等领域试点示范。一重、哈电、建龙西钢分别成为"5G + 设备数据采集监控、5G + 机器视觉质检、5G + 智能天车"场景应用典型，龙煤鸡西、五矿鹤岗加快打造智能矿山示范样本，北大荒 6 个农场"无人化"走在全国前列。

2. 黑龙江省民营经济与数字化发展模式

黑龙江省 2019 年 6 月和 2021 年 7 月分别发布了《"数字龙江"发展规划（2019—2025 年）》和《黑龙江省新一轮科技型企业三年行动计划（2021—2023 年）》，指出建设"数字龙江"是落实网络强国、数字中国、智慧社会等战略部署的具体举措。黑龙江省委、省政府提出加快推进"数字龙江"建设，作为推进质量变革、效率变革、动力变革实现高质量发展的重要路径。"数字龙江"是以信息流带动资金流、物流、商流、人才流等资源要素高效流动和优化配置的新发展模式，涵盖经济、政治、文化、社会、生态等各领域信息化建设，形成适应数字中国、智慧社会需要的智能基础设施体系，构建数据驱动、融合发展、共创分享的新经济形态，创造更多更智能的社会治理和民生服务方式，走出新时代黑龙江转型发展的新路子。以东北工业智能化转型样板、全国数字农业先导区、全域智慧生态旅游示范省和数字丝路北向开放门户四大定位为目标，以完善基础支撑体系、加快发展数字经济、着力打造数字政府、创新数字社会治理、提升信息惠民服务和全面深化开放合作为六大重点，以政务数据共享、卫星应用壮大、人工智能培育、智能制造示范、全域智慧旅游、数字农业升级、智慧供暖建设、智慧矿山建设、营商环境优化为九大突破口，形成"469"的"数字龙江"总体框架。具体包括以下几个方面。

（1）壮大电子信息产业。发展云计算大数据产业。加快数据中心项目建设，争取国家大型数据灾备中心在黑龙江省落地，引进云计算龙头企业，重点布局和大力发展计算、存储资源租用、应用软件开发部署云平台等服务产业。支持省内中小企业云、工业云、研发设计云等平台建设，加快"企业上云"进程。引进培育数据清洗、脱敏、建模、分析挖掘、应用服务等大数据企业，发展采集、流通、交易、开放等专业化数据服务新业态。积极推动大数据在农业、制造业、医疗健康、旅游、地理信息等重点行业的应用，研发推广一批大数据解决方案。重点打造"中国云谷"、大庆大数据产业园等产业集聚区，做大做强本地优质大数据企业，争创国家大数据综合试验区。

（2）发展特色数字农业。推进数字技术与农业生产深度融合。围绕大田种植和设施农业，加快"天空地"一体化信息遥感监测网络建设，推进物联网感知、卫星遥感、地理信息等技术在生产监测、精准作业、智能指挥等农业生产全过程的集成应用。加快传统农机设施的数字化改造，推进农业智能传感与控制系统应用，提升装备智能化、作业精准化、管理数据化、服务在线化水平。开展农业物联网标准化建设试点，面向粮油、果蔬、乳制品、奶牛、林蛙、黑猪等特色产业，建立基于物联网的全生命周期质量安全管控和疫病监测预警系统，统筹建设一批智慧农牧业特色示范区。推进农业生产大数据应用，整合农业地理、生产经营、科技推广等数据资源，提供大数据分析和决策支撑服务。

（3）加快智能制造转型。推进传统产业生产智能化。围绕装备制造、航空航天、农副产品（食品）深加工、生物医药、煤炭、石油、化工等优势特色行业，推进信息技术与制造工艺、生产过程的深度融合，建设一批自动化生产线、数字化车间和智能工厂。

（4）培育数字服务新业态。做强全域智慧旅游。加快"龙江文旅云"平台建设，实现全省文化和旅游服务"一张网"。围绕"消夏+旅游""冰雪+旅游"，发展全域生态旅游，采取市场化、企业化的运营方式，智能化提升改造景观、道路、公共服务设施等旅游要素，打造涵盖旅游产品推广、个性化服务预定、旅游体验增强的一体化智能服务体系。

（5）优化数字经济空间格局。围绕新一代信息技术、数字农业、制造业转型、军民融合、跨境电商生态旅游、对外合作等重点发展领域，发挥各地基础特色、地理区位、资源禀赋等优势，因地制宜、统筹规划各地空间布局、功能定位和产业发展，形成"一核引领、两带联动、三区协同"总体发展格局。

总之，黑龙江省针对民营经济数字化发展，引导相关创新及产业发展专项资金向数字经济领域倾斜，落实高新技术企业、软件企业、创投企业的研发费用加计扣除、股权激励、科技成果转化等各项税收优惠政策。鼓励金融机构加大对民营中小微企业支持力度，开发信息科技融资担保、知识产权质押融资、信用保险保单融资增信等产品和服务，推进信息资产作为生产要素投资入股、质押融资。同时，制订了民营经济市场主体培育计划实施方案，研究"一企一策"精准帮扶措施，开展好中小企业"上云用数赋智"行动、中小企业数字化赋能专项行动，加大对民营企业金融支持力度，加快产业结构优化升级，坚持做优存量，做实传统优势产业，通过数字化推动传统工业改造，加快推进个体户转为企业、中小企业升级为规上企业，助推民营经济振兴。支持企业以兼并、收购、联合等方式做大做强，形成一批主业突出、核心竞争力强的民营集团和龙头企业。深入实施民营企业梯度成长培育计划和小微企业成长工程，采取技术创新、与大企业协作、增资扩股等方式，分层次推进小转股、股升规、规上市，打造一批专精特新的"单项冠军"和"小巨人"企业。围绕新产业新产品新业态，加大招商力度，积极引进增量，发展一批促进经济增长、扩大消费、拉动就业的"新字号"企业。

（五）吉林省民营经济与数字经济发展情况

1. 吉林省民营经济与数字经济发展现状

根据《二〇二一年吉林省国民经济和社会发展统计公报》，吉林省2021年全省地区生产总值为13235.52亿元，按可比价格计算，同比增长6.6%。其中，第一产业增加值为1553.84亿元，同比增长6.4%；第二产业增加值为4768.28亿元，同比增长5.0%；第三产业增加值为6913.40亿元，同比增长7.8%（见图6-21、图6-22）。

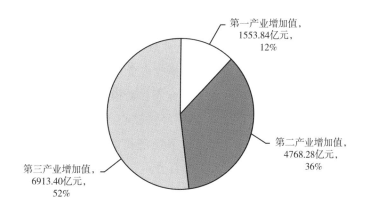

图6-21 吉林省2021年产业增加值分布

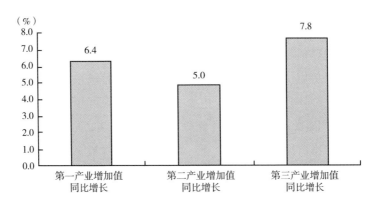

图 6-22　吉林省 2021 年产业增加值同比增长

固定资产投资同比增长 11%，增速居全国第 4 位；工业投资同比增长 11.4%，2020 年、2021 年两年平均增速较 2019 年高出 46.1 个百分点，工业投资恢复速度居全国第 1 位。实施 20 个现代服务业工程，服务业增加值增长 7.8%，对经济增长贡献率 61.2%。

民营经济方面。全年民营经济增加值占全省生产总值的比重预计为 67%。规模以上工业民营企业增加值比上年增长 13.3%，增速高出规模以上工业 0.4 个百分点，增加值占比为 69.5%，比重提高 0.7 个百分点。规模以上服务业民营企业营业收入增长 27.2%，增速高出规模以上服务业 4.4 个百分点。民间投资占固定资产投资总额的 58.8%。民营企业货物出口 2.46 万亿元，增长 19.0%；进口 6814 亿元，增长 37.2%，分别占全省总额的 81.6% 和 60.3%。在册市场主体 868 万户，比上年增加 65.2 万户；新设民营企业 53.1 万户，增长 11.4%，占新设企业数的 94.2%；私营企业 290 万户，占企业总量的 92.5%。民营经济创造的税收占全省税收收入的 73.4%。

数字经济方面。全年以新产业、新业态、新模式为主要特征的"三新"经济增加值预计占 GDP 的 27.8%。数字经济核心产业增加值 8348 亿元，按可比价格计算比上年增长 13.3%。数字经济核心产业制造业增加值增长 20.0%，增速比规模以上工业高 7.1 个百分点，拉动规模以上工业增加值增长 2.9 个百分点。装备、高技术、战略性新兴、人工智能和高新技术产业增加值分别增长 17.6%、17.1%、17.0%、16.8% 和 14.0%，分别拉动规模以上工业增加值增长 7.5 个、2.7 个、5.5 个、0.7 个和 8.7 个百分点。在战略性新兴产业中，新一代信息技术、新能源、生物、节能环保产业增加值分别增长 18.7%、20.4%、14.4% 和 13.7%（见图 6 – 23）。

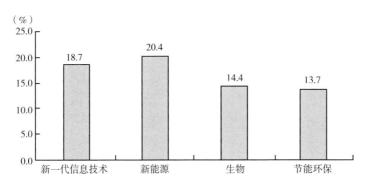

图 6 – 23　吉林省 2021 年战略新兴产业增长

2. 吉林省民营经济与数字化发展模式

吉林省 2022 年 1 月和 3 月分别发布《吉林省促进工业经济平稳增长行动方案》《吉林省人民政府关于实施"专精特新"中小企业高质量发展梯度培育工程的意见》，指出为稳定工业经济运行，培育壮大全省经济发展新动能，构建多点支撑、多业并举、多元发展产业新格局，促进吉林省数字化与民营经济发展。具体包括以下几点。

（1）实施重大产业项目落地工程，对符合全省产业发展方向投资超 10 亿元、"无中生有"的重大制造业项目，择优给予专项资金支持。

（2）实施工业升级改造工程，对符合智能化、绿色化改造方向，实现"有中生新"、产品结构改善、生产效率提高、落实"双碳"减排节能降耗、本质安全水平提升、设备投资超 500 万元的制造业技术改造项目，择优给予专项资金支持。

（3）实施重点产业链"搭桥"工程，对弥补全省制造业重点产业链弱项、短板，增强产业链韧性和竞争力，带动产业链上下游企业做优做强的产业化项目，择优给予专项资金支持。

（4）实施产业基础再造工程，对提高全省核心基础零部件及元器件、先进基础工艺、关键基础材料等工业基础能力，补齐产业链"卡脖子"短板的产业化项目，择优给予专项资金支持。

（5）实施培育打造先进制造业集群工程，组织开展省级先进制造业集群竞赛，积极参加国家先进制造业集群竞赛，争取国家资金支持。

（6）实施新一代信息技术与制造业融合创新工程，对工业互联网网络、平台、安全三大体系，以及利用新一代信息技术实施智能化生产、个性化定制、网络化协同、服务化延伸、平台化设计、数字化管理的试点项目，择优给予专项资金支持。

（7）推动"专精特新"企业高质量发展，实施分级培育、创新提升、金融服务、创业孵化、人才培育、公共服务六大工程，年内力争认定省级"专精特新"中小企业350户以上，认定市（州）级"专精特新"中小企业800户以上，培育优质"种子企业"2500户。

（8）支持工业企业数字化转型，遴选面向"5G＋工业互联网"的各类型优质服务提供商，构建供给资源池。鼓励制造业企业优先选购资源池内提供的数字化转型服务。支持工业互联网平台、网络、安全、制造业数字化赋能项目建设。推动国家工业互联网标识解析二级节点、"星火链网"骨干节点建设项目。支持企业争取工业和信息化部工业互联网领域试点示范、解决案例等。

总之，吉林省在民营经济数字化发展方面，统筹推进"四新设施"建设，围绕"两新一重"、新基建"761"工程等重大项目建设进度。抓好5G基站、特高压、高速铁路和城市轨道交通、新能源汽车充电桩等7大领域新型基础设施项目建设。推进数字产业化，培育大数据、云计算、5G、人工智能等数字企业，推广大数据应用，提升数据资源的获取和利用能力。运用大数据推动公共服务向基层延伸，不断满足人民群众的个性化、多样化需求。率先在信用、金融、市场监管等重要领域推动公共数据资源依法依规合理利用，带动大数据增值、开发和创新利用，充分释放数据红利。同时以长春、吉林、延边为重点，建设信息技术和软件产业园区，打造数字产业集聚区和数字经济示范新高地。依托重大平台载体和重点企业，发展动漫制作、VR、网游、数字内容等数字创意产业。探索建立大数据交易平台。推进产业数字化，运用工业互联网、5G、大数据、云计算、人工智能等新一代信息技术改造提升汽车、装备制造、冶金、建材、石化、农业、文旅、交通、物流等产业，推动产业技术进步，开发新产品新业态。推进企业数字化转型，实施中小企业数字化赋能专项行动，发展普惠性"上云用数赋智"转型服务。实施制造业数字化转型行动，推进百户企业示范、千户企业改造、万户企业融合。

实施工业互联网建设工程，建设企业级、行业级、园区级工业互联网平台，打造智能网联汽车、能源清洁利用、溯源食品等重点行业互联网平台，培育工业互联网平台化发展生态。组建工业互联网研究院。支持龙头企业与互联网企业深度融合，有序开放共享生产过程数字资源，发展物流配送和供应链金融等综合服务。建设跨行政区域的虚拟产业园和产业集群。同时，吉林省结合产业和中小企业发展实际，进一步明确了"专精特新"中小企业的内涵。提出打造"十百千万"优质企业群体的目标，即：到 2025 年底，全省争创国家制造业"单项冠军"企业 10 户，争创国家级专精特新"小巨人"企业 100 户，培育省级"专精特新"中小企业 1500 户、市（州）级"专精特新"中小企业 3000 户，培育优质"种子企业"10000 户。

三、辽宁省民营经济数字化发展面临的问题与对策

（一）辽宁省民营经济发展面临的问题

辽宁省在民营经济建设发展方面已经取得了较好的成果，但与全国民营经济基础良好、发展较快的江苏省、浙江省和广东省等省份相比，还存在较大差距。

1. 民营经济市场主体总量偏少，企业规模小

根据统计数据，2021 年辽宁省注册的私营企业户数为 11.4 万户，位列全国第 7 位。与排名第 1 位的江苏省 34.4 万户，排名第 2 位的广东省 32.3 万户，排名第 3 位的浙江省 30.2 万户相比，民营经济市场主体总量偏少，企业规模小。2020 年广东省百强民企入围门槛为 111.24 亿元，营业收入过千亿的有 11 家，其中超过 3000 亿元的企业有 5 家。而辽宁省百强民企中，超过亿元的仅有 19 家，其中超过千亿元的仅为 3 家。2020 年中国民营企业五百强榜单中，辽宁省仅入围 8 家，而浙江省入围 96 家、江苏省入围 90 家、广东省入围 58 家、山东省入围 52 家。与东部省份相比，辽宁民营企业在数量上需要提高、在规模上需要扩大。

2. 管理理念和模式相对落后

辽宁省的民营企业主要集中于一般竞争性行业，多数民企从事传统产业

和劳动密集型产业。基础薄弱、信用体系不健全，大部分民营企业仍是家族式管理为主，管理体制表现出"家长式"和"亲缘化"的特点，企业家对企业在新时期新阶段转型升级的时代性和紧迫性认识不足、理解不到位，缺乏企业做大做强的内生动力。相当多数量的民营企业没有建立现代企业制度，没有采用公司法人治理结构。这些面对企业转型升级表现出的动力和能力不足的问题，严重制约了企业的发展。

3. 人才资源短缺

近些年，辽宁省多措并举大力支持人才引进，使一些实力强的民企聚集了一批行业高素质人才。但从总体来看，民企人员流动性大，人才流失难控制仍然困扰着民营企业的发展，辽宁民营经济仍面临着高素质人才匮乏的难题。一是缺乏高水平企业家。2020 年胡润财富榜上榜的 2398 位财富超过 20 亿元的企业家中，辽宁仅 39 位。二是缺乏中高端人才。民企员工构成以本科大中专生为主，高精尖研发人才及管理人才缺口较大，严重制约着辽宁省民营经济科技创新的水平。三是辽宁省战略性新兴产业增加值占比 7%，整体创新环境没有形成，整体创新环境不配套，吸引留住人才较难。

4. 科技创新乏力

辽宁民营经济在创新动力、创新能力、创新投入方面都表现出不足。部分民企安于现状，求稳求存，缺乏长远创新战略。民营企业家缺乏创新思维，更乐于追求短期利润，投资回报期短的行业，技术创新需要时间，而且还存在不确定性风险，创新意愿不强烈。与民营经济发展较快的江苏省、浙江省、广东省等东部省份相比，大部分企业创新机制不完善，其创新面临着知识产权和成果转化的风险。知识产权较少，主要以模仿、高仿的形式获取新技术，虽然能降低企业风险，但缺乏市场竞争力。

5. 产业结构短板明显

产业结构偏重、层次较低，产业体系配套能力差。由于辽宁省一直以来重视重化工业发展，导致全省民营经济产业构成中传统的装备制造、石化、冶金等行业占比较大，产业结构偏重，抗风险能力弱。这些重化工企业大多处于产业链中低端，部分企业存在生产工艺落后、能源消耗多、环境污染严重的问题。整体来看，专业化程度和盈利水平偏低，产品缺乏科技含量，没有核心技术，自主创新能力不强，竞争力较弱，受经济波动影响较大。由于这些传统行业过于集中，易造成同质化竞争，不利于市场主体做大做强。高科技企业数量极少，且没有形成集聚效应，产业链上下游配套价值不高，大企业本省配套率仅占 25.5%，石化行业不足 5%。辽宁省目前虽已建成多个产业园区，但实际利用率偏低，利用效能并不明显。

（二）辽宁省数字经济发展面临的问题

辽宁省目前在数字辽宁建设方面取得阶段性成果，全省数字化、网络化、智能化发展整体呈现良好势头，但与数字中国建设要求，与加快新旧动能转换、实现高质量发展要求相比，仍存在差距。主要表现为以下几个方面。

1. 数字经济产业实力不强

规模以上电子信息制造业主营收入仅占全国 0.6%，全国排名第 20 位；软件和信息技术服务业起步早，基础较好，但近年增速明显落后于先进省份。产业协调联动发展有待加强，数字经济领域缺少高质量规模化产业集聚区和引领性示范区，缺乏影响力大、科技创新能力强的领军型企业。

2. 数字技术与实体经济融合不够

制造业数字化、智能化水平不高，多领域数字化应用场景亟待进一步挖掘，全省 70% 以上的企业数字化处在起步建设和单项应用阶段。中小企业数字化转型认识不足、能力不足、成效不足，企业上云数量少，生产环节的数字化、网络化、智能化程度较低。新业态新商业模式体量偏小，对经济增长的支撑不够。

3. 数字科技创新能力不足

数字科技基础研究和原始创新能力不够，操作系统、高端芯片、工业软件等关键核心领域面临"卡脖子"问题，产业链供应链安全性和稳定性有待提升。人才、政策等要素支撑不够，缺乏高端领军人才、复合型人才、骨干型人才、工程型人才。

4. 数字政府建设水平不高

政府信息化顶层设计不足，统筹管理体系尚未建立，存在项目碎片化、缺乏标准规范和重复建设问题。省、市、县政务一体化办公平台尚未搭建，跨区域、跨部门的协同工作机制尚未建立。政务信息资源整合共享程度不高，政务服务水平与便民利企要求还存在较大差距，"一网通办"线上、线下融合不够，未实现全部事项省内通办。

5. 数据支撑体系不完善

大数据平台建设和政务数据归集的统筹力度不够，政务数据聚集处于初级阶段，信息共享渠道和标准不健全，尚未建立上下贯通、横向连通的数据运营体系、标准体系和考核机制。从基础资源来看，数据整合程度、共享开放程度远低于先进地区。同时，数据计算、存储设施存在短板，全省金融、学校、医疗、公共机构等各领域存储、备份类数据中心缺乏统筹、建设零散，能耗高、利用率低。

（三）辽宁省民营经济数字化发展的路径选择

1. 加快数字经济建设，推进重点产业基地与企业数字化协同发展

围绕辽宁省具有国际影响力的先进装备制造业基地、世界级石化和精细化工产业基地、世界级冶金新材料产业基地，以及数控机床、航空装备、船舶与海工装备、轨道交通装备、菱镁精深加工等产业，加快数字化发展与企业数字化转型，带动民营经济及中小企业数字化、网络化、智能化转型；鼓励民营中小企业利用物联网、云计算、大数据等技术，推进研发、设计、生产、管理、营销、服务等全流程互联网化转型，提升工业中小企业数字化、网络化、智能化水平。

2. 加速新基建投资建设，提升民营中小企业数字化转型层级

通过信息、融合、创新基础设施等新基建的建设投资，聚焦于5G、区块链、人工智能、物联网以及工业互联网等领域，促进数字产业与制造业融合发展，为数字产业化、产业数字化发展提供强有力的技术支撑，为民营经济及中小企业数字化转型发展提供契机，利用数字技术降本增效，提高运营能力和效益，助推民营中小企业数字化转型发展。

3. 拓展数字化平台建设，强化产业链供应链协同能力

依托数字化平台协同产业上下游核心企业与民营中小企业的数据通道，支持民营中小企业共享数字平台，围绕产业链供应链各环节，核心企业以及上下游中小企业通过借助大数据分析和云平台等途径实现生产、配送和运输、销售等生产经营优化，充分发挥数字优势，逐步形成高效协同的产业链、柔性配置的供应链，以及中小企业协同发展的新格局。

4. 突出核心城市引领，增强数字化发展龙头示范效应

围绕沈阳创建国家中心城市、沈阳现代化都市圈建设，以及以大连为龙头的沿海经济带、大连东北亚海洋强市建设，深入实施智能化提升工程，推广数字化应用场景，建设智能工厂、数字化车间，带动地区民营经济与中小企业数字化发展。通过加快发展人工智能、新一代移动通信等产业，加快推进智慧城市建设，利用数字技术，推动服务业转型升级，开展智慧农业应用，培育具有示范效应的民营中小企业。

（四）辽宁民营经济数字化发展的具体措施

1. 发挥政府部门引导作用，提升民营经济数字化转型能力

企业数字化转型，尤其是民营中小企业数字化转型需要政府部门的引导和推动，政府要搭建企业数字化转型资源信息整合平台，通过平台整合产业链及产业集群内部资源，促使企业实现产业链各链条数字化转型，最终达到民营经济提质、增效、降本的目的。

2. 聚焦数字化转型新突破，加大民营企业数字技术研发投入

拥有核心技术是民营企业产品竞争力的重要支撑。数字经济时代，民营企业要加大数字技术的研发投入，强化基础研究。政府做好关键领域关键技术的保障工作。为企业核心技术的研发投入提供技术支持。通过政策上为企业数字化转型畅通通道，鼓励企业进行数字化转型，并给企业提供数字化平台、技术、渠道等相关支持；在关键技术、关键领域进行研发投入的企业，政府要给予一定奖励，并为企业融资和手续审批开通绿色通道，多措并举鼓励民营企业加大数字化研发投入。

3. 强化数字化技术运用，提升数字技术应用能力

民营企业在进行数字化转型过程中，要根据企业特点侧重生产数字化管理或者业务数字化管理，如制造业中更加注重生产数字化管理，而服务业中更加注重业务数字化管理，无论生产数字化管理还是业务数字化管理，企业都应找准定位。要准确认知企业自身产业特点以及数字化转型内涵，数字化转型是将智能运营、主营增长和商业创新三大价值维度统一，是企业长期价值创造的"新枢纽"。因此，准确定位有利于企业对自身数字化转型的应用，有利于形成企业新的增长点。

4. 重视数字人才效能发挥，加强民营企业数字人才队伍建设

人才是民营企业数字化发展的第一动力，要加强人才队伍建设，提高网络和大数据智能化人才培养。加强数字化人才培养和数字人才引进，形成培育、引进、激励的人力资源体系。深化"人才＋项目＋资本"发展模式，着力引进培养一批适应中小企业数字化发展的技术人才。针对数字技能人才需求，深化产学研协同发展机制，建立高校、科研机构与企业培育数字技术人才的培养机制和共享机制。

专题七　新时代辽宁省促进非公有制经济人士健康成长的研究

高明野

党的十九大报告明确指出，要促进非公有制经济健康发展和非公有制经济人士健康成长。"两个健康"发展问题，既是重大经济问题，又是重大政治问题。非公有制经济是我国经济社会持续健康发展的重要力量，非公有制经济人士健康成长是非公有制经济健康发展的动力，是其发挥引领、示范作用的前提。

一、非公有制经济人士健康成长的内涵

（一）概念

非公有制经济是社会主义市场经济的重要组成部分，"非公有制经济"这一词的出现可追溯到出台于 1991 年 7 月的《中央统战部关于工商联若干问题的请示》，文件指出"在社会主义初级阶段，非公有制经济成分作为公有制经济的有益补充，将在社会主义商品经济中长期存在"。它是相对于公有制经济而言的另一种经济形式。非公有制经济是我国社会主义市场经济的重要组成部分。党的十八大以来，以习近平同志为核心的党中央多次强调要毫不动摇地鼓励、支持和引导非公有制经济发展，要促进非公有制经济健康发展。非公有制经济的发展不仅关乎我国社会主义市场经济的发展，更关乎党的执政基础、关乎社会主义和谐社会的建设。

非公有制经济人士是改革开放以来社会主义市场经济发展过程中出现的一个新的社会群体。1991 年，中共中央转批中央统战部《关于工商业若干问题的请示》文件中第一次提到了"非公有制经济代表人士"的称谓，代替了过去个体工商户、私营企业主等提法。2005 年，在中央统战部颁布的《关于规范使用统一战线中若干重要称谓的意见（试行）》指出：泛称个体工商户、私营企业主、股份制公司中的自然人股东等非公有制经济人士群体时，宜用"非公有制经济人士"称谓，为非公有制经济人士的概念与范围做出了明确的界定。

2015 年 5 月，习近平总书记出席中央统战工作会议并发表重要讲话。总书记指出，促进非公有制经济健康发展和非公有制经济人士健康成长，要坚持团结、服务、引导、教育的方针，一手抓鼓励支持，一手抓教育引导，关注他们的思想，关注他们的困难，有针对性地进行帮助引导，引导非公有制经济人士特别是年轻一代致富思源、富而思进，做到爱国、敬业、创新、守法、诚信、贡献[①]。2016 年 3 月 4 日，习近平总书记在看望参加全国政协十二届四次会议的民建、工商联委员时指出，非公有制经济要健康发展，前提是非公有制经济人士要健康成长。广大非公有制经济人士也要认识到这一点，加强自我学习、自我教育、自我提升[②]。习近平总书记在 2018 年 11 月 1 日民营企业座谈会上强调，非公有制经济要健康发展，前提是非公有制经济人士要健康成长。[③] 释放了强烈的政治信号、政策信号和工作信号，为促进非公有制经济"两个健康"发展注入了强大信心和动力。

（二）构成要素

非公有制经济人士健康成长的构成要素既要考虑其自身的内部因素，同时也要考虑来自外部的影响，突出其存在的特殊性。

1. 思想政治信念

思想政治信念作为与党合作共事的政治基础，是非公有制经济人士健康

---

① 习近平出席中央统战工作会议并发表重要讲话. 新华网, 2015 – 5 – 20.
② 习近平参加政协民建、工商联界联组会讲话全文. 新华网, 2016 – 3 – 4.
③ 在民营企业座谈会上的讲话［N］. 人民日报, 2018 – 11 – 2 (2).

成长的重要评判准则。非公有制经济人士应该具备较强的政治认同和理性的政治预期，坚决拥护中国共产党的领导，坚定走中国特色社会主义道路，坚持以社会主义核心价值观指导企业文化建设，自觉加强思想政治学习，积极参政议政，做合格的中国特色社会主义建设者。

2. 身体心理素质

非公有制经济人士的健康成长既包括身体素质又包括心理素质。总的来说，身体素质是指一些医学的生命指标，如心脏等器官的状态、血液各项指标的数值，或者从外表来观察其脸色如何、精神是否萎靡等。心理素质是指智商情商的高低、情绪是否能持续平稳等心理状态的综合体现。

3. 商业道德品质

商业道德品质是个人在商业活动中所表现出来的比较稳定的特点和倾向。非公有制经济人士的商业道德品质主要是体现在是否遵守与商业活动相关的法律法规和规章制度，是否遵循公平公正的市场规则，是否具有正确的商业道德价值观，是否依照相关惯例文明经商等方面。

4. 社会责任能力

社会责任是指非公有制经济人士在企业的经营管理过程中，不仅要注重经营业绩的好坏，同时还要承担对环境、消费者和社会的责任。这就要求非公有制经济人士要履行社会责任，积极参与公益事业，不仅自己要积极地参与进去，还要带动身边的其他人共同投入，给社会传递正确的价值观，贡献自己的一分力量。

5. 公司治理水平

非公有制经济人士的健康成长情况，可以通过公司治理水平衡量，包括企业发展战略、人员配置、组织结构、激励机制等方面的情况。这就要求非公有制经济人士要不断地学习，如现代企业管理理念、公司理财规划、公司兼并重组等相关知识。

6. 开拓创新精神

创新是企业生存、发展的动力和源泉，是企业家精神的重要内容。这就要求非公有制经济人士不断地进行创新创业的学习，继续发扬老一代企业家的创业精神，要加强学习，不断自我提升，既要有奋斗精神，又要有爱国情怀。

二、辽宁省非公有制经济人士健康成长的困境

（一）政治参与度高但政治能力不强

辽宁省非公有制经济人士普遍希望更好地进行政治参与，得到更多的社会认同，能够拥有一定的政治话语权。但是实际上，他们在参政议政时，却显现出以下问题。

1. 部分人士功利型政治参与

辽宁省一些非公有制经济人士加入人大、政协带有一定私利，或是为了获得更多的政策红利，或是为了满足自身的虚荣心，并且为了达到目标还会采取非法手段，在社会上造成了恶劣的影响。

2. 部分人士能力不足

辽宁省一些非公有制经济人士因自身能力不足，不能很好地履行应尽的职责，在参与政策制定时，对相关的调查研究等并不能给出有价值的建议与反映，缺乏政治责任感。

（二）治理结构呈家族式，但传承力量薄弱

部分非公有制经济人士缺乏现代企业管理意识，仍采用家族式管理，企业的决策权由"家长"一人执行，而并没有引入经验丰富、能力卓越的职业经理人。家族式的治理结构固然有其优势所在，如在企业成立初期能够避免过度支出，更好地提高资金的利用效率，让经营决策得到快速有效地执行，将风险控制在较小范围内等。但是家族式管理并不是永远万能的，它并不适用企业发展的始终，存在着一系列的问题。例如，疫情期间，辽宁省一些民营企业纷纷倒闭，正是由于"家长"对突发事件的应急能力不足；在聘用员工时劳动合同订立不规范，而且缺乏必要的激励机制，人才流失问题显著；企业的财政大权、人事大权都由家族内部人员掌控，导致财务制度、人事制度乃至内控机制等并不健全，存在很大隐患。不仅如此，家族式企业的子女并非都愿意接手企业，将企业继续经营下去。他们的文化程度大多高于父辈，

有的因与父辈的经营理念不相符而不愿意接手企业，有的选择自己创业，在与原企业不同的新兴领域进行创新创业。

（三）合法诚信经营，但时常急功近利

非公有制经济企业若想健康成长必须要遵循合法诚信经营的原则，非公有制经济人士作为企业的管理者也要在这一前提下，努力经营企业，不断提高企业的竞争力。但在实际的经营管理过程中，辽宁省一部分非公有制经济人士在利益的诱导下，会急功近利地做出一些决策。例如，追求"大而不倒"采取横向兼并重组甚至恶性竞争的方式，盲目延伸水平产业链，扩大企业规模，反而不利于企业未来长期的持续健康发展。辽宁省少数非公有制经济人士为了一己私利甚至会做出违法违规的行为，他们一方面希望政府能够完善相关的法律法规，希望竞争对手能够依法办事、遵守市场规则，但另一方面自己又践踏法律法规，不遵循公平公正的市场交易原则，实行双重标准。

经营者本应遵循合法诚信经营的市场规则，以诚信为本，在法律法规允许的范围内进行企业的生产经营活动，但在实际经营过程中却出现上述行为，主要原因如下：

（1）辽宁省少数非公有制经济人士思想政治信念较弱，思想政治学习不够深入，投入的精力有限，力不从心。

（2）监管力度不够，具体表现在监管机制不够完善，监管职责分散在几个部门，各个部门之间的沟通不够流畅、合作不够紧密，缺乏一个通力合作、互通有无的体系。

（3）辽宁省少数非公有制经济人士利用法律法规的漏洞，利用监管上的漏洞，从事违规经营，快速获得资本。

（四）对发展道路等认识模糊

非公有制经济是我国经济社会持续健康发展的重要力量，发挥着重要的作用，在促进经济增长、提高就业率、加大企业创新等方面都有着很好的效果。但是，在社会上却存在着一些错误的说法，如所谓的"非公有制经济离场论""新公私合营论""加强企业党建和工会工作是要对非公有制企业进行

控制"等，给辽宁省非公有制经济人士带来了极大的困扰，甚至动摇了他们的信念。这些说法既不符合党的大政方针，又使部分非公有制经济人士对企业未来发展道路犹豫不决，对自身的发展前景失去信心。具体表现在辽宁省少数非公有制经济人士受自身能力所限并不能正确地认识其所处的社会经济形势，再受到错误说法的影响，容易产生恐慌情绪，进而出现减少投资、放弃创新创业的情况，把企业的停滞不前推诿到发展环境、政策法规等外部因素上，而不从企业内部找原因、寻求突破。

（五）对社会仇富担忧及私有财产缺乏安全感

在当今社会，部分普通民众把企业家当成资本家，尤其是针对非公有制经济人士的错误认知更加显著。随着贫富差距的逐渐加大，社会上的部分普通民众用仇富的眼光审视富人，在一些自媒体、短视频网站上均有体现，而忽视了非公有制经济人士为国家为社会作出的巨大贡献。这些社会舆论给辽宁省非公有制经济人士带来很大压力，对这种社会仇富心理产生了深深的担忧。面对这样的情况，一部分非公有制经济人士持观望的态度，并没有立刻采取行动；而一部分非公有制经济人士开始考虑如何保护自己的生命及财产安全，有的将自己的财产转移到国外，有的甚至选择移民到国外，这一部分群体国家意识普遍不强，思想政治信念较弱，也没有很高的文化素质，不能辩证地看待问题。

（六）部分非公有制经济企业家精神不足

改革开放以来，辽宁省非公有制经济人士队伍不断发展壮大，但部分企业家精神缺失不利于"两个健康"发展。一是开拓创新精神不足。不少民营企业家"危"中寻"机"能力弱。二是敬业专注精神不强。有的民营企业家捞一把就跑，把资产移到海外；有的民营企业家受房地产短期高额利润诱惑，放弃自己经营多年的实业，转而投资和投机房地产；有的民营企业家小富即安，不思进取。三是守法与诚信精神不高。部分非公有制经济人士破坏公正、公平的交易原则，甚至干出违法违规经营的事情，如产品不合格、制假售假、偷税漏税等。四是责任与担当精神缺乏。一些民营企业家，只重视经济利益，忽视社会责任。

三、辽宁省非公有制经济人士健康成长面临的机遇

(一) 形成统一的政治认同

政治认同是对于现存社会政治产生的一种认同感和归属感，是基于基本认知上心理行为的一种集中体现。非公经济人士健康发展过程中所必备的政治认同语境主要包括爱国、认可马克思主义思想在中国的作用、赞同中国特色社会主义道路、坚持中国共产党的领导等。辽宁省非公经济人士基本保持着较高的政治认同，特别是老一辈企业家政治立场坚定、人生价值观端正、具备优秀的企业家精神。

(二) 拥有稳定的政治预期

政治预期是对于未来一段时间内政治道路的预判与考虑，会影响当前以及未来的政治或经济等一系列行为活动。在过去较长一段时间内，辽宁省一部分非公有制经济人士受利益导向趋势，认为有利益就认同，没有利益就不认同，政治预期与政治关心度都趋于淡薄。目前，这一情况被中央政策颁布的统一性与关于非公经济发展的一致性所打破，特别是习近平总书记关于非公经济"两个健康"的重要论述中，对于两个"毫不动摇""两个都是""内在要素"等重要观点加深了非公经济人士对于未来政治的预期稳定程度的有效理性判断。

(三) 具备良好的综合素养

辽宁省非公经济人士随着社会主义市场经济体制的发展而发展，主要体现在具备基础的财经与管理知识、拥有宽阔的视野甚至是国际视野、学习能力强、市场动态把握能力强、思维敏感并活跃等。非公经济人士良好的综合素养是创造优秀成果的基石。

四、促进辽宁省非公有制经济人士健康成长的建议

（一）增强法律意识，健全法律保护机制

辽宁省非公有制经济人士的健康成长需要一个良好的社会秩序，这样的社会秩序需要法律、法规、政策以及制度来共同组成，只有这样才能保障社会秩序正常运转，保障社会关系维持平衡，进而能够保障我国经济稳健持续发展。因此应该健全非公有制经济人士健康成长的法律保护机制，将法律作为保护非公有制经济人士健康成长的最有力的必备条件，将法规作为最强大的支撑，将政策作为辅助的手段，将制度作为疏导的工具，来保护非公有制经济人士的权益，帮助非公有制经济人士健康成长。健全非公有制经济人士健康成长的法律保护机制，需要注意以下几个方面。

（1）在法律、法规、政策及制度的制定方面，应该将保护非公有制经济人士的健康成长写入相关政策规范中，给非公有制经济人士吃一颗定心丸。各级政府部门应该充分发挥自身的作用，互通有无，积极促进非公有制经济人士法律保护机制的形成。

（2）在法律、法规、政策及制度的执行方面，要充分落实，不能只让其停留在纸面上。要严格遵循相关的法律法规，并且积极执行政策制度等，让非公有制经济人士能确实享受到相关的政策优惠。

（3）要加大对私有财产的保护力度，使非公有制经济人士能够安心地进行资本投入、技术研发与创新，使其能够健康成长，使企业能够健康发展。

（4）加大法律法规、政策及制度的宣传力度，使非公有制经济人士能够及时了解相关内容，提高他们的法律意识。各级政府要站在非公有制经济人士的立场，了解他们的成长状况，使他们做到学法、知法、懂法并且守法，最终实现健康成长。

（二）加强教育培训，提升个体能力素养

要通过加强教育培训，来提高辽宁省非公有制经济人士的综合素养，从

理论上看，辽宁省政府要加大对统一战线理论政策的研究，同时也要关注具体部署，定期培训与专题培训相结合，组织非公有制经济人士积极参与。

（1）在思想政治教育方面，要对非公有制经济人士开展党的理论知识培训，结合各地的实际情况，有针对性地开展思想政治教育。同时，要将培训与考核结合在一起，把考核结果纳入绩效评定。另外，培训的内容要与时俱进、实时更新，培训不是一次性的，而应该长期有序、有计划地进行下去。培训时可以借助当地的高校资源，开设联合培训基地，让培训更好地进行，发挥最大的作用，收到最好的成效，促使非公有制经济人士思想政治素养的提升。

（2）在个人能力素质教育方面，针对辽宁省非公有制经济人士的特点，可以采用线上学习的方式，实现随时随地进行学习，为他们提供一个便于沟通与学习的平台；可以加大相关的经费投入，保障培训的顺利开展，此外还可以将优秀的学员送到更高级别的培训基地进行培训，甚至出国培训，全方面提高他们的个人能力素质；个人能力素质教育的培训内容与思想政治教育一样要不断进行更新与丰富，不断完善教育教学体系，促进非公有制经济人士的健康发展。此外，还需要因地制宜、因材施教，培训内容要充分结合当地实际情况，结合非公有制经济人士的具体情况（所属行业、企业成立时间、企业规模、经营状况以及政治面貌等），做到有的放矢。

（三）加强舆论引导宣传，提高群体社会认同

部分普通民众对非公有制经济人士的认知比较片面，戴着"有色眼镜"，用"富二代""暴发户"等字眼对其进行称呼，不利于非公有制经济人士的健康成长。为了改善这一局面，要利用舆论进行正确的引导和宣传，逐步提高其社会认同度。

（1）充分利用媒体进行宣传引导。针对不同群体采取不同的媒体渠道，如对中老年人要更多利用传统新闻媒体（如电视、报纸、广播等），他们对此比较信服；而对青年一代要充分利用新媒体（如微博、微信公众号、官方平台以及短视频等自媒体），他们在此方面花费的时间比较多。利用媒体进行如实报道，对非公有制经济人士切实存在的问题不隐瞒、不回避，实事求是、正确对待，勇于报道；同时对其先进事迹、优秀代表进行积极宣传，展示优秀企业家风采，逐渐弱化负面标签，获得普通民众的认同。

（2）对于优秀的非公有制经济代表人士（如企业高级管理人才、突出贡献企业家等），可由辽宁省各级政府出面进行官方表扬或表彰，使其更具有可信度，增加普通民众的接受度与认可度。同时也可以提高非公有制经济代表人士自身的信心，使其发挥模范带头作用，树立标杆，带动群体内更多的人士共同进步，最终促进非公有制经济人士整体的健康成长。

（3）从辽宁省非公有制经济人士自身而言，要树立优秀的企业家精神，继续发扬老一代企业家的创业精神，要加强学习、不断自我提升，既要有奋斗精神，又要有爱国情怀，树立良好的形象。辽宁省各级政府也要发挥引领作用，可以通过开展企业家精神主题建设等途径引导其更好地传承中华民族优秀的商业文化，帮助其不断成长。

（4）非公有制经济人士要履行社会责任，积极参与到公益事业当中去，不仅自己要积极地参与进去，还要带动身边的其他人共同投入，给社会传递正确的价值观，贡献自己的一分力量。

（5）关注辽宁省非公有制经济人士的心理健康，对存在相关问题的人士提供帮助，进行心理疏导，帮助其排解负面情绪，使其保持乐观的态度，实现健康成长。最终能够提高非公有制经济人士个人自我价值与个人社会价值的社会认可度，得到普通民众的尊重与支持。

（四）健全约束激励机制，强化群体责任意识

激励的作用是非常显著的，可以促使人们更好地发挥自己的能力，对于辽宁省非公有制经济人士而言也是一样。如果在其成长过程中能够获得充分的激励，就可以使其充分发挥自身的能力，无疑是有百利而无一害的。各级政府应健全约束激励机制，并根据非公有制经济人士的成长情况不断进行更新与修改。

（1）可以对非公有制经济人士进行考核，考核的内容包括但并不局限于企业的盈利情况、企业的社会责任履行情况、企业的社会贡献度等，使考核具象化，能够更好地被执行与评价。考核可以定期、不定期分别进行，并且针对考核成绩优秀的企业与个人进行表彰，增强精神激励，提高他们的参与热情和参与力度，也可以借此引导其他非公有制经济人士积极地参与进来。

（2）非公有制经济人士往往拥有雄厚的资金实力，使得他们更加追求社会影响力。所以可以为其提供参政议政的机会，增加政治激励，为他们表达

政治诉求提供途径。

（3）加强与中小微民营企业的联系，帮助其解决实际问题，尤其是一些初创企业，助其渡过难关。但是仅有激励也是不够的，同时要对非公有制经济人士进行约束，做到有张有弛，合理激励。例如，利用"互联网＋"建立非公有制经济人士的专用征信体系，进行监督与约束，发现问题及时解决，引导其健康成长。

（五）拓宽政治参与渠道，增强群体议政能力

非公有制经济人士是推动社会主义民主政治发展的重要力量，因此要拓宽其参政渠道，增强其议政能力。

（1）选拔优秀的非公有制经济代表人士参政议政，并增加其政治安排比例，并且对表现优秀的人员进行表扬，对不称职的人员进行相应地处罚。

（2）充分利用"互联网＋"，借助于丰富的线上平台，增加非公有制经济人士的诉求渠道，实现线上与线下相结合，提高其政治参与度。

（3）在辽宁省非公有制经济人士参政议政前要对其进行相关培训，提高其思想政治素养，因材施教，提高其参政议政能力，能够担负相应的职责。

（4）辽宁省各级政府在制定与非公有制经济有关的政策制度前，可广泛征求非公有制经济人士合理的意见与建议，将其纳入政策制度中来。并且在政策制度草稿完成后，也征求相关人员的见解，不断完善，使非公有制经济人士参与进来，让政策制度更好地完成，让相关人士更好地表达自身的想法。

（六）维护市场秩序，创造良好市场环境

（1）要降低市场准入门槛，放宽市场准入限制。加快推动落实市场准入负面清单，加强市场准入规范管理，对禁止市场主体进入的一律不得办理相关手续，对未做禁止要求的做到各企业能够依法平等进入。同时建立清单信息公开制度，确保各项规章与手续流程的透明性、公开性。此外，对现有市场准入的相关政策文件进行整理，结合实际取缔限制民间资本进入的隐形规则或附加条件。简化行政审批手续，对非必要审核进行削减，推动民间资本参与市场活动，推动非公有制经济的发展。

（2）结合"互联网＋"模式，搭建金融服务平台，鼓励银行、证券、资产管理等金融机构在平台发布相关金融服务产品，引导金融机构为中小微企业量身定制金融服务产品，为中小微企业寻求合适的金融服务提供便利。

（3）完善融资信用担保体系，构建合理科学的融资信用担保评价指标体系。增加融资担保体系建设经费投入，设立地方性政府融资担保机构，进一步推进政策性融资担保体系，畅通中小微企业融资渠道，为中小微企业提供更优质的融资担保增信服务。

（4）完善税费制度，推进财税体制改革。基于对企业的经营状况、征信等的评价，对部分优质企业采取税收减免，合理涵养优质税源。多渠道宣传税收政策，为企业提供纳税相关咨询服务，引导企业规范纳税行为，规避纳税风险。

（5）加强市场监管机制，维护市场环境公平公正。辽宁省相关部门要加强市场活动宣传教育，引导教育各企业自觉遵守市场规则，规避不正当市场行为。完善相关法律法规，加强市场监管的执法力度，对企业不正当竞争行为进行严惩，并纳入企业征信评估。培养扶持各行业协会自发形成的市场监管组织，形成政府监管为主、行业组织监管为辅的市场监管机制，提高市场监管的效率，推动市场秩序合理发展，为企业正当市场活动保驾护航。

（七）强化政策支持机制，健全保护机制

目前，强化辽宁省对非公有制经济人士的政策支持机制，应主要从以下两个方面着手。

（1）健全非公有制经济人士合法权益的保护机制，重点解决非公有制经济主体的土地证、房产证办理过程中的难点问题。

（2）不断完善非公有制经济主体参与涉企政策制定的机制。政府要保证在做与非公有制经济有关的重大经济决策时，充分了解非公有制经济人士的意向和需求，并向非公有制经济人士问计求策，要根据实际情况和需求来制定能够落地的政策；在政策执行的过程中，如有突发情况，要及时发现问题，也要了解非公有制经济人士的实时动态，并根据非公有制经济人士的意见及时纠偏，保证政策足够接地气、足够解决问题。

专题八　辽宁省居民创业行为对个人经济状况的影响

李　娜　屈天佑

创业对于技术创新、增加就业和经济发展具有有效的推动作用。自从"大众创业、万众创新"的政策提出后，中国政府对创业的支持幅度大度提升。近年来，中国的基础设施、市场开发程度、文化与社会规范等均有所提升，创业的环境明显改善，创业的浪潮不断涌起。创业行为不仅是创业者"企业家精神"的外在表现，更是创业者在特定市场环境下的理性选择。

2021年12月召开的中央经济工作会议指出"在物质富裕与精神富裕良性互动中不断推进社会发展、实现共同富裕"。当前，中国各省的经济发展状况不同，辽宁省作为共和国的工业长子，经济发展状况已大不如从前。在宏观层面，企业家的创业活动能够促进经济总量增长、提高生产率、创造就业机会以及推动创新活动；在微观个体层面，创业活动促进了劳动力就业的灵活性，提高了个体工作满意度、生活满意度和主观幸福感。本章主要研究居民创业行为对个人经济状况的影响。

一、理论背景与假说提出

（一）创业环境

2015年，国家提出"大众创业，万众创新"的号召，国家及各省份对创新创业的重视达到新高度。在辽宁省政府的推动下，涌现了大量的创业者、创业企业和创业平台。而构建创新创业的良好环境对于创新创业的发展具有推动作用。已有关于影响创业环境研究分析主要从宏观制度环境、中观家庭特征和微观个人特征三个层面展开，其中宏观制度环境的影响因素主要包括行业管制、流动性约束和产权安排，中观的家庭特征方面主要家庭人口结构、经济状况、社会背景、文化和地域差异等因素，微观的个人特征方面主要包括年龄、性别、受教育程度等人口统计学变量以及心理学变量。

（1）宏观制度环境方面，在行业管制、流动性约束和产权安排等方面如何影响创业，现已积累了大量实证研究成果。实证文献较为一致的结论是，更低的流动约束和更完善的产权安排有利于创业。学者们行业管制对创业的影响有不同的研究结果，一种结果是资本金要求、行业许可证等管制措施在一定程度上提高了创业门槛，降低了创业概率；另一种结果是行业管制往往伴随着超额利润，管制与创业活动也可能表现出正相关关系。此外，行业管制等宏观因素除了直接影响创业可能性之外，还可能通过影响认知能力来对创业产生差异化的间接影响。有些学者也发现管制和流动性约束等因素除直接影响是否创业外，还通过影响其他家庭及个人特征变量间接影响人们的创业选择。

（2）中观环境方面，在家庭因素影响创业的方面，研究表明，家庭人口结构越年轻、家庭成员健康状况越好、家庭经济条件越好，越有利于提高家庭成员个人创业的概率。

（3）微观环境方面，影响创业选择的个人特征相关变量主要包括年龄、性别、婚姻、人力资本、风险偏好、人格特征、宗教信仰等。

综上分析，创业者创业会因宏观因素、家庭因素以及微观因素的差异受到影响。本章将具体分析辽宁省创业者的创业环境如何。

（二）创业与个人经济状况

创新创业是经济增长的内生动力，同时也是创新的重要驱动动力。国家将创业作为一项战略加以推进，并将其视为提高居民收入水平、扩大就业的重要途径。理论上讲，区域创业水平的提高会通过多种方式改善收入分配格局。

现阶段，针对创业对个人收入回报的研究非常丰富，研究发现由于创业活动面临较高的风险性和不确定性，理论分析认为相比较工资性的工作，创业活动会带来溢价收入。然而，更多的实证研究发现创业不会提高个体的货币性收入，这一现象被称为"创业回报之谜"，由于创业者的收入不稳定，一年的总收入值并没有工作者的总收入值高。农业方面，新创涉农企业会延长农产品产业链，增加农产品附加值，从而提高农业劳动的收入水平。新创涉农企业能够有效促进农业产业化发展，为农户生产提供资金、技术指导和现代管理模式，提高农产品生产效率并提升农产品质量。农户生产的农产品直接销售给农业企业，降低了农户的市场风险和市场交易成本，提高了农户的农业经营收入。新创涉农企业通过延长农业产业链，能够带动运输、仓储、包装等产业发展，区域内农户有了更多的非农经营活动选择，提高了农户的非农经营收入，并且农户的工资性收入、非农业经营收入一般要高于单纯从事农业生产的收入，收入来源更加多元化，从而降低与城市居民的收入差距。此外，越来越多的农户放弃农业从事非农业生产经营，能够有效促进土地的集约利用，发展规模农业和现代农业，促进农业劳动者收入的增加，改善城乡收入格局。

从创业者与就业者角度观察，有学者发现，中国居民创业的货币回报显著为正向关系，创业者的年收入高于就业者30%～40%。更多研究重点谈论了农民工，宁光杰（2012）研究发现在农民工群体中，创业者的收入高于短期工资获得者，但低于长期工资获得者；曹永福等（2013）研究发现自我雇佣给农民工带来的收入增长幅度较小。与国外研究结果不同，中国在创业收入回报的研究中，在研究对象、数据来源、估计方法等方面存在着一定差异，但研究结论基本一致，即创业能够显著提高个体收入。还有学者研究发现，创业行为具有普惠性，降低了收入不平等程度，并且在创业水平较高的地区，创业改善收入分配的格局的作用相对明显。

综上所述，学者们对创业与个人经济状况之间的影响做了丰富的研究。首先，从创业环境的视角，良好的创业环境有助于创新创业的发展，而创业环境会受到宏观因素、中观因素与微观因素三方面的影响。但现有文献针对辽宁省的创业环境分析较少，本章将从微观的特征具体分析辽宁省创业环境的现状如何？其主要影响因素是什么？并将辽宁省与全国创业环境进行比较分析。其次，从理论分析创业会增加居民的收入，虽然实证检验有相同结论，但更多实证结果表明，存在"创业回报之谜"。我们发现对于创业与居民收入的影响的实证分析结论并不一致，为进一步理清两者之间的关系，本章将针对辽宁省的情况加以细分析，探讨农业经营者个体工商户经营者对个人经济状况的影响如何，并与全国情况进行对比分析。最后，根据以上不足，本章运用 2014 年、2016 年与 2018 年中国追踪调查（CFPS）数据，利用多种回归方式进行估计，实证检验辽宁省创业行为对居民个人经济状况的影响。

二、实证模型构建与变量选取

（一）数据来源

本章利用的数据来源于 2014 年、2016 年与 2018 年中国家庭追踪调查（CFPS）数据，该调查是由北京大学中国社会科学调查中心发起的全国性的社会抽样调查，通过不等概率抽样，获得 22464 个样本，其中辽宁省人员共计 2085 个样本。

（二）变量选取及处理

1. 被解释变量：个人经济状态（class）

选取调查问卷中的问题"您给您自己的收入水平在本地的位置打几分？回答项目是：[1（表示很低）至 5（表示很高）]"作为被解释变量。

2. 核心解释变量：创业行为（qg1）

选取调查问卷中的问题"这份工作是为自己/自己干活还是受雇于他人/他家/组织/单位/公司？回答项目是：1 为自己/自家干活，5 为受雇于他人/他家/组织/单位/公司"。本章将受雇于他人/他家/组织/单位/公司变量调节为 1，为自己/自家干活调节为 2。

3. 控制变量

影响个人经济状态的因素有很多，这里选取出生年（birth）、性别（sex）、婚姻（marriage）、户口（qa301）、教育程度（etu）与健康状况（health）作为控制变量。其中变量性别：男为 1，女为 2；工作性质：受雇于他人为 1，私营企业/个体工商户为 2，自己农业生产经营为 3；婚姻状况：

无配偶为 1，有配偶为 2；户口：农户为 1，城市户口为 2；教育程度根据读书年限分为：小学毕业为 6，中学毕业为 9，高中毕业为 12，大专毕业为 15，大学本科为 16，研究生为 18/19，博士为 21/22；健康状况：不健康为 1，一般为 2，比较健康为 3，很健康为 4，非常健康为 5。

（三）模型构建与检验

为了检验本章假说设定模型如下：

$$class = \alpha_0 + \alpha_1 qg1 + z'\beta + \varepsilon \qquad (8-1)$$

其中，class 表示个人经济状态，qg1 表示核心变量创业行为，α_1 为核心解释变量的系数，z' 表示控制变量组的向量，β 表示控制变量组的回归系数，ε 表示随机扰动项。

三、主要实证结果

（一）辽宁省创业者环境状况

2018 年 CFPS 调查数据中辽宁省人员共 2166 人，其中创业者共计 887 人，创业者中从事农业经营者共 749 人，私营企业/个体工商户共 138 人。辽宁省创业者的户口多数为城市户口，但从事农业经营的人数居多，从调查数据的角度观察，可见辽宁省的创业者大部分为农业经营，婚姻状况大部分为已婚，健康程度大部分为比较健康，受教育程度平均值为 7，处于小学毕业与初中毕业之间（见表 8-1）。

表 8-1　　　　　　　　　　辽宁省创业者环境状况

平均值	出生年月	性别	户口	婚姻	工作	健康	教育
全体创业者	1963.8	1.534	1.897	1.953	2.844	2.953	7.12
私营企业/个体工商户	1972.2	1.507	1.615	1.905	—	2.978	9.839
自己经营农业	1962.51	1.539	1.949	1.962	—	2.961	6.633

从表8-1中可见，由于年龄均属于高龄者，教育程度也普遍偏低，其中农业经营者年龄比私营企业/个体工商户的年龄偏大，且教育程度偏低。由于自主创业者比雇佣工作者的心理压力与经济压力较大，所以年轻人参与创业的情况较少。现阶段小农经济仍是辽宁省的基本农情，辽宁省政府应提高创业环境，引进现代信息技术来推动农业经营者的变革，促进农产业的销售经营，如增进网络直播销售，打造辽宁省特色农产品，加强推广全国，从而达到扶持作用，增加了新产业的发展。近年来全国经济总体发展较好的广东省的创业环境如表8-2所示。

表8-2　　　　　　　　　广东省创业者环境状况

平均值	出生年月	性别	户口	婚姻	工作	健康	教育
全体创业者	1964.7	1.488	1.866	1.949	2.689	2.587	6.636
私营企业/个体工商户	1972.6	1.451	1.687	1.889	—	2.951	9.048
自己经营农业	1961.2	1.505	1.947	1.976	—	2.403	5.649

广东省的创业者样本量为669个，其中农业经营为461个，私营企业/个体工商户为208个，私营企业/个体工商户占比比辽宁更高，其中自己经营农业者的健康状况比辽宁省的平均值相对较低，且受教育程度相对辽宁省更低。健康程度的平均值明显低于辽宁省，是由于广州经济发展快速，给创业者带来的压力也很大。

综上可知，仅从微观个人特征角度观察，辽宁省的创业环境相对广东省的创业环境外在压力较小，创业环境更好。宏观角度与中观角度将在后期进一步研究。

（二）实证结果分析

本章使用统计分析软件Stata15.1对前面构建的平衡面板数据模型进行回归估计，在应选用固定效应模型还是随机效应模型时，本章进行了*hausman*检验，结果发现拒绝原假设（P值为0.000），应采用固定效应模型。但为了结果的稳健我们将混合效应模型、随机效应模型与固定效应模型同时列出，其结果见表8-3，表8-3中的第一列、第二列与第三列分别为辽宁省混合、随机与固定效应回归结果，第四列、第五列与第六列为全国的混合、随机效应与固定效应回归结果。

表 8－3　　　　　　　　　　　OLS 回归结果

变量	OLS 辽宁混合效应	OLS 辽宁随机效应	OLS 辽宁固定效应	OLS 全国混合效应	OLS 全国随机效应	OLS 全国固定效应
qg1	0.232 *** (9.03)	0.232 *** (9.03)	0.217 *** (4.55)	0.282 *** (35.32)	0.282 *** (35.32)	0.182 *** (13.52)
birth	− 0.011 *** (− 7.75)	− 0.011 *** (− 7.75)	− 0.002 (− 0.03)	− 0.002 ** (− 2.55)	− 0.002 ** (− 2.55)	0.000 (1.54)
sex	− 0.043 (− 1.24)	− 0.043 (− 1.24)	0.459 (0.82)	− 0.126 *** (− 11.30)	− 0.126 *** (− 11.30)	− 0.035 (− 0.18)
qa301	− 0.001 (− 0.02)	− 0.001 (− 0.02)	− 0.277 * (− 1.74)	− 0.135 *** (− 9.80)	− 0.135 *** (− 9.80)	− 0.046 (− 1.29)
marriage	0.249 *** (4.16)	0.249 *** (4.16)	0.029 (0.18)	0.553 *** (25.64)	0.553 *** (25.64)	0.099 ** (2.08)
health	0.138 *** (10.10)	0.138 *** (10.10)	0.077 *** (3.89)	0.113 *** (25.43)	0.113 *** (25.43)	0.076 *** (12.33)
edu	0.020 *** (3.87)	0.020 *** (3.87)	0.212 *** (5.45)	0.003 * (1.77)	0.003 * (1.77)	0.171 *** (17.18)
N	6047	6047	6047	64583	64583	64583

注：*** 、** 、* 分别表示在1%、5%、10%的显著水平下显著，括号内为 t 值。

从第一列、第二列与第三列的回归结果可以看出，无论是混合效应、随机效应还是固定效应，被解释变量个人经济状况（ qa301 ）的系数均为正且在 1% 的水平上显著，这表明辽宁省居民创业行为对个人经济状态具有显著的正向影响。其中控制变量中出生年、性别与婚姻的系数均不显著，这表明辽宁省居民创业者的出生年、性别与婚姻对个人经济状况是无影响的。控制变量中户口的系数为负且在 10% 的水平上显著，这表明户口负向影响着个人经济状况，由于辽宁省样本大部分的经营种类是农业自主经营，如不是农户，土地使用权的因素有可能影响着创业者的个人经济状况。控制变量健康状态的系数无论是混合、随机还是固定效应均为正且在 1% 的水平下显著，这表明辽宁省居民的健康程度对个人经济状况具有显著的正向影响，原因应是身心健康会影响个人的劳动能力，所以创业者们的身心健康直接影响个人的经济状况。教育程度的系数无论是混合、随机还是固定效应均为正且在1%的水平下显著，这表明辽宁省居民的教育程度对个人经济状况具有显著的正向影响，受到良好教育的创业者决策与见解相对于未受过高等教育的创业者要更灵活，所以教育程度影响着创业者的经营决策，从而影响个人经济状况。

第四列、第五列与第六列的回归结果是全国样本，从全国样本角度来分析，同样无论是混合效应、随机效应还是固定效应被解释变量个人经济状况（qa301）的系数均为正且在1%的水平上显著，表明创业行为对个人经济状态具有显著的正向影响。其中控制变量中，出生年月、性别与户口的系数均不显著，这与辽宁省样本相比户口在全国样本中不显著，表明户口是否为农户对创业者的个人经济状况影响较小。婚姻的系数在辽宁省样本中不显著，而在全国样本中系数却在5%的水平上显著，这种情况的出现有可能是因全国样品量大，分析的结果更为可靠。那么从全国角度来看，婚否决定了家庭的经济需求更多，所以创业者们更积极地去经营，从而影响个人经济状况。健康程度与教育程度在固定效应的分析结果显示系数为正且在1%的水平上显著，这与辽宁省的样本结果相同，因此健康程度与教育程度正向影响个人的经济状况。

因本章的被解释变量个人经济状况（qa301）取值范围在1~5（1表示很低，5表示很高），这种数据被称为序次数据（ordered data），为了使本章的实证结果更稳健，本章利用 Logit 模型与 Probit 模型分别进行回归，其中 Probit 模型不支持面板固定效应，所以本章只加入 Probit 随机效应回归，详见表8-4。

表8-4　　　　　　　　　　　Logit 与 Probit 回归结果

变量	Logit 辽宁随机效应	Logit 辽宁固定效应	Logit 全国随机效应	Logit 全国固定效应	Probit 辽宁随机效应	Probit 全国随机效应
qg1	2.247 *** (10.72)	1.911 *** (5.06)	1.642 *** (47.98)	1.107 *** (19.47)	0.232 *** (9.03)	0.282 *** (35.32)
birth	-0.042 *** (-4.79)	-0.245 (-0.06)	-0.016 *** (-8.08)	0.224 (1.62)	-0.011 *** (-7.75)	-0.002 ** (-2.55)
sex	-0.473 * (-1.95)	-15.04 (-0.01)	-0.767 *** (-14.35)	-0.327 (-0.55)	-0.043 (-1.24)	-0.126 *** (-11.30)

变量	Logit 辽宁 随机效应	Logit 辽宁 固定效应	Logit 全国 随机效应	Logit 全国 固定效应	Probit 辽宁 随机效应	Probit 全国 随机效应
*qa*301	− 0. 317 (− 1. 27)	− 1. 374 (− 0. 69)	− 0. 717 *** (− 12. 20)	− 0. 040 (− 0. 22)	− 0. 001 (− 0. 02)	− 0. 135 *** (− 9. 80)
marriage	1. 524 *** (5. 04)	0. 431 (0. 47)	2. 205 *** (28. 92)	0. 771 ** (2. 54)	0. 249 *** (4. 16)	0. 553 *** (25. 64)
health	0. 176 * (1. 86)	0. 105 (0. 75)	0. 237 *** (11. 70)	0. 190 *** (6. 44)	0. 138 *** (10. 10)	0. 113 *** (25. 43)
edu	− 0. 025 (− 0. 78)	0. 316 * (1. 69)	0. 058 *** (8. 85)	0. 295 *** (8. 97)	0. 020 *** (3. 87)	0. 003 * (1. 77)
N	6047	310	64583	6882	6047	64583

注：＊＊＊、＊＊、＊分别表示在1%、5%、10%的显著水平下显著，括号内为t值。

表 8 - 4 中，第一列与第二列是辽宁省样本 Logit 随机效应与固定效应回归结果。第三列与第四列为全国样本 Logit 随机效应与固定效应回归结果。第五列与第六列为辽宁省与全国样本 Probit 随机效应回归结果。由于 Logit 模型通过面板数据只能得到可观测变量的动态机制，而 Probit 模型通过面板数据可以得到可观测和不可观测变量的动态机制，所以变量数有极大的差异。但无论是 Logit 模型随机、固定效应与 Probit 模型随机效应的被解释变量个人经济状况（*qa*301）的系数均正向显著且在 1% 水平上显著。其中第二列回归结果中，控制变量出生年、性别、户口、婚姻与健康均不显著，教育程度的系数正向显著且在 10% 水平上显著，出现这种结果，有可能是因为样本量过小。在第四列全国样本中，控制变量出生年月、户口与性别均不显著，婚姻、健康程度与教育程度均正向显著，这与 OLS 回归结果一致，第五列中辽宁省样本控制变量出生年负向显著且在 1% 的水平上显著，这表明辽宁省年轻者的体力、精力与能力要比大龄者相对更好，越年轻的人群创业行为对个人经济状况的影响更高。控制变量中性别与户口均不显著，婚姻、健康与教育程度均正向显著且在 1% 的水平上显著，这一结果与 OLS 回归结果一致，证明回归结果的稳健性。第六列全国样本中控制变量婚姻、健康程度与教育程度均正向显著，而出生年月、性别与户口均负向显著，这与其他分析方式结果略有不同，所以出生年月、性别与户口的因素对创业者个人经济状况的影响相对较小。

通过不同的回归方式检验，本章被解释变量创业行为对个人经济状况具有显著的正向影响，并且回归结果很稳健。其中出生年月、性别与户口影响相对较小且负向影响，而婚否、健康程度与教育程度均显著正向影响创业者的个人经济状况。创业的微观环境对创业者的影响是至关重要的，促进创业者的教育与提高健康质量将会增加创业者们的经济状况，从而提高辽宁省的经济质量发展。

四、研究结论与政策启示

本章从微观角度观察，先将辽宁省创业环境与广东省创业环境进行比较，发现辽宁省的创业环境同广东省的创业环境相比，压力较小。并在理论分析的基础上，提出了假设，利用 2014 年、2016 年与 2018 年中国家庭追踪调查（CFPS）数据，并采用回归模型对假设进行检验。检验结果发现：辽宁省创业行为对个人经济状况具有显著地促进作用，年轻者因自身体力、精力与能力更好，因而创业行为对个人经济状况的促进效果更好。而户口的性质对农业经营者会有一定的影响，如是农业户口，会具有一定的土地使用权，有效地降低了农业经营者的土地使用费用，所以对农业经营者有一定的影响。如是已婚者，由于家庭的构建提高了家庭的经济负担与个人的责任感，所以会微弱地影响到创业行为的积极性。创业者的自身健康对个人的劳动力与精力均有影响，所以是否拥有健康的体魄是会影响创业行为，进而对个人经济状况产生影响。教育程度是可以提高个人的知识储备、见识与市场变化的应对能力的，从而决定了创业者在经营中遇到各种问题的处理能力，所以教育程度最终会影响到创业行为。

上诉结论虽然是从微观角度分析，但对辽宁省创业行为的促进影响具有一定的意义。宏观角度与中观角度的分析将会在今后的研究中进一步探索。首先，提高创业者的微观环境是至关重要的一步；其次，辽宁省经济近年来走势影响、人口增速放缓、城市人口吸引力不足将影响创业经营的发展。所以本章提出以下启示：第一，人才支撑是实现辽宁省创新创业发展的根本动力，所以应首先解决人才培养、吸引和留住这一问题，推出一些惠民政策，缓解人口流失的问题，从而加快辽宁省经济质量发展。第二，增加对创业者的教育培训，使其能及时了解市场需求并以此为基准设计生产产品，对应市场的需求，增加自身的销售量，进而提高自身经济状况。第三，辽宁省农业经营者居多，应打造辽宁省特色农业，通过网络效应，增强特色产品的知名度，帮助辽宁省农业经营的销售量，降低市场经营风险。并且促进农民对农业知识的积累，学习新兴技术，打造现代农业从而提升生产量与质量，进而提高农民经营者的经济状况。

专题九　辽宁省民营企业成本粘性与高管薪酬业绩敏感性

吴雅琴

2021 年 1~12 月辽宁省地区生产总值增长 5.8%，全省规模以上工业企业利润增长 30.3%（制造业实现利润总额 1463.7 亿元，增长 19.6%）；规模以上工业增加值增长 4.6%，其中高技术制造业增加值增长 12.9%，全年装备制造业增加值增长 8.1%（通用设备制造业增加值增长 14.1%，汽车制造业增加值增长 8.4%，专用设备制造业增加值增长 2.2%）。辽宁经济的发展，离不开辽宁省民营企业的贡献。作为东北老工业基地的工业强省辽宁要想发展优势制造业，以公司治理协作机制的角度加强对辽宁省民营企业高管的薪酬制度顶层设计和企业成本粘性专业化治理，有助于疫情下辽宁省制造业民营企业的高管薪酬激励和闲置资源利用率提高带来的企业利润增加，对东北老工业基地振兴具有重要的现实意义和经济效益。

一、相关概念的界定

（一）民营企业和公司

改革开放四十多年来，民营经济已成为国民经济中最为活跃的经济增长点，作为共和国工业长子的辽宁省，从自身传统优势、"三新"角度（新经济、新技术和新业态）和维护国家"五大安全"的政治使命出发，确定优先发展五大战略型（航空装备、高技术船舶及海工装备、高档数控机床、集成电路装备、能源装备等）、重点发展四个主导型（重大成套装备、机器人及智能装备、先进轨道交通装备、节能与新能源汽车等）和三个未来型（超前培育健康医疗装备、氢能装备、冰雪装备等）先进装备制造产业。尽管在辽宁先进制造业中体现国有比例高，但无论是从主营业务收入、资产总量，还是从利润总额看，都没有出现国进民退，辽宁省民营企业在促进经济发展、增加就业、推动技术进步以及保持社会稳定方面发挥着重要作用。

公司是指在中国境内按《公司法》设立的以营利为目的社团法人，按组织方式主要分为有限责任公司和股份有限公司两种。个体和私营企业（比个体经济的生产力更高，对国家、社会的贡献度更大）是民营经济的重要组成。但个体没有公司的法人资格不属于公司的范畴；按《合伙企业法》《私营企业暂行条例》设立的私营合伙企业和私营独资企业是无限责任，而不是公司特有的有限责任，也不属于公司的范畴。所以民营经济里只有按《公司法》成立具有法人资格的企业才属于公司的范畴，也就注定了管理民营经济的复杂性。

（二）民营企业治理和公司治理

在经济新常态下，增长动力从主要依靠粗放式投入向依靠资源、资本、劳动力的高效使用转变，带来消费与投资需求的快速增长、生产能力的变化、产业组织方式的改变、生产要素优势的集聚、市场竞争的加剧、资源环境约束的增强、经济风险的增加与化解、资源配置模式的优化等巨大变化；产业组织呈现生产的智能化、小型化、专业化等新特征；生产方式创新、产品创新、科技创新、提高资源利用效率和资源配置效率，将为经济增长注入可持续发展的动力之源。按西方成熟的现代企业制度要求，企业经营权与所有权的分离产生的委托代理问题，让公司治理成为公司必须关注的事项。由于公司治理是涉及法学、经济学和管理学等多学科的综合性研究领域，所以如何做好公司治理，让权力得到有效配置和制衡，是亟须解决的问题。20 世纪 90年代后，随着全球化、民主化和分权化的发展，治理理论应运而生，并迅速成为指导公共管理的新理念和新理论。

由于民营企业脱胎于家族管理，民营上市公司发展历史较短，所有权与经营权分离程度有限，在治理模式上突出体现为没有国营上市公司的行政约束机制以及亲缘化的人事安排（实际控制人、执行董事及其他高管）。这种治理模式的"双刃剑"后果，在民营上市公司不存在许多国营上市公司存在的两个明显问题（一是权力级别带来的特权消费，二是经理人出于自利不能对控股股东尽职），但同时也大大增加了控股股东的权力集中和侵害中小股东行为的概率及严重程度，也使董事长（实际控制人）在通过权威提高决策效率的同时"一言堂"现象随之出现。民营上市公司有直接上市类（控制权结构较为清晰）和买壳上市类（两权分离严重）两种，其中直接上市类主要治理问题是任性而为的"恶性"分红，而买壳上市则因买壳成本成为日后中小股东权益受损的诱因和两权分离产生的实际控制人的权利义务不匹配。

民营非上市公司有的董事会、监事会形同虚设，或没设董事会、监事会；有的企业产值高但企业人员较少，认为设置董事会、监事会、股东大会很费成本；而且西方企业虽然有较成熟的治理机制，也没能逃脱掉市场供求选择下的企业灭亡。所以从根本意义上说民营企业的公司治理要设立决策权、经营管理权、监督权的协作机制，而不是都必须建立起董事会、监事会、股东大会的完善结构。

（三）成市粘性和高管薪酬业绩敏感性

成本粘性是指成本费用随业务量变化时出现的不对称性，表现为成本在业务量增加时的变化率大于在业务量减少时的变化率。成本粘性表明企业内部存在一定的富余资源，合理利用该部分资源能给企业带来确定的收益。成本粘性的治理企业可以采取短期计划和长期计划。作为实施成本粘性治理计划的高管因任期的长短会产生不同的效果。

高管薪酬契约敏感性是指业绩提高时与之相关的高管薪酬的变化程度。多位学者的研究表明：薪酬业绩敏感性与高管薪酬是正相关关系；民营企业规模的大小对高管薪酬契约敏感性影响不同（按企业规模设置的经营和绩效考核、风险承担水平等因素影响中，企业规模越大对高管薪酬契约敏感性影响越强）；高管任期对成本粘性的影响是双向的（高管任期长，一方面能增加高管治理成本粘性的经验和能力；另一方面高管因道德风险更倾向以影响力谋取个人私利，而不治理成本粘性，从而间接损害股东利益）。至此，高管任期成为作用于成本粘性与高管薪酬业绩敏感性关系的重要因素。高管任期越长，成本粘性治理越有效，对高管的激励和约束作用就越强，高管薪酬契约敏感性就越强。

基于我国产权制度的特殊性，国有企业和民营企业在制定高管薪酬契约标准及公司治理环境上差异很大。而民营企业在上市公司和非上市公司的成本粘性对高管薪酬契约有效性产生的作用也不尽相同。按《公司法》要求，董事会是公司内部治理机构，董事会对股东会负责，决定公司高管的薪酬属于董事会的职权范围。但许多民营企业并未设置董事会，高管薪酬制定的任意性会更大。民营企业与国有企业相比，民营企业高管薪酬契约有效性会更高，高管薪酬受企业绩效水平高低、短期绩效好坏及分配是否相对公平等因素的影响更明显。已有研究表明民营企业薪酬业绩敏感性更高，高管自身努力程度与企业绩效水平呈正相关关系。对于民营企业高管疏忽或不作为的成本粘性的存在，会给企业的经营和管理带来一定的风险，对企业业绩高度相关的高管薪酬业绩敏感性的负向影响会更大。

（四）公司治理、成本粘性和高管薪酬业绩敏感性

成本粘性体现在成本和收入同降通道中，治理目标和高管薪酬都需要同步调整。公司治理作为国家治理在微观领域的实践，公司既要建立各高管间（股东、董事、监事、高管、员工等）的内部治理体系，又要建立与其他社会主体协作的嵌于国家治理体系之中的外部治理机制。高管薪酬在公司治理的协作治理机制是动力机制激励和约束机制监管的重要内容。公司作为企业的高级形式，高管们在维持企业的简单再生产和不断扩大再生产的执行、管理、经营、决策中，实现着利润最大化的财务目标。传统意义上的增收节支是利润增加的两大途径。在利润、收入和成本三者关系中，无论是单纯的收入增加、成本减少，还是收入增加、成本减少反向同时出现，收入和成本的差额（利润）都是绝对额的会计计量。但是收入与成本的同升或同降却没有体现成本和收入同比例相对变动的线性平衡，也就是业务量增加时的成本同比例上升、业务量减少时成本没能同比例下降的成本粘性出现。高管们出于自利动机的道德风险和逆向选择，未能实现个人利益与股东利益同步，从而也导致了成本管理中未能实现收入和成本管理的同步高效。关于成本、收入与治理目标、高管薪酬的关系，详见表 9 - 1。

表 9 - 1　　　　　　　　　　成本、收入与治理目标、高管薪酬

序号	成本 （单位成本×销量）	收入（单价×销量）		利润	治理目标	高管薪酬
1	成本上升	收入 上升	成本＞收入	下降	调整	调整
			成本＝收入	不变	维持	维持
			成本＜收入	上升	激励	激励
		收入不变		下降	调整	调整
		收入下降		下降	调整	调整
2	成本不变	收入上升		上升	激励	激励
		收入不变		不变	维持	维持
		收入下降		下降	调整	调整
3	成本下降	收入上升		上升	激励	激励
		收入不变		上升	激励	激励
		收入 下降	成本＞收入	上升	激励	激励
			成本＝收入	不变	维持	维持
			成本＜收入	下降	调整	调整

综上所述，公司治理协作机制视角下民营企业成本粘性与高管薪酬业绩敏感性研究在促进财务会计和管理会计融合、成本管理和公司治理的有效结合、国家治理和公司治理在微观的融合方面具有良好的作用；通过公司治理全方位模式的优秀民营企业范例引导运行机制的完善、增加高管薪酬在不同发展阶段与业绩挂钩的量化指标考核和民营企业公司治理所需政策保障环境的约束机制完善三方面建立协作机制并高效运行。

二、民营企业成本粘性与高管薪酬业绩敏感性协作治理机制的可行性

（一）协作机制建立依据

1. 治理中应用的公共选择理论和新公共管理理论

公共选择理论以新古典经济学的理性人假设、原理和方法作为分析工具，认为政府的政策制定者和公民都是理性经济人，都在追求个人利益最大化，主张限制政府权力，减少国家干预，尽量发挥市场的作用。

20 世纪 70 年代以来，西方国家进行了以分权化、绩效化、市场化为核心的市场机制和竞争机制引入政府管理的长期改革，逐渐形成了新公共管理理论。该理论主张"政府企业化"，通过市场化改革方向以及对政府和企业进行重新定位，明确政府的角色是"掌舵"而不是"划桨"。主张以个人自由和效率追求为出发点的个人选择最大化，减少公共服务领域内政府的作用，允许市场竞争与选择。

在国家治理和微观层次的省域、市域、县域、乡域治理实践中，可应用公共选择理论和新公共管理理论进行市场化改革、转变政府职能，让市场在资源配置中发挥更大的作用，调整政府和市场关系，深化政府政治改革，在促进国家治理模式现代化具有重要的现实意义。

2. 公司治理中委托代理理论

委托代理理论的观点认为，公司治理与委托代理问题相伴而生。上市公司日益分散的股权、愈加复杂的经营管理、逐渐增加的专业化程度，都需要职业经理人帮助所有者管理公司。当公司所有权和经营权的两权进一步分离，股东委托职业经理人代替自己经营企业，委托（股东）代理（职业经理人）关系就应运而生。出于存在道德风险和逆向选择，二者之间的目标利益并非一致，信息不对称带来的公司经营不确定性风险增加，因此产生了代理成本，与此相关的企业经营成本增加的问题就是委托代理问题。解决委托代理问题的根本途径就是建立管理公司的各方（社会、监管机构、各类股东、董事和经理）相互依存又相互制约的规范制度、游戏规则和最佳做法。此时公司治理作为解决委托代理问题的重要措施，加强公司治理有效性被监管部门和上市公司提上日程。在公司治理的具体实践中，监管者追求管理规范的最优化，机构投资者追求理想收益的最大化，企业界和经理人追求处理各种矛盾与冲突的妥协和平衡。仁者见仁的最优解和智者见智的满意解，就构成了包括运行、动力和约束在内的公司治理机制。

3. 与合作需求相关的薪酬差距的研究理论

公司治理中的重要内容是高管薪酬。与高管薪酬有关的高管既有个人特征，也有团队特征，公司治理是以协作为基础的，在英文里合作（collaboration）与协作（cooperation）的含义是相同的，所以协作机制的基础是和合作需求密切相关的。在协作治理环境里更多的体现以合作需求（技术复杂性、企业规模、多元化程度和公司环境四个方面）为基础的整体有机组合。我们看到合作需求的定义是企业对整个组织结构协调性的需求程度。企业环境会影响协调性的需求程度，这种影响具有不确定性，使公司治理的环境也成为影响合作需求的重要因素。民营企业总体基础薄弱和人才资源的先天不足，更需要公司治理协作机制中高管团队合作的加强。目前已有与合作需求相关的薪酬差距研究的理论主要是锦标赛理论和行为学理论。拉泽尔和罗森（Lazer & Rosen，1981）提出了锦标赛理论，该理论认为：团队活动在合作生产和任务相互依存中，薪酬差距大会为监督难度增加（降低监督成本）的股东和代理人利益趋同提供效力更强的激励。安德鲁和詹姆斯（Andrew & James，2001）将合作需求作为一个指标引入薪酬差距的研究中，分别从行为学理论和锦标赛理论两个理论研究合作需求对薪酬差距的影响，研究结果值得我们借鉴。按行为学理论，企业规模、高管团队规模与高管团队内部薪酬差距之间显著负相关，得到验证；按锦标赛理论，企业技术水平与高管团队内部薪酬差距之间显著正相关，得到验证。鲁海帆（2007）从多元化战略引起的合作需求入手，研究表明从薪酬差距的设定角度来看，多元化中的各业务间相关程度和业务种类数量的增加会加大高管团队内的薪酬差距。目前锦标赛理论的实务应用积极性体现在企业内部合作需求增加时，企业更倾向于通过扩大薪酬差距来促进合作；内部合作需求减少时，增加薪酬差距不具有激励性；多元化中各业务间相关程度增加会加大高管团队内的薪酬差距。而与锦标赛理论相反的行为学理论从心理学层面出发告诉我们，薪酬差距在一定程度上不利于合作，进而影响合作创造的绩效，也就是大的薪酬差距与公司绩效成反比。在企业合作需求增加时薪酬差距小，激励性差；但合作需求减少时企业更倾向于以大的薪酬差距阻止对合作的破坏，以增加薪酬差距来促进合作，这符合成本粘性治理所在的企业环境。所以行为学理论有关合作和薪酬差距反向应用对成本粘性治理中高管薪酬的应用具有积极的现实意义。

4. 成本粘性产生的三种观点

班克等（Banker et al.，2010a）对成本粘性的实证研究表明有"调整成本""代理问题""管理者乐观预期"三种观点。其中企业增加成本和费用是管理者对投入资源的耗费，减少人力资源和机器设备等资源会同步产生相应的成本，由于管理者顾虑裁减员工会引发工作士气的降低，加上信号传递理论带来缩减企业规模会给市场传递企业不利信息的影响，这些因素都导致企业业绩下降时，管理者不会同步降低成本，从而产生所谓的成本费用"粘性"（调整成本观点）。

从企业良性发展的长期趋势看，企业的业务量增长会大于减产情况的出现，因此造成管理层预见未来业务量要好于当前业务量，这种乐观预期直接导致了成本费用"粘性"的产生（管理者乐观观点）。

当扩张企业规模带来管理者对更多资源的自由支配和过度投资，不仅会给管理者带来更多的非货币性福利，而且组织规模的扩张还会为经理人提供更多的晋升舞台。因此企业销售业绩向好时管理者会主动同步扩大经营规模；当业务量萎缩时出于自利的管理者不愿意同步做出削减资源、投资决策，必然加剧了成本粘性，造成效率低下的资源配置和业绩的难以提升（代理理论的观点）。

（二）公司治理视角下民营企业成本粘性与高管薪酬业绩敏感性协作治理机制框架

公司治理视角下民营企业成本粘性与高管薪酬业绩敏感性协作治理机制包括运行机制、动力机制和约束机制。具体框架见图 9 - 1。

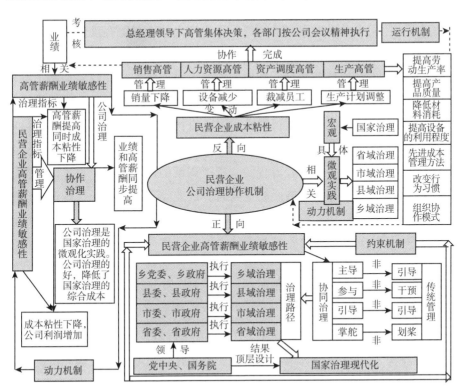

图 9 - 1　公司治理协作机制视角下民营企业成本粘性
与高管薪酬业绩敏感性协作治理机制框架

三、民营企业成本粘性与高管薪酬业绩敏感性协作治理机制中闭环管理需要完善的关键问题

（一）生产型高管是成本的管理主体，不是治理成本粘性的主体，影响了协作机制的运行

在多年以业绩管理为主要模式的管理实践中，毋庸置疑，负责生产的高管是成本管理的主体。越是大型企业成本管控就越重要，成本管理在企业经营中涉及的环节就会越多。因为成本是企业与企业间、企业与同行间核心竞争力的重要组成部分。只要企业在产品的质量和成本上占优势（成本与销售价格差大），质优价廉的产品就会拥有很好的市场份额。即使是生产同一种产品，因为不同企业采购原料的好坏、生产工人技术熟练程度的不同、企业标准成本的运用和定额管理的执行力度大小不同，都会造成产品成本的很大差异，所以成本管控是提高企业利润的重要手段。成本粘性的治理属于差异化成本管控的范畴。但成本粘性的治理主体却不是生产型高管，因为当销量下降导致业绩下降的时候，能否与销量下降直接采取降低原材料购买和供应（生产成本）、出售固定资产（增加资金回流）和裁员减少（降低人力资本）决策的不仅仅是负责生产、人力资源和资产调度的高管的自主行为，更需要企业高管的一致表决才能实施。企业是否释放业绩下滑的信号，既取决于管理者的未来预期也取决于成本调整是短期决策还是长期决策，更是取决于因为业绩的下降会直接导致高管的薪酬待遇下降从道德风险和逆向选择方面考虑不想调整。而且按所有制不是国有即是民营的划分，都意味着民营企业在各地区经济发展中都起着至关重要的作用。我们知道企业只有在市场经济中占有一席之地才能很好地生存。市场经济是经济关系契约化的法治经济，研究人的全面发展与社会经济之间相互关系的伦理经济学告诉我们市场经济也是伦理经济。民营企业作为市场竞争的重要主体，也要遵守市场经济的规则与社会伦理，否则企业违背社会伦理也终将被市场淘汰。同时供给侧改革的不断深入，来自政府和社会层面的监督不断加强，民营企业担负各种伦理（社会责任）愈发从被动转向自觉。在《中国企业社会责任报告白皮书

（2015）》公布的 1703 份企业（民营企业占 33.2%）社会责任报告研究显示，国有企业和民营企业都履行了社会责任。民营企业担当公益责任、环境责任、安全责任等伦理性社会责任越来越认真。这就使得企业与社会治理有了融合。

在国家治理从宏观的中央层面落实到微观的具体实践中，行政区划和自然地理空间融合的三十多个省、自治区和直辖市是国家政策落实的主体，组织与协调、统计与实施全国的经济、政治、社会、文化与生态。当省域治理和省级治理都能实现现代化，国家治理现代化在很大程度上才有所保障和支撑。民营企业由于自然地理和空间地域的限制，产权也不属于国有，因其行政隶属、规模大小和在区域经济中所起作用的不同而分属于省级治理、市域治理、县域治理和乡域治理的范畴。由于治理主体多元导致的合法性问题和责任界限的模糊性，生产型高管不是治理成本粘性的主体，与公司治理中的高管薪酬业绩敏感性无关，这种相对于生产扩大时成本等同步，而生产缩减时相对滞后的治理举措，降低了公司治理协作机制中运行机制的效率。

（二）与公司治理高度相关的高管薪酬敏感性指标体系中没有成本粘性治理的高管薪酬量化指标，缺少动力机制

生产高管的岗位职责包括车间实物资产的管理、生产任务的组织完成、各项管理制度与措施、公司会议精神的落实、安全生产的保障、工艺纪律执行控制等。

从生产高管的岗位职责里看到，生产高管组织实施制订好的生产计划，负责贯彻落实公司会议精神、各项管理制度与措施。那就意味着因为销售部门销量下降而变动的生产成本变动计划要通过公司会议精神来落实。这就意味着在和高管薪酬挂钩的企业业绩考核是和收入紧密结合，也就同收入挂钩的销量提高直接关联。但高管薪酬业绩敏感性却不能体现业绩下降和高管薪酬有必要的联系。按照公共选择学派的观点，理性经济人总是希望责任最小、回报最大，"搭便车"和机会主义就容易造成集体行动失效。也就是说成本粘性的治理是通过销售高管的市场反馈，做出销量下降调整成本的经济信息，与此相关的资产管理部门作出减少固定资产的决定，人事部门高管做出因销量下降需要裁员的计划，在总经理主持的高管会议通过之后再付诸实践。从成本粘性治理的决策流程来看，销售、生产、资产调度和人事部门高管作为

高管薪酬和业绩的利益相关者，每个行动主体都倾向于从自身角度出发去考虑问题，以期实现自身利益最大化，这样就会造成上下级隶属关系没有的多元主体间陷入"集体行动逻辑"的成本粘性治理困境，从而导致成本粘性治理的集体活动失效。

目前，关于公司治理的研究都是和上市公司高级管理人员相关。民营上市公司无论经济实力、经营业绩还是有效的内部管理机制都是非上市民营企业的"领头羊"，上市公司对高管薪酬激励和约束的现实效果，可以为民营非上市企业内部激励机制提供借鉴。由于上市公司高管薪酬激励多以股权激励为主，所以相关研究表明，"零报酬"的激励不足和天价报酬的激励过度现象都存在。报酬结构不合理、形式单一、收入水平存在明显的行业差异。高级管理人员的年度报酬与上市公司的经营业绩并不存在显著的正相关关系。高级管理人员的持股数量（基本上已成为福利制度安排，没有起到激励效果）与公司经营绩效也并不存在"区间效应"，高级管理人员的报酬水平与企业规模存在显著的正相关关系，与其所持股份存在负相关关系，并受所处行业景气度的影响。与公司治理高度相关的高管薪酬敏感性指标体系中没有成本粘性治理的高管薪酬量化指标，缺少动力机制。

（三）在公司治理的自我循环管理中，国家对民营企业的指导和保障不足，限制了包括监管和保障在内的约束机制的发挥

公司治理一直是热点和难点问题。成熟的公司治理包括内部和外部治理。内部治理是公司治理的核心系统，它是以"三会（董事会、股东大会和监事会）——经理"为组织架构。外部治理是内部治理的有效补充，外部治理依靠要素市场、文化舆论及法律法规等环境。按照规范的高层、中层和基层配备的人员组成中，由于辽宁省民营企业类型的多样性，造成了公司治理协作机制链条出现了断节。民营经济中的民营科技企业以自己耀眼的成绩成为新的经济增长点。从现状来看，即使是比较规范的股份制企业的民营科技企业产权成分也比较复杂（民间的投资、私有的成分，也有公有的投资和资产等）。民营科技企业因行政隶属关系，属于确切的国家、省域、市域、县域、乡域治理的哪个范畴下的公司治理很难确定。民营企业中主体的多元化造成不同的主体通过自组织网络实现交流和合作，它实质是一种基于合作的内部

协作治理。而马奇和奥尔森拓展了治理中的行动网络，将政府和非政府的、营利和非营利的公共组织和超国家的组织用松散的系统结合在一起。在我国俞可平教授给出的治理是在既定的范围内用权威维持秩序，满足公众需要的界定。所以辽宁省加强对民营企业的公司治理应是引导而不是主导、参与而不是干预、协调而不是强制、监督而不是包揽。

四、建立公司治理视角下民营企业成本粘性 与高管薪酬业绩敏感性协作治理机制中 完善闭环管理的有效措施

（一）公司内外部治理主体，提高协作机制的运行

公司治理是内部和外部治理的结合，在国内外企业中公司治理在治理标准（需要法律体系完善配套）和执行力度方面存在差异。借鉴国外经验，外部监控型治理模式以英美国家见长，英美属于大陆法系国家，企业采取集中持股的公司治理结构；内部监控型治理模式以德国和日本等国家见长，德国和日本属于普通法系国家，公司股权趋于分散，在保护中小投资者方面具有独特的优势；民营企业多是家族式管理，家族控制型治理模式以东南亚国家见长，像韩国在对股东的部分约束和保护中小投资者方面做了一些特别的规定。

我国公司治理结构采用"三权（决策权、经营管理权、监督权）分立"制度，民营企业的上市公司具体采用的是董事会、股东会和监事会的权力制衡。没有设立这"三会"的民营企业也要建立决策权、经营管理权、监督权各司其职又相互制约的协同治理机制。建立公司治理协作机制，不仅使高管的聘选、薪酬，以及高管的权利、义务分配和监督等在制度框架内有效运行，而且使因涉及各方利益无法同步决策产生的成本粘性，在高管薪酬绩效考核的量化指标设定中成为起决定性作用的影响因素。

连接公司内外部治理的纽带是总经理，所以成本粘性的治理主体是企业的总经理，而不能是按照公司决议实施生产管理职能的生产型高管。当企业扩大时，生产的系列战略规划和生产型高管的业绩考核已成为日常制度，且

制度已得到有效执行。但生产缩减时决定是否立刻降低成本、处理固定资产和裁员的决定者不是负责生产的高管，而是总经理或高管集体决议才能实施。成本粘性治理要有成效，关键在于形成多元主体经常化和制度化的对话机制，在对话中以交流或形成的更多信息减少有限理性和机会主义的不良影响。这种不见得是自发的和顺利的协作，需要有治理权限的主体加强以生产经营中心为成本粘性治理的切入点和着力点，在生产流程中避免各职能部门行政化、官僚化，致力于在成本粘性治理指标体系搭建和加强考核中降低成本粘性，提高企业的经济效益。

（二）建立与公司治理高度相关的高管薪酬敏感性指标体系中与成本粘性治理的高管薪酬量化指标，提高动力机制运行效果

对于追求财富最大化的股东来说，委托代理成本是不可避免的。为了最大限度地减少代理成本，就要和高管签订报酬—绩效契约，只有通过高管薪酬业绩敏感性的研究来满足多元行动主体具有不同的价值偏好和道德准则下的对公司业绩和高管薪酬激励的正向作用，减少在公司治理过程中容易产生的冲突和分歧，通过达成共识使组织的目标得以实现。公司治理中要完善企业与高管间的经常化、制度化对话平台，实现协商议事、移情思考与利益共容的公司治理协作机制的顺利运行。

高管薪酬业绩敏感性中高管绩效奖是企业根据公司制度、当年度发放方案及本人考核及评估结果进行自主设置和发放，并不具有持久固定发放的强制性，但相关奖金制度的设计还要遵循实体公正、程序合法的法律框架。

对于规模不同的民营企业，出于对管理成本的考虑，公司会出现不设董事会的情况，使董事会职能与总经理职责重合。而对于规模大的公司高管想得多（用思考维度、更多的思考参数、更好的方法、更多的科学管理工具规划企业未来）、中层上传下达忙的多、基层执行（清晰的战略、组织、流程、各个岗位都有明确的岗位说明书、胜任力模型等）做得多，他们分工不同，又紧密相连。当企业规模较小，企业扁平的组织机构就使高层和中层的职责重合，如果公司治理采取大一统的激励政策，与企业现实就会存在不匹配、不适合的情况，使之具有"双刃剑"的治理效果。民营企业的迅速发展是与大多数民营企业家重视人力资源尤其是多面手的高管人才分不开的，但由于

民营企业自身实力等因素影响，人才短缺和忠诚度不足也是客观存在的现实。只有拥有与企业共命运心态、过硬的专业技能和影响力中心，同时又是非常注重人际关系的高级管理人才，才能在民营企业获得较好的生存与发展。

（三）加强国家对民营企业的指导和保障，提高协作机制的约束机制的发挥

国家对民营企业的政策逐渐经历了从无到有、从限制到鼓励、从不够重视到平等对待的过程。国家职能部门是建立企业与政府的"桥梁"，为服务企业以及引导企业健康发展、实现"亲""情"政商关系与促进经济稳定做出具体努力。

新公共管理理论提出政府的职能是"掌舵"而不是"划桨"，从而调整政府职能，将制定政策和提供服务分离开进行简政。简政就是进行管理体制改革，在政府、市场、社会的层面考虑政府机构改革与职能转变问题，激发市场活力。进一步减少对微观经济的干预，政府不承担市场主体责任，不直接融资和操办项目。减少赋税，降低市场交易成本，释放市场潜力。

市场经济就是法制经济，市场为其配置资源，而法制为其制定规则。只有推进依法治国，才能够使市场的竞争有序，使参与竞争的市场主体相互平等。在经济新常态下，激发市场的活力和潜力，完善现代市场体系，必须促进依法治国，以法制的力量调整市场和政府、市场和社会的关系。因此，适应经济新常态，就是要让依法治国在资源配置中、在现代市场体系的完善中贯穿始终，就是要在深化改革和经济的优化结构、转型升级中应对存在的种种经济问题和金融风险。

要创新国家对公司治理的科学管理方法，治理要做到规范化、标准化、数字化、责任化、表格化、人性化，政府自身改革除了要减少和下放权力，还要加强对市场的监管，创新政府管理。进一步完善重大事项决策机制、行政问责机制，完善政策评估和政策制定机制。健全和完善运行有序、结构合理的行政监督机制。将工作重点向为市场提供公平正义的市场环境转移，向建设公共服务型政府上转移。要加强自身管理，做到低成本、高效率地为公众提供服务。

专题十　辽宁省饮料制造业民营科技创新能力分析

邢育松

制造业是推动经济增长和经济发展的重要支柱产业，其竞争力的强弱直接影响一个国家或地区在世界经济格局中的地位和作用，而推动竞争力的提升的主动力是科技创新。作为中国制造业中 31 个大门类之一的饮料制造业，是中国食品工业的重要组成部分。2020 年，辽宁省饮料制造业规模以上企业数量为 53 家；资产总计 178.7 亿元，主营业务收入达 148.6 亿元，完成利润总额为 16.4 亿元。辽宁省饮料制造业在高速发展的背后，矛盾也是并存的，主要表现在：饮料制造业企业以民营企业为主，企业规模比例失调；产业分布较为分散；产业研发投入不足；等等。为推进东北振兴，以中国饮料制造业为大背景，研究辽宁省饮料制造业经济发展现状，探寻提高饮料制造业经济增长能力的路径，有效推动辽宁省饮料制造业的发展与繁荣，为未来产业布局提供可靠的依据，是时代赋予的课题。

一、辽宁省民营饮料制造业发展现状

饮料制造业伴随着中国改革开放的步伐从"量"的角度在不断发展壮大，同时也伴随着人民生活水平的不断提高在"质"的方面不断更新。我国国民经济行业的划分经历了调整与修订后，饮料制造业在国民经济行业分类与代码（GB/T 4754—2011）中全称为酒、饮料和精制茶制造业，是制造业门类（C）下的两位数行业（在本章中简称为饮料制造业），饮料制造业中包括 13 个四位数细分行业（见表 10 - 1）。

表 10 - 1　　　　　　　中国食品工业细分行业变化

农副食品加工业 C13
食品制造业 C14
酒、饮料和精制茶制造业 C15
酒的制造 151
酒精制造 1511，白酒制造 1512，啤酒制造 1513，黄酒制造 1514，葡萄酒制造 1515，其他酒制造 1519
饮料制造 152
碳酸饮料制造 1521，瓶（罐）装饮用水制造 1522，果菜汁及果菜汁饮料制造 1523，含乳饮料和植物蛋白饮料制造 1524，固体饮料制造 1525，茶饮料及其他饮料制造 1529
精制茶加工 153
烟草制品业 C16

资料来源：历年《中国统计年鉴》。

（一）产业市场占有率分析

根据 2019 年辽宁省食品工业中 4 个二位数制造业的营业收入在食品工业中的比例，农副食品加工业在食品工业中市场占有率居于首位，占比 80.18%，食品制造业为 9.40%，饮料制造业为 6.71%，烟草制品业为 3.71%。可见，辽宁省农副食品加工业居高位置的情况下，食品制造业与饮料制造业的比例相当。2001 ~ 2007 年，辽宁省饮料制造业在国内市场占有率均在 3% 以下；2008 ~ 2013 年，在国内市场占有率有所提高，高于 3%；2014 ~ 2020 年国内市场占有率下降幅度较大，维持在 1% 左右（见表 10 - 2）。

表 10 - 2　　　　　　　辽宁省饮料制造业国内市场占有率

年份	工业销售产值（当年价格）（亿元）	全国饮料制造业工业销售产值（亿元）	国内市场占有率（%）
2000	—	1706.29	0.00
2001	45.26	1778.11	2.55
2002	51.76	1943.28	2.66

年份	工业销售产值 （当年价格）（亿元）	全国饮料制造业工业 销售产值（亿元）	国内市场占有率 （％）
2003	54.16	2195.65	2.47
2004	62.29	2389.40	2.61
2005	79.99	3020.69	2.65
2006	98.49	3825.15	2.57
2007	142.46	4962.96	2.87
2008	205.10	6068.51	3.38
2009	269.74	7259.52	3.72
2010	339.18	8915.26	3.80
2011	426.32	11542.05	3.69
2012	515.87	13233.13	3.90
2013	498.58	15149.36	3.29
2014	479.12	16372.18	2.93
2015	338.02	17626.59	1.92
2016	181.32	18538.03	0.98
2017	144.20	17096.20	0.84
2018	143.70	15534.90	0.93
2019	153.50	15336.10	1.00
2020	148.60	14790.50	1.00

资料来源：《中国统计年鉴》（2001~2021 年）。

（二）产业规模分析

工业总产值表示该产业的产出水平，提高产出水平不仅依靠资本投入和劳动力投入，技术进步和技术效率更是提高产出水平的关键。从 2012~2016 年辽宁省饮料制造业的工业总产值及增长率发现，辽宁省饮料制造业产业规模在不断地下降（见表 10-3）。

表 10－3　　　2012～2020 年辽宁省饮料制造业工业总产值及增长率

年份	工业总产值（当年价格）（亿元）	比上年增长（%）
2012	524.90	—
2013	506.67	－ 3.47
2014	486.25	－ 4.03
2015	347.75	－ 28.48
2016	186.75	－ 46.30
2017	149.50	－ 19.95
2018	156.20	4.48
2019	156.30	0.06
2020	148.60	－ 4.93

资料来源：《辽宁省统计年鉴》（2013～2021 年）。

从辽宁省白酒、啤酒产量及增长率同样发现，2008～2015 年，白酒产量均在 4.3 亿升以上，自 2016 年开始，白酒产量的下降幅度较大，产量均在 1 亿升以下；2008～2013 年，啤酒产量的增长率为正；2014 年其增长率保持不变，自 2015 年开始，其增长率为负；2008～2019 年，啤酒产量均在 20 亿升以上，仅 2020 年，啤酒产量为 17.1 亿升。可见，辽宁省饮料制造业的规模在缩小（见表 10－4）。

表 10－4　　　　　2008～2020 年辽宁省工业产品产量及变化率

年份	白酒产量（亿升）	增长率（%）	啤酒产量（亿升）	增长率（%）
2008	4.3	—	23.5	—
2009	4.7	9.30	24.7	5.11
2010	6.4	36.17	24.8	0.40
2011	6.8	6.25	26.2	5.65
2012	8.1	19.12	26.4	0.76
2013	5.5	－ 32.10	27.2	3.03
2014	5.0	－ 9.10	27.2	0
2015	4.6	－ 8.00	24.2	－ 11.03
2016	0.8	－ 82.61	23.3	－ 3.72
2017	0.3	－ 62.50	22.0	－ 5.58
2018	0.1	－ 66.67	21.3	－ 3.18
2019	0.2	100.00	20.7	－ 2.82
2020	0.1	－ 50.00	17.1	－ 17.39

资料来源：《辽宁省统计年鉴》（2021 年）。

（三）产业投入产出分析

我们先分析资本投入、劳动力投入与产出增长率。2011~2020年，辽宁省饮料制造业的资本投入用固定资本存量表示，劳动力投入用饮料制造业企业单位数表示，饮料制造业的产出用工业总产值表示，数据见表10-5。

表10-5 　　　　2011~2020年辽宁省饮料制造业投入产出及增长率

年份	固定资本存量（当年价格）（亿元）	比上年增长（%）	企业单位数（个）	比上年增长（%）	工业总产值（当年价格）（亿元）	比上年增长（%）
2011	118.41	—	213	—		—
2012	126.92	7.19	227	6.57	524.90	—
2013	140.15	10.42	230	1.32	506.67	-3.47
2014	146.64	4.63	212	-7.83	486.25	-4.03
2015	121.83	-16.92	179	-15.57	347.75	-28.48
2016	89.15	-26.82	116	-35.20	186.75	-46.30
2017	65.60	-26.42	63	-45.69	149.50	-19.95
2018	77.90	18.75	61	-3.17	156.20	4.48
2019	77.00	-1.16	56	-8.20	156.30	0.06
2020	75.30	-2.21	53	-5.36	148.60	4.93

资料来源：《辽宁省统计年鉴》（2012~2021年）。

2011~2020年，资产投入一直处于波动状态，2015~2017年达到两位数回落；劳动力投入2011~2020年一直减速，从2014年开始处于负增长，在2015~2017年也达到两位数回落，劳动力投入的增减与饮料制造业的产业调整相一致，由于前期饮料制造业供给过旺，导致产品积压，去库存成为饮料制造业急需解决的问题（见表10-5）。

饮料制造业投入和产出的增长率波动基本一致，增长率由上到下的顺序为：资本投入增长率、劳动力投入增长率和实际产出增长率。整体的曲线表示投入与产出正相关，产出的增长率低于投入的增长率。2013年，饮料制造业劳动力投入的增长率显著下降，影响了实际产出增长率；2014年，劳动力投入的增长率均为负值，进一步影响产出的增长率；2015~2017年，饮料制造业的资本投入和劳动投入的增长率下降幅度较大，对实际产出增长率的影响极大；2018年，饮料制造业的资本投入有较大提高；2019年、2020年，虽然饮料制造业的资本投入和劳动投入的增长率下降趋势变缓，实际产出增长率不再为负，有增长的态势，由此可见辽宁省饮料制造业企业在不断地淘汰与整合（见图10-1）。

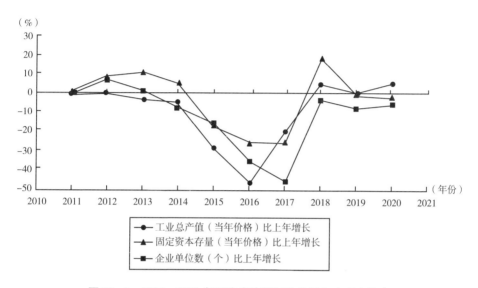

图10-1 2011～2020年辽宁省饮料制造业投入产出变化率

二、基于宏观数据的辽宁省饮料 制造业科技创新能力分析

全要素生产率是衡量一个国家、地区、产业或企业发展潜力和竞争力的最重要因素。在饮料制造业快速发展过程中，生产要素的投入量也在不断攀升，那么饮料制造业生产总值增长的动力是否仅依赖于要素投入的增加？全要素生产率是否也作出了贡献？倘若全要素生产率具有显著的促进作用，那么我国饮料制造业全要素生产率的动力是什么？是技术进步？还是技术效率改善？抑或是二者共同推进？对于以上问题的研究，有利于我们有针对性地探寻辽宁省饮料制造业技术创新能力，对辽宁省饮料制造业的未来发展具有重要的指导意义。

本章尝试运用基于非参数的数据包络分析方法，以中国 2000 ~ 2015 年 30 个省、自治区、直辖市的饮料制造业的数据作为面板数据的基础，以辽宁省饮料制造业为研究对象，基于宏观数据测算中国及辽宁省饮料制造业的全要素生产率水平并对其分析。

（一）研究方法、变量选取及数据说明

1. 饮料制造业 TFP 测算方法简述：DEA 模型

依据目前现有的研究，很多学者采用数据包络法对产业层面的全要素生产率进行测算，如章祥荪和贵斌威（2008）、杨向阳等（2012）、杨文爽和李春艳（2015）、郭悦等（2015）的研究。因此，本章借鉴已有的研究方法，在测算中国饮料制造业省级层面的全要素生产率时采用数据包络分析方法。即饮料制造业全要素生产率的具体表现形式为：

$$
\begin{aligned}
TFPCH &= M(x^t, y^t, x^{t+1}, y^{t+1}) \\
&= \frac{D_C^{t+1}(x^{t+1}, y^{t+1})}{D_C^t(x^t, y^t)} \times \left[\frac{D_C^t(x^t, y^t)}{D_C^{t+1}(x^t, y^t)} \times \frac{D_C^t(x^{t+1}, y^{t+1})}{D_C^{t+1}(x^{t+1}, y^{t+1})} \right]^{\frac{1}{2}} \\
&\quad \times \frac{D_C^{t+1}(x^{t+1}, y^{t+1}) / D_V^{t+1}(x^{t+1}, y^{t+1})}{D_C^t(x^t, y^t) / D_V^t(x^t, y^t)} \\
&= TECHCH \times PECH \times SECH
\end{aligned}
\tag{10-1}
$$

其中，TECHCH 表示技术进步的变化情况，PECH 表示纯技术效率的变化情况，SECH 表示规模效率的变化情况，它们是构成全要素生产率的三要素。纯技术效率的变化是实际产出与可变规模收益生产前沿上产出的比值；规模效率的变化则是指依据生产前沿，投入要素向最优投入—产出规模方向的变化。经过以上的分解，通过式（10-1）既可以测算出饮料制造业全要素生产率的总体变化水平，还能够测算出其各个组成部分的变化。

2. 变量选取与数据来源说明

由于使用的软件为专门分析效率的 DEAP2.1，此软件要求研究样本为平衡面板数据，因此本文选取从 2000 ~ 2015 年中国 30 个省份的饮料制造业数据为研究对象，考虑数据的完整性和一致性，没有把西藏自治区列为考察对象。

在使用数据包络分析方法的时候需要三个核心变量，分别为：实际产出、资本投入和劳动投入。产出数值采用各省各年末的饮料制造业工业总产值现值表示，并按照 1999 年可比价格进行换算，其中缺失河南省 2012~2015 年数据、湖南省 2013~2015 年数据、海南省 2013 年数据、甘肃省 2014 年数据、山西省和河北省 2015 年数据，工业总产值缺失的 11 个数据使用 EViews 软件补齐。采用各省各年末的固定资产原价表示资本投入，将 1999 年作为基数年，利用"固定资产投资价格指数"将固定资产原价平减至不变价格，由于个别地区数据的缺失，本文采用算数平均法进行补充。采用各省各年末饮料制造业的全部从业人员平均人数来衡量劳动力投入。以上数据来源于 2000~2016 年《中国食品工业年鉴》《中国工业统计年鉴》《中国统计年鉴》以及各省统计年鉴。

（二）实证结果分析

1. 中国饮料制造业地区 TFP 变动趋势分析

我们采用数据包络分析方法（DEA）常用软件 DEAP2.1 计算出 2000~2015 年中国以及 30 个省份的饮料制造业的 Malmquist 指数并且对其进行分解，具体结果见表 10-6。由表 10-6 可知，在 2000~2015 年样本期间，中国饮料制造业全要素生产率的平均增长率为 8.5%，同期技术进步的平均增长率为 8.5%，技术效率保持不变，其中纯技术效率的改进对饮料制造业生产技术效率的改善作出主要贡献，平均增长率为 0.5%，而规模效率出现负增长，平均增长率为 -0.4%。由此可知，技术进步作为主要推动力提高了中国饮料制造业全要素生产率，而纯技术效率作为主要推动力改善了技术效率。30 个省份中有 17 个省份的全要素生产率增长率超过了全国平均水平，分别为湖南、陕西、贵州、云南、甘肃、湖北、河南、吉林、广西、辽宁、河北、江西、新疆、黑龙江、内蒙古、青海和四川。30 个省份中技术进步和技术效率均出现正增长的地区有 16 个，分别为辽宁、吉林、黑龙江、河北、内蒙古、江西、河南、湖北、湖南、陕西、广西、贵州、云南、甘肃、青海和新疆。

表 10 - 6　　　　　2000～2015 年中国饮料制造业全要素生产率的
Malmquist 指数及其分解（按省份）

地区	TFPCH	TECHCH	EFFCH	PECH	SECH
北京	1.077	1.077	1.000	1.021	0.979
天津	1.050	1.066	0.985	0.993	0.992
河北	1.093	1.085	1.008	1.009	0.999
山西	1.065	1.093	0.974	0.988	0.987
内蒙古	1.089	1.082	1.006	1.008	0.999
辽宁	1.095	1.078	1.016	1.019	0.997
吉林	1.105	1.076	1.026	1.026	1.001
黑龙江	1.090	1.082	1.008	1.011	0.997
上海	1.028	1.070	0.961	0.973	0.988
江苏	1.073	1.083	0.990	0.991	1.000
浙江	1.044	1.076	0.971	0.973	0.998
安徽	1.070	1.089	0.982	0.983	1.000
福建	1.078	1.086	0.993	0.992	1.001
江西	1.093	1.082	1.010	1.011	0.999
山东	1.083	1.088	0.996	0.980	1.016
河南	1.112	1.091	1.020	1.019	1.000
湖北	1.115	1.101	1.013	1.013	1.000
湖南	1.135	1.093	1.038	1.035	1.003
广东	1.052	1.073	0.980	0.980	1.000
广西	1.102	1.089	1.011	1.005	1.006
海南	1.005	1.091	0.921	1.000	0.921
重庆	1.082	1.092	0.991	0.996	0.995
四川	1.088	1.093	0.995	1.000	0.995
贵州	1.120	1.089	1.029	1.026	1.003
云南	1.120	1.098	1.020	1.015	1.005
陕西	1.129	1.092	1.034	1.033	1.001
甘肃	1.116	1.085	1.029	1.032	0.997
青海	1.089	1.075	1.013	1.001	1.012
宁夏	1.076	1.089	0.988	1.000	0.988
新疆	1.093	1.078	1.014	1.018	0.996
均值	1.085	1.085	1.000	1.005	0.996

注：Malmquist 生产率指数用 TFPCH 表示、技术进步指数用 TECHCH 表示、技术效率变化指数用 EFFCH 表示，纯技术效率变化指数用 PECH 表示、规模效率变化指数用 SECH 表示。TFPCH、TECHCH、EFFCH、PECH、SECH 采用 DEA - Malmquist 指数法测算出来的指数值。各指标增长率 = （各指标指数数值 - 1）×100% 。

下面将 2000~2015 年全国及 30 个省份饮料制造业全要素生产率增长率及分解进行具体分析。

（1）全要素生产率（*TFP*）增长率。30 个省份饮料制造业 *TFP* 增长率均为正值，其平均值为 8.5%。17 个地区饮料制造业的 *TFP* 增长率高于全国的平均值，湖南省位于首位，*TFP* 增长率为 13.5%；辽宁省排名第 10 位，*TFP* 增长率为 9.5%；低于全国平均值的 13 个省份中位于后三位的分别是浙江、上海和海南，它们的 *TFP* 增长率依次为 4.4%、2.8%、0.5%。说明各地区饮料制造业之间全要素生产率增长率差距较大。

（2）技术进步（*TECH*）增长率。30 个省份饮料制造业 *TECH* 增长率均为正值，其平均值为 8.5%。其中，有 15 个省份饮料制造业 *TECH* 增长率高于全国的平均值，湖北居于首位，增长率为 10.1%，辽宁为 7.8%，排在第 22 位；河北和甘肃饮料制造业 *TECH* 增长率等于全国平均值；13 个省份饮料制造业 *TECH* 增长率低于全国平均值，排在后三位的分别是广东、上海和天津，增长率分别为 7.3%、7.0%、6.6%。即使是排名最后的地区，其 *TECH* 增长率也接近 7%，说明中国各地区饮料制造业的技术进步水平比较平衡，虽然技术进步是促进全要素生产率增长的主力军，但是各地区饮料制造业全要素生产率增长率差别较大，说明技术效率同时影响了全要素生产率的增长。

（3）技术效率（*EFF*）增长率。全国饮料制造业 *EFF* 增长率的平均值保持不变。30 个省份中有 16 个省份饮料制造业的 *EFF* 增长率为正值，湖南以 3.8% 的增长率居于首位，辽宁以 1.6% 排在第 8 位；北京饮料制造业 *EFF* 增长率保持不变；13 个省份饮料制造业的 *EFF* 增长率为负值，排在后三位的分别是浙江、上海和海南，增长率依次为 -3.9%、-2.9%、-7.9%。可以发现，绝大部分地区饮料制造业的技术效率指数增长率在（-4%~4%）之间变化。

（4）纯技术效率（*PE*）增长率。全国饮料制造业 *PE* 增长率平均值为 0.5%。17 个省份饮料制造业的 *PE* 增长率为正值，其中 15 个省份的增长率大于平均值，湖南以 3.5% 的增长率位于首位，辽宁以 1.9% 位于第 7 位；海南、四川和宁夏饮料制造业的 *PE* 增长率均保持不变；10 个省份饮料制造业的 *PE* 增长率为负，其中山东和广东以 -2.0%、上海和浙江以 -2.7% 排在末位。

（5）规模效率（SE）增长率。全国饮料制造业的 SE 增长率平均值为 -0.4%。21 个省份饮料制造业的 SE 增长率大于均值，其中，5 个地区（江苏、安徽、河南、湖北和广东）SE 增长率保持不变，山东以 1.6% 居于首位，辽宁、黑龙江和甘肃以 -0.3% 并列第 19 位；新疆饮料制造业的 SE 增长率等于均值；8 个地区饮料制造业的规模效率增长率低于均值，其中，山西、北京和海南排在末位，增长率依次为 -1.3%、-2.1%、-7.9%。

2. 中国饮料制造业地区 TFP 变动趋势图解

为了更清晰地观察模型结果，以 4 张图表示全要素生产率增长率与两个分解变量增长率的关系、技术效率增长率与两个分解变量增长率之间的关系。将中国饮料制造业 30 个省份技术进步与全要素生产率的关系以图 10－2 呈现。30 个省份作为样本，以 TECHCH 和 TFPCH 的平均值为界限，将平面坐

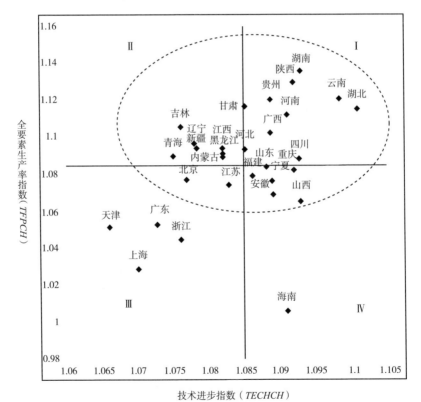

图 10－2　中国饮料制造业地区技术进步动态效率变化

资料来源：根据软件 Deap2.1 计算结果整理获得。

标划分四个区域，饮料制造业各地区的技术进步与全要素生产率正相关，从各地区分布状态可以发现，基本呈现的是一条分布有些松散的 45 度线。具体表现为：第一，饮料制造业 30 个省份 TECH 增长率与 TFP 增长率均为正值，有 8 个地区分布在 Ⅰ 区，7 个地区分布在 Ⅱ 区，辽宁位于 Ⅱ 区，2 个地区位于 Ⅰ 区与 Ⅰ 区相交线上，占比达到 57%，6 个地区分布在 Ⅲ 区，7 个地区分布在 Ⅳ 区。第二，整体观察 30 个省份在图 10 - 2 中的分布，因为 TECH 增长率和 TFP 增长率均为正值，我们发现绝大部分地区相对比较集中，仅有 5 个地区分散在比较集中的区域外面。其中，海南虽然 TECH 增长率较高，但是 TFP 增长率却是全国最低，源于其 EFF 增长率全国最低，拉低了生产率的增长；天津、广东、浙江和上海的 TECH 增长率排在全国最后，他们的全 TFP 增长率也仅仅高于海南省，可以进一步得出生产率增长对技术进步的依赖性的结论。第三，我们发现 TECH 增长率即使很高，其 TFP 增长率也不一定达到最高，如湖北和云南，可以得出 TFP 增长率的最优表现也需要 EFF 增长率支持的结论。综上，我们寻求提高全要素生产率增长路径时既要重视技术进步还要考虑技术效率。具体分析辽宁省，其 TECH 增长率在全国不具有优势，拉低了 TFP 增长率。

将中国饮料制造业 30 个省份技术效率与全要素生产率的关系以图 10 - 3 呈现。30 个省份作为样本，以 EFFCH 和 TFPCH 的平均值为界限，将平面坐标划分四个区域，从地区分布状态可以发现，饮料制造业各地区的技术效率与全要素生产率正相关，各地区分布基本呈一条较为紧密的 45 度线。具体表现为：第一，饮料制造业 30 个省份的 TFP 增长率均为正值，但是 EFF 增长率有正有负，饮料制造业 50% 的地区分布在 Ⅰ 区，EFF 增长率为正，辽宁位于 Ⅰ 区；北京饮料制造业的技术效率不变；14 个地区分布在 Ⅱ 区和 Ⅲ 区，EFF 增长率为负。第二，提高 EFF 增长率能够推进 TFP 增长率向前迈进，也存在不同地区拥有相同的 EFF 增长率，它们的 TFP 增长率却不同，源于各地区饮料制造业的 TECH 增长率有区别，较高的 TECH 增长率会拉动生产率增长率的提高。第三，位于均值交叉处的各地区饮料制造业，随着生产率、技术进步与技术效率的提高或者降低，由 Ⅱ 区和 Ⅲ 区进入 Ⅰ 区或者从 Ⅰ 区滑出。最后，我们发现 EFF 增长率居于首位的湖南，其 TFP 增长率也居于全国首位，而 EFF 增长率最低的海南，其 TFP 增长率也在全国排名最低。

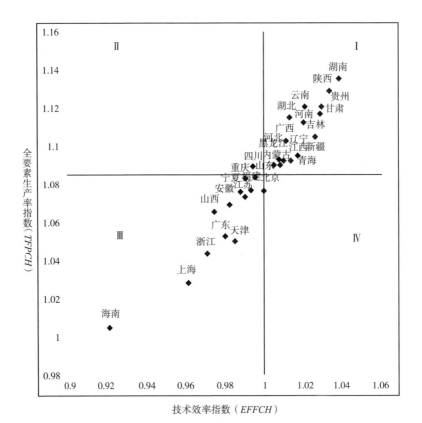

图 10 – 3　中国饮料制造业地区技术效率动态变化

资料来源：根据软件 Deap2.1 计算结果整理获得。

　　将中国饮料制造业 30 个省份纯技术效率与技术效率的关系以图 10 – 4 呈现。30 个省份作为样本，以纯技术效率指数和技术效率指数的平均值为界限，将平面坐标划分四个区域，饮料制造业各地区的纯技术效率与技术效率正相关，各地区分布呈小幅度波动的 45 度线。具体表现为：第一，技术效率和纯技术效率的增长率均有正有负，全国 EFF 增长率的均值保持不变，全国 PE 增长率的均值为 0.5%。第二，饮料制造业有 14 个地区分布在 I 区，湖南、陕西和甘肃的 PE 增长率、EFF 增长率均排全国前三位。第三，有相同 PE 增长率的地区饮料制造业，其 EFF 增长率不同，如位于 I 区的贵州省和吉林省，源于贵州的 SE 增长率略高于吉林。所以，PE 增长率与 SE 增长率对技术效率提高都会产生影响。第四，北京位于 I 区与 IV 区的交界处，广西位于 I 区与 II 区的交界处，青海位于 II 区。北京饮料制造业的 PE 增长率虽然较高，但是 *EFF* 增长率却低于广西与青海，是由较低的 *SE* 增长率造成的；而三个地区中青海饮料制造业的 *PE* 增长率最低，而 *EFF* 增长率最高，源于其具有较高的规模效率。第五，饮料制造业有 13 个地区位于Ⅲ区，其中浙江和上海的 *PE* 增长率最低，但是 *EFF* 不是全国最低；海南的 *EFF* 增长率最低。第六，辽宁饮料制造业的 *PE* 增长率表现突出，在坐标轴Ⅰ区的位置较好，*PE* 增长率拉动了 *EFF* 增长率。

因此，在提高企业全要素生产率的过程中，不仅需要提高技术进步、技术效率，还要考虑与技术效率有关联的纯技术效率和规模效率。

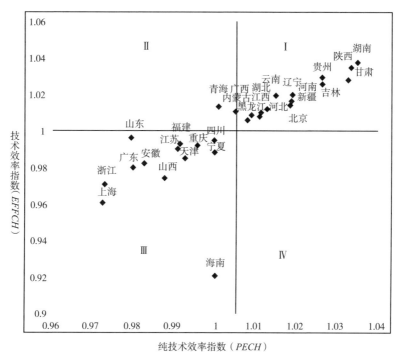

图 10－4 中国饮料制造业地区纯技术效率动态变化

资料来源：根据软件 Deap2.1 计算结果整理获得。

将中国饮料制造业 30 个省份规模效率与技术效率的关系以图 10－5 呈现。30 个省份作为样本，以规模效率指数和技术效率指数的平均值（－0.4，0）为界限，将平面坐标划分四个区域，饮料制造业各地区的规模效率与技术效率仍然是正相关的关系，从地区分布状态可以发现，这个图所呈现的地区分布比较特殊，各地区分布在平面坐标的Ⅰ、Ⅲ、Ⅳ三个区域，整体呈菱形，仅海南没有在菱形内。具体表现为：第一，全国 29 个省份饮料制造业 SE 增长率在 −2% ~2% 之间变化，规模效率的变化值远远小于其他分解变量增长率的变化值，但是对 EFF 增长率的影响不容忽视。第二，海南饮料制造业 SE 增长率为 −7.9%，居全国最后，尽管其 PE 增长率保持不变且在全国居于中游位置，海南饮料制造业的 EFF 增长率受规模效率的拖拉仍排在全国最后，最终其 TFP 增长率也居于全国末位。第三，Ⅰ区分布着比较集中的 16 个地区，尽管这些地区饮料制造业 EFF 增长率为正值，但是 SE 增长率有正有负。湖南饮料制造业的规模效率没有居于首位，但是其生产率增长率居全国首位，技术进步、纯技术效率均为生产率的增长作出了贡献；山东饮料制造业 SE 增长率居全国首位，但是 EFF 增长率为负值，是较低的纯技术效率拖拉了技术效率增长率；辽宁饮料制造业 SE 增长率排名比较靠后，但是对 EFF 增长率的影响不大，其依靠较高的 PE 增长率保持了较高的 EFF 增长率。第四，北京在Ⅱ区和Ⅲ区的交界处，Ⅲ区分布着 7 个地区，除了海南，6 个地区饮料制造业的 SE 增长率差距不大，但是它们的 EFF 增长率差别却很大。第五，分布在Ⅳ区的 6 个地区饮料制造业的 SE 增长率均为正值，他们的 EFF 增长率均为负值。

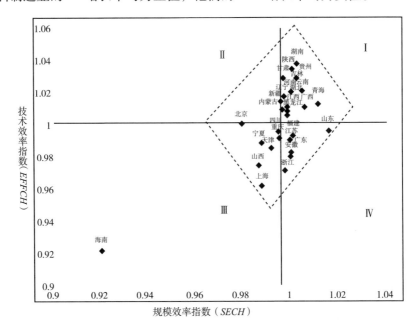

图 10 −5　中国饮料制造业地区规模效率动态变化

资料来源：根据软件 Deap2.1 计算结果整理获得。

因此，纯技术效率和规模效率共同影响了技术效率的增长。生产率是根本，技术效率是提高生产率的有效途径。各地区饮料制造业企业在发展过程中，根据自身生产能力，合理控制企业规模，不应盲目扩大，企业的规模效率不是企业越大越好。

综上，在全要素生产率增长率超过全国平均值的 17 个地区中，排名在前 16 位的地区（辽宁省排名第 10 位）各指标增长率均表现良好，只有排在第 17 位的四川省饮料制造业的技术效率、纯技术效率和规模效率增长率均低于全国的平均值，但是由于其技术进步增长率在全国排名第 3 位，技术进步的增长抵消了技术效率的一部分负面影响。饮料制造业全要素生产率增长率排名前 3 位的地区各分解变量均表现极佳，湖南省饮料制造业的技术效率和纯技术效率增长率在全国均居首位，技术进步增长率在全国排名第 3；陕西省技术效率和纯技术效率增长率均排全国第 2 位；云南省技术进步增长率全国排名第 2 位；贵州省则是技术效率增长率全国排名第 3 位。作为研究对象的辽宁省，其饮料制造业的技术效率和纯技术效率表现突出，在全国排名依次为第 8 位和第 10 位；其技术进步和规模效率表现略差，在全国排名依次为第 22 位和第 19 位；其全要素生产率增长率在全国的排名最终为第 10 位。反观饮料制造业全要素生产率增长率较差的地区，它们的分解变量增长率不佳的居多，如海南在各个分解变量增长率均表现不佳，最终导致生产率增长率排名最低。所以，技术进步、技术效率提高均会促进全要素生产率的增长，纯技术效率、规模效率提高也会促进技术效率的增长。通过对各地区全要素生产率及技术进步、技术效率等分解变量的研究，我们发现了各地区饮料制造业全要素生产率增长的有效路径，各地区应该根据自己存在的问题，通过可行性路径实现本地区饮料制造业经济的可持续增长。

三、提高辽宁省饮料制造业科技创新能力的路径和对策

洞察中国饮料制造业未来发展的趋势，中国饮料制造业进入转型升级、提质增效阶段，未来应该呈现"中国制造到中国创造、中国速度到中国质量、中国产品到中国品牌"的重要阶段。目前，在国内饮料制造业市场竞争

激烈的态势下，根据对辽宁省饮料制造业的全要素生产率增长率的分析可知，辽宁省饮料制造业在全国处于一个较好的位置，应该进一步发挥优势，弥补劣势。创新是引领发展的第一动力，科技是战胜困难的有力武器。因此，为了提高辽宁省饮料制造业的竞争力，辽宁省饮料制造业必须实施科技创新的发展之路。辽宁省饮料制造业科技创新能力的路径可以从技术进步、技术效率、纯技术进步以及规模效率四个角度，以提高全要素生产率增长率为目标提出相应的解决对策。

（一）提高技术进步，重视改善规模效率

第一，辽宁省饮料制造业的技术进步、技术效率虽然共同影响全要素生产率的增长，其中技术进步仍然是全要素生产率提高的主要推动力，但是，辽宁省饮料制造业的技术进步增长率仍显不足，这说明提高技术进步的空间较大。因此，辽宁省饮料制造业加强 R&D 投入以保障技术进步。饮料制造业属于传统制造业领域，需要通过技术创新来提升产品的质量，这是因为当前居民生活水平的提升对于产品的质量和保健功能有了更高的需求。

第二，辽宁省饮料制造业的纯技术效率是改善技术效率的主要推动力，辽宁省在全国的表现突出。因此，加强企业管理水平和提升劳动者的技能、提高企业运行的效率，能够进一步提高其全要素生产率。

第三，辽宁省饮料制造业的规模效率增长率为负，零散的、民营经济为主的该制造业企业在发展过程中，根据自身生产能力，应合理控制企业规模，不应盲目扩大，企业的规模效率不是企业越大越好。

（二）把握市场趋势，实现产品突破性创新

第一，消费者凸显多元化需求与个性化消费。随着辽宁省居民收入逐渐提升，消费者很容易受到产品的概念、包装甚至一些广告影响，非计划性购买的比例越来越高。由于非计划性购物促使社交购物变得越来越多，饮料制造业企业需要更多地关注社交场景，加快产品更新换代节奏。

第二，家庭规模小型化在消费升级为主导的大背景之下，关注消费者对饮料产品的消费变化。一是锁定不同年龄段的消费人群：根据每年尼尔森的

人口分析报告，发现在各个年龄层（每10岁为一个档），90后的人群在消费意愿上是最强的；同时，随着中国开始逐渐步入老龄化社会，老年人对饮料的需求也是一个企业扩大市场的机会。二是强烈的健康意识改变了消费者对食品饮料的购买习惯：与健康相关的产品更会得到消费者的青睐，如无糖的碳酸饮料、无糖的茶饮料、早餐谷物、酸奶、运动饮料等。研究消费者心理虽然是一个老话题，辽宁省饮料制造业企业可以在功能性产品方面有所突破。三是洞察消费者追求健康的阶段：有研究表明，对于一些新的概念，如健康的食品，由于三、四线的城市消费者有获得信息的意愿，他们更容易成为一个新品发力的市场。

第三，产品去同质化，加大天然原料的使用，并将这一理念市场化。一是消费者需求是多样性的，较为单一的产品容易引起消费者的消费疲劳。目前，国内饮料的配方、口味、包装、定价等同质化严重，功能因子大都以氨基酸、维生素、咖啡因为主，口味集中在柑橘味、草莓味等，包装风格亦较为接近。如果我们的企业能够突破同质化，可以领先赢得消费市场的更多机会。二是辽宁省是一个资源丰富的省份，具有足量、多样的特色水果及草本资源，饮料生产企业应该转变观念，完善相关配套资源的种植、运输储藏、精深加工技术，重视产品结构升级、创新力度和产业链建设，提高水果、草本植物资源利用度。

（三）严格遵守国家食品安全标准，加强食品安全监管力度

在饮料制造业快速发展的同时，国家在政策方面对该产业的健康发展高度重视：国家发展改革委发布的《产业结构调整指导目录》（2013年修订）提出，鼓励"高附加价值植物饮料的开发生产与加工原料基地建设；果渣、茶渣等的综合开发与利用"；2016年，国家卫生计生委发布了《食品安全标准与监测评估"十三五"规划（2016－2020年）》；2017年1月，国家发展改革委和工信部发布《关于促进食品工业健康发展的指导意见》；2017年3月，食品药品监管总局发布了《关于食品生产经营企业建立食品安全追溯体系的若干规定》，这些意见和规定的提出是我国饮料制造业稳定发展的有力保障。

辽宁省饮料制造业企业数量在不断减少，说明激烈的市场竞争剔除了不

利于产业发展的大量企业，行业准入门槛在调整。一是应该提高饮料制造业企业的机械设备、工艺工序的准入标准；二是产品质量及安全等方面的准入标准应该更加严格规范，生产企业资质的审批监管工作应该加强；三是政府要对符合准入标准的企业从政策、资金等方面大力扶持和鼓励，使企业做大做强。同时，政府主管部门还应该启动饮料加工业的强制退出机制，规定以下几类企业必须退出：一是生产条件、生产设备和生产工艺不能达到生产合格产品要求的企业；二是出现了产品安全问题的企业。对这些企业要实行零容忍的态度，坚决要求其退出市场，从而保证市场的公平竞争，保证饮料制造业的健康持续发展。

（四）生态可持续发展视角下，将科技创新与绿色发展有机融合

随着国家经济社会的调整，对能源消耗、环境保护的重视程度不断提高，饮料制造业已开始加速产业结构优化，提高能源利用效率，降低生产单位能耗，使企业保持持续增长，实现轻污染、低排放的可持续发展目标。目前，产业因节能减排所带来的社会效益、经济效益已经日益突出。根据中国统计局发布的数据可知，2019 年，中国酒、饮料和精制茶制造业的年能源消费总量达 1283.00 万吨标准煤，约占食品工业能源消费总量的 16.79%。其中主要能源如煤炭消费量 619.00 万吨，天然气消费量 16.65 亿立方米，电力消费量173.56 亿千瓦时。

如在不同饮料品种的加工工艺流程中，均涉及"冷、热"等能源形式的应用，不同流程需要的能源品质、品味都有差异：改变传统的将蒸汽作为热源的能源供给模式，采用新式的吸收式冷热联供技术，实现减少污染物排放量，达到生产工艺流程中能量的循环利用目的，实现生产综合能源的高效利用。例如，近年来国内性能良好的饮料包装——PET 瓶产能维持平稳增长，2020 年中国瓶级 PET 产能达 1186.85 万吨，占全球产能的 35%，居世界首位，但同时 PET 包装废弃量快速增长，给环境与资源的可持续发展带来压力。

在科技创新与绿色发展有机融合过程中，企业的核心资源是人才，科研人才是产品发展的关键，辽宁省饮料制造业在研发方面需要加大力度、加快强度，无论在传统的品牌产品和新产品开发方面，企业都应该重视培养优秀

的科研人才。企业一方面通过传、帮、带、培和外送到相关专业的科研机构学习，对企业内部现有科研人才加快培养；另一方面通过丰厚的待遇，引进该行业国内外的优秀人才，加快科研人才队伍建设；同时积极地创造激励科研人才创新政策和环境，有效培养科研人才产品研发创新的意识，提高科研人才的创新能力和水平，激励科研人员不断研发新工艺、新技术和新方式，研发出科学、新颖、有效的产品，提高企业的竞争力。

（五）加大政府支持及监管力度，建立完善的市场环境

第一，政府的政策制度应贯穿于企业价值链的各个环节，各地政府积极配合执行、落实省政府的工作。一方面，政府应鼓励饮料制造业企业与科研单位合作并扶持建立各级协会、生产合作社等行业组织和中介服务组织；另一方面，在引进外资方面政府要多给予优惠政策支持；同时，政府应鼓励饮料制造业经济效益好、带动能力强、发展潜力大的龙头企业探索建立产业化经营、规模化发展、集约化生产、产销一体化的经营模式。

第二，创新市场营销手段，开发和培育国内消费者市场，提高消费者增长率。辽宁省饮料制造业应该先立足国内市场，研究国内消费者需求，更新拓展产品种类，提高产品质量，推进产业的可持续性发展，同时保护本省民族品牌，在与饮料制造业国内外同类品牌的竞争中扩大市场份额。

第三，进一步完善饮料制造业市场化程度。辽宁省饮料制造业市场化进程的推进，显著提高了全要素生产率增长，增强了产业竞争力，饮料制造业未来提高市场化程度，应该提高企业经营者职权自主性和选择的自由度，提高企业劳动、人事、分配的自由度，完善企业治理结构等。

综上所述，为推进东北振兴，在辽宁省饮料制造业发展的客观背景下，优化产业生产要素组合，提升自主创新能力，提高从业人员的综合素质，积累资金、技术、管理经验，加快增长方式的转变，提高产业生产效率，在更好地满足国内市场需求的同时，打造具有国际竞争力的民族品牌，适时深度融入国际市场，从而有效推动我国饮料制造业的发展与繁荣，为未来产业布局提供可靠的依据，是时代赋予的课题。

专题十一 民营企业支持辽宁乡村振兴的模式与成效

王　娟　姜云笛

乡村振兴是实现中华民族伟大复兴的一项重大任务,是实现共同富裕的必经之路。党的十八大以来,以习近平同志为核心的党中央把解决好"三农"问题作为全党工作的重中之重,农业农村发展取得了历史性的成就。党的十九大报告中明确指出,农业农村农民问题是关系国计民生的根本问题,必须始终把解决好"三农"问题作为全党工作的重中之重。我国脱贫攻坚战的全面胜利,为实现城乡共同富裕奠定了坚实的基础。进入新发展阶段,必须以习近平新时代中国特色社会主义思想为指导,准确把握新发展阶段,深入贯彻新发展理念,加快构建新发展格局,高质量全面推进乡村振兴。

民营经济是社会主义市场经济发展的重要成果,是我国经济制度的内在要素。民营经济在加就业、改善民生等方面发挥了重要作用,为我国推进供给侧结构性改革,推动高质量发展,稳定增长、建设现代化经济体系发挥了独特作用,尤其是在脱贫攻坚、乡村振兴伟大事业中作出重大贡献。统计数据显示,在脱贫攻坚战中,经辽宁省工商联积极组织协调,全省1346家民营企业参与,实施项目2376个,累计投入资金18.84亿元,其中,产业帮扶10.43亿元,就业帮扶1.28亿元,公益帮扶6.96亿元,技能帮扶0.17亿元。精准帮扶贫困村1302个,带动和惠及建档立卡贫困人口121493人①。在为脱贫攻坚取得全面胜利作出卓越贡献的同时,广大民营企业也为辽宁全面推进乡村振兴奠定了基础。

---

① 把"万企兴万村"融入民企参与乡村振兴的生动实践［N］. 中华工商时报,2021－08－30.

一、民营企业服务乡村振兴的新模式

（一）辽宁民营企业助力生态农业

辽宁地区不仅拥有大量的国有企业，同时也大力发展了民营企业。而民营企业在我国国民经济发展中发挥着十分重要的作用，不仅为国家提供了大量的税收，同时还为广大人民群众提供了众多的工作岗位。改革开放以来，党中央始终关心并支持、爱护民营企业的发展。在当前形势下，我们必须毫不动摇地发展公有制经济，毫不动摇地鼓励、支持、引导、保护民营经济的发展。

1. 发展田园综合体模式

民营企业携手当地农民发展田园综合体模式，建设特色乡村振兴示范区，打造以生态为依托、旅游为引擎、文化为支撑和市场为导向的国家级田园综合体。建设生态优良的山水田园、百花争艳的多彩花园、硕果飘香的百年果园、欢乐畅享的醉美游园、群众安居乐业的祥福家园。

田园综合体是集现代农业、休闲旅游、田园社区为一体的特色小镇和乡村综合发展模式，是在城乡一体格局下，顺应农村供给侧结构改革、新型产业发展，结合农村产权制度改革，实现中国乡村现代化、新型城镇化、社会经济全面发展的一种可持续性模式。田园综合体的建设必须以"为农"为核心，作为循环农业、创意农业、农事体验的集合体，充分展现农民生活、农村风情和农业特色。民营企业带动农民运用高新科技创造优质、健康、高效的农产，使三产融合更顺畅、城乡一体更紧密，提升当地农民的生活品质、收入、幸福感，依托山水林田的优势，积极践行乡村振兴战略，将田园综合体打造成辽宁地区的农产品供应基地、休闲旅游"后花园"和产业转移"大后方"。

2. 建立现代农业示范基地

建设农业现代化示范基地，是党中央、国务院作出的战略部署，对全面推进乡村振兴、加快农业农村现代化具有重要的示范带动作用。辽宁省通过建设现代农业示范基地，推动形成示范基地农业绿色生产方式，实现了农业投入品减量化、生产清洁化、废弃物资源化、产业模式生态化，提高农业可持续发展能力；同时，基地建设发挥了示范辐射带动作用，有效促进了基地周边地区经济的发展。辽宁省现代生态农业基地位于沈阳市辽中区冷子堡镇社甲村，东邻蒲河流域的团结水库，西靠辽河，南距辽中区城20千米，北与新民市接壤，距沈阳市区70余千米。示范基地以"菜—肥—菜"棚菜农业固体废弃物资源化循环利用为主要技术模式，以清洁生产为主要农艺技术体系。辽宁省民营企业同示范基地从实际出发，立足农业农村现代化发展趋势，对本区域的农业现代化发展制定短期和中长期的总体规划，分阶段分目标进行建设，争取率先达成农业农村现代化目标，示范引领新时期农业农村现代化建设。

3. 形成循环经济模式

在农村经济发展中，如果不注意环境的保护，不及时采取有效措施，经济的发展只是暂时的，若干年以后将会减缓农村经济发展的速度，制约农村经济的持续发展。

循环经济是经济可持续发展的实现方式和重要途径，民营经济把发展循环经济作为战略目标。辽宁民营企业为解决农村垃圾问题，保护农村环境，搭建乡村循环经济，形成新的产业链。将农村可回收的无机垃圾、不可回收的无机垃圾、有毒有害物质等，分类收集后送去基础设施条件更好的县城或镇区集中处理，对于厨余以及其他有机废弃物，则缩小收运范围，在不同地方设置多个处理设施。设置生物质中心，生物质中心的主流技术有堆肥（好氧或厌氧）或厌氧发酵，因为产出物可包括有机肥（沼渣和沼液）、沼气或生物天然气、二氧化碳以及能源（热和电）等，厌氧发酵的价值链比堆肥更长。随着引入生物志中心，有机物质在"垃圾"与"资源"间无限循环，对于农村来说，线性经济成为区域循环经济，能源也随之留在本地，提高了农村能源综合利用水平，具有较好的经济效益和生态效益，充分发挥了农村能源的多重功效。

（二）辽宁民营企业推动产业融合

辽宁民营企业为促进三农经济发展，各方面发展创新，积极探索，分别从农业内部融合、延长产业链、互联网应用及休闲旅游、健康养老等多种模式进行农业产业融合，对农业提质增效和拓宽农民增收渠道发挥了积极作用。主要体现以下几个方面。

（1）首先从农业内部，形成种子来源、种植产业、化肥除虫、收割配售一条龙企业合作模式，把相关产业整合在一条链条上。在农村发展经济，离不开土地，当前很多村镇正在和一系列产业链上的厂家合作，签订了合约，利益链条形成，节约了成本，为以后农村经济发展建立了一个良好的铺垫。辽宁省东港春晖食品有限公司通过草莓种植专业合作社与农户结成利益共同体，很多农户耕地变成了草莓生产基地，打造了知名无公害草莓品牌，有效带动了当地农民增收。民营企业鼓励从事农业产业融合发展的农户流转出自己的土地，双方建立更加紧密的生产要素组合关系，各自分担职责，合理履约监督，保护双方合法权益，推动了规模化标准化生产和产业化经营，形成了风险共担、利益共享的关系。这一模式拓宽了脱贫致富渠道，增加了农户经济收入。

（2）延长产业链条，可以防止风险发生，很多地区在民营企业牵头的情况下，与外地甚至国外签订了远期合同，在农产品收获的季节直接保证供应。铁岭市委、市政府着眼于打造玉米全产业链条，提高玉米附加值，在原有饲料企业的基础上，先后引进了益海嘉里投资的年消耗100万吨玉米的精深加工项目和国能集团投资的年消耗90万吨玉米的调兵山燃料乙醇项目，在民营企业的带领下，围绕产业特点，强化专业队伍，铁岭玉米的实际播种面积常年保持在650万亩以上。辽宁铁岭赢德食品集团有限公司成为集种鸡饲养、鸡雏孵化、饲料生产、现代化养殖、肉鸡屠宰加工、肉类精深加工和内外贸易于一体的国家级农业产业化重点龙头企业。公司通过科技创新，开发出质量上乘的熟制鸡肉和炭烤肉串，深受日本、韩国消费者欢迎，公司被日本认定为药残免检企业。产业链的延长促进了当地农业升级，减少风险损失，为当地带来更高收益，同时也为乡村振兴提供更大的物质保障。

（3）应用互联网，发展农村电商新业态。随着网络技术的不断升级，农村的互联网也得到了很大的普及，电商经济给农村经济的发展带来巨大改变，使农村摆脱传统的经济模式，在网络电商的普及下，农村经济发展得越来越好，发展速度也越来越快。农民利用电商平台，升级产业模式，拓宽产业渠道，提高自身收入，农村电商已经与农村经济融为一体，互相影响，共同发展。辽宁省朝阳市新发永业电子商务公司通过"互联网＋种植基地＋深加工基地＋合作社＋实体店"的模式，推动当地小米、小麦、葵花、葡萄、苹果等产业高质量发展。使辽宁省朝阳市十家子村搭上互联网"快车"，探索"线上开网店＋线下实体店"的创新模式。打通了农产品进城入市的销售渠道，建立了农产品从生产源头到销售终端的全新产业链模式，为乡村产业发展插上了互联网的"翅膀"。

（4）充分利用乡村旅游资源。乡村有很好的旅游资源，民营企业在乡村旅游中能够有效盘活乡村各类潜在旅游资源，提升乡村自主"造血"功能。辽宁小市一庄集团有限公司承包了"小市一庄"景点开发，投资几千万元打造内外景观。该民营企业依托山水资源优势，深入挖掘文化内涵，以"体验民俗风情、观赏青山绿水、品尝特色美食"为主题，大力发展满族特色乡村旅游业，使现在的辽宁本溪小市一庄景区成为闻名遐迩的网红打卡地。小市一庄景区的成功，推动了当地乡村旅游业发展，为当地农民提供就业机会，增加农民收入来源，助力乡村振兴。

（5）解决农村养老问题。随着老龄化进程的推进，一直困扰着乡村和城镇的养老问题一直是我国重点关注的内容，除了政府的支持，还离不开民营企业的参与。民营企业同当地农民打造新型乡村养老典范，建设乡村养老项目，打造"城市老人到乡村寄家养老"特色示范村。"乡村寄家养老"模式让城市老人到近郊寄家养老，既有家的感觉，也能呼吸新鲜空气、品尝有机食品，以及享受护工细心的照料和社区医养服务中心的健康管理，解决老无所依问题。乡村比城市更适合养老产业发展，而民营企业参与对于打造"乡村寄家养老"模式提供了更多的支持与帮助。

另外，辽宁民营企业在脱贫攻坚和乡村振兴的工程中，积极和贫困村对接帮扶，同时利用土地租赁、工商资本＋农户、工商资本＋集体经济等投资模式，进行跨界投资，向下游延伸寻找已经相对成熟的基地，在品种、技术、销售等环节进行合作；或流转小部分土地建立示范基地，带动周边农民跟随种养殖；或以资金入股的方式，在合作社、农场、当地政府中寻找合作机会；或利用资产杠杆效应，发挥自身优势，通过发展产业提供就业，解决医疗、教育等困难，帮助贫困户早日脱贫。

（三）辽宁民营企业打造数字化乡村

为了更好地发展数字化乡村，扎实有序地推进数字乡村建设，2021年9月4日中央网信办、农业农村部、国家发展改革委、工业和信息化部、科技部、市场监管总局、国家乡村振兴局等部门相关司局组织编制了《数字乡村建设指南1.0》，指导数字乡村建设。

"十四五"开局伊始，辽宁省委、省政府高度重视农业农村数字化建设，对农村互联网普及、"互联网+农业"应用推广、农业网络品牌效应进行全面部署安排。积极推进数字乡村建设，加强农村信息基础设施建设，加快农业信息化和农村电子商务发展，普及农村信息服务，全省数字乡村发展具备一定的基础。当前全省行政村实现4G网络实现全覆盖，提高农村互联网普及率。广播电视"村村通"向"户户通"升级工程稳步推进，中央广播电视节目无线数字化覆盖工程全部完工。

在国家和省政府的支持下，民营企业积极参与辽宁数字化农业农村建设：

1. 在基础设施建设的基础上实现数字化转型

在农村光纤宽带、移动联网、数字电视和互联网等网络基础设施的建设和应用方面，打造安全适用、集约高效的乡村数字基础设施，同时向智能化发展，为乡村农业数字化转型提供全面支撑。在现有资源基础上，将继续紧跟国家数字化乡村振兴发展步伐。

2. 逐步整合农业大数据

辽宁省农村大数据的建立是围绕农业供给侧结构性改革，坚持需求导向、问题导向、应用导向，目标是建立全省农业大数据体系。第一是以土地确权、高标准农田、两区划定、设施农用地备案等为基础的自然资源大数据；第二是基于遥感技术、全球定位系统、地理信息系统（3S）及农业物联网技术，在大田生产、设施园艺、畜牧养殖、渔船渔港等领域采集的空间地面感知实时大数据；第三是汇集农业相关部门在政务服务、统计填报、市场预警、质量安全监管过程中产生的大数据。

3. 联合政府打造智慧农业和服务管理的平台

民营企业联合政府部门建立智能养殖、种植的实时信息平台。同时促进数据与业务融合，提高农业宏观管理决策数字化水平。建立三大体系：一是建立农业管理决策支持技术体系。利用大数据分析、挖掘和可视化等技术，开发种植业、畜牧业、渔业、监督管理、政务管理、统计填报等功能模块，为农业部门规划设计、市场预警、政策评估、监管执法、资源管理、舆情分析、乡村治理等决策提供支持服务。二是健全重要农产品全产业链监测预警体系。利用小粒花生和白羽肉鸡等优势特色产业集群，先行启动单品种的全产业链大数据工程，建立生产、加工、储运、销售、消费、贸易等环节的大数据体系，逐步拓展到其他农产品。三是建设乡村数字治理体系。推动"互联网＋"社区向农村延伸，逐步实现信息发布、民情收集、议事协商、公共服务等村级事务网上运行，推动乡村规划上图入库、在线查询和实时跟踪管理。

4. 开展农业综合服务

农业综合服务体系整合共享政务、事务、商务信息系统资源，大力发展以数据为关键要素的农业生产性服务业。开发农民爱用、常用、易用、好用的手机App，让手机尽快成为广大农民的"新农具"。深入实施信息进村入户工程，升级完善三农综合信息服务平台。加快建设"一门式办理""一站式服务"的农业综合信息服务平台，引导各类社会主体利用信息网络技术，开展市场信息、农资供应、农机作业、农业气象"私人定制"等领域的农业生产性服务。

在政府和民营企业大力支持下，辽宁省农村数字化发展在各个方面已经初见成效，加快推进辽宁农业数字化转型，可为农业可持续发展、高质量发展提供新动能，为辽宁全面振兴、全方位振兴提供有力保障。

二、民营企业对乡村振兴的成效

民营企业的参与是推动乡村振兴的重要因素。2021年，在民营企业的帮扶下，辽宁省农村地区的经济明显增长。民营企业为农村发展注入新动力，激活农村经济的内生力，助力乡村振兴。

（一）发展民营生态农业企业，建立了现代生态农业基地

通过工商企业注册网站查询，辽宁省以"生态农业"为关键词的民营企

业共计 3869 家，比较有代表性的如北镇市绿家园生态农业集团有限公司、海城市三星生态农业有限公司、辽宁参康源生态农业有限公司、大连绿邦集团有限公司、辽宁玉泉生态农业科技有限公司等，经营范围主要有谷物、油料、水果、蔬菜、林木及园艺作物种植、销售，有机肥的生产、销售等。辽宁玉泉生态农业科技有限公司多年来随着经济发展和社会的需要，不断变更经营，当前主要经营范围：生态农业产品、高新农业技术研发推广、生产销售及咨询服务，农业生物技术开发、转让，初级农副产品加工、销售、技术开发、研究、转让，农作物新品种及为农业技术推广配套使用的新肥料、生物菌剂的技术转让、技术服务，生态农业观光服务，花卉、苗木、草坪、果树种植、销售（不含种苗），畜禽、水产养殖、销售（不含种畜禽），预包装食品。

辽宁省各市在建设现代化生态农业基地方面都积极响应国家政策号召，大力发展现代化农业生态基地，在发展生态农业方面各市都有了典型的案例。

1. 沈阳市的生态基地

沈阳市辽中区冷子堡镇社甲村的现代农业生态基地，推动形成示范基地农业绿色生产方式，实现了农业投入品减量化、生产清洁化、废弃物资源化、产业模式生态化，提高了农业可持续发展能力；同时，基地建设发挥了示范辐射带动作用，有效促进了基地周边地区经济的发展。冷子堡镇因相似的地理条件，全镇的农业种类也相对一致，大部分以种植水稻为主。随着农产品市场的发展及产业化开发水平的提高，有些村庄及镇区都已经形成初具规模的优质农产品生产基地以及农产品加工地。

2. 丹东市的种植水产

在丹东市民营企业参与乡村产业振兴的主要投资领域是在蓝莓、燕红桃、草莓等作物的种植业和加工业及特色民俗、休闲旅游业等产业方面。借助于丹东地理位置的天然优势和气候的便利条件，丹东大力发展的无公害农产品、绿色食品和有机农产品已经有 20 多个品牌。包括燕红桃、软枣、板栗在内的种植业及水产品养殖等也吸引了一定的民营企业投资。丹东地理位置优越，自然资源丰富，休闲旅游业也成为民营企业投资的主要目标之一，到 2021 年，丹东的农家乐等休闲农庄就有 100 多家，满族、朝鲜族、锡伯族等少数民族村落因其风俗特色也成功吸引了民营企业的投资。

3. 盘锦市的大米河蟹生态圈

盘锦市组建生态产业联盟，全力引领盘锦大米、盘锦河蟹两大主导产业实现高质量发展。盘锦市以建设盘锦乡村振兴产业园为突破口，把建设优势转化为产业优势，将盘锦市打造成为一个产业振兴的平台载体，变投入为产出，走出乡村建设示范、产业振兴输出的"盘锦模式"。打造生态品牌，大力发展水稻、河蟹、棚菜、鸭子特色生态农业，目前盘锦市成为北方最大的粮食、河蟹专业市场。盘锦市在农业发展上，把实行农业对外开放、发展农业现代化作为加快农村经济发展的重点，纳入全市经济社会发展计划，统一规划，统筹安排。在产业发展上，围绕做大做强主导产业和特色产业，突出区域特色，发展精深加工，提高档次和水平。盘锦市围绕资源优势，抓住特色、做强品牌、做精农业，走出了一条特色生态农业发展之路。

4. 葫芦岛果园

葫芦岛市大台山果树农场以推进垦区集团化、农场企业化改革为主线，切实发挥农垦在现代农业建设中的骨干引领作用，为协同推进新型工业化、信息化、城镇化、农业现代化提供有力支撑。目前，大台山果树农场已栽植苹果、梨、杏、桃、葡萄、山楂、核桃等各种果树，成为以果业为主要特色产业的辽宁省现代农垦示范农场，促进了当地农民增产增收，带动当地经济发展，助力乡村振兴。

5. 本溪市的中草药业

本溪市坚定不移走生态优先、绿色低碳高质量发展之路，利用自身生态环境优势，大力发展中药材产业，逐步做成现代化产业"大文章"。本溪国秀中药材种植发展有限公司根据当地自然条件，在中药材市场具有一定竞争力的地道中药材产品。多年来，共向东北三省及内蒙古地区提供优质中药材种苗数千万株，带动发展中药材栽植近 2 万亩。本溪市通过发展现代中药在内的医药健康产业，打造生物医药产业新地标，建设生态之城，带动当地居民脱贫致富。

6. 凌源市的花卉

凌源市花卉产业在全国花卉市场占有举足轻重的地位。凌源市花卉企业发挥当地优势，将花卉市场做强做大，让众多村民以花为媒，走上致富路。凌源市盛世繁花花卉有限责任公司是一家集高档花卉引进、种植、深加工等为一体的高科技农事企业。在凌源市，已有许多像凌源市盛世繁花花卉有限责任公司一样从事花卉生产的企业，不再是单一的花卉种植，而是致力于高附加值产品的开发，积极引进先进的鲜花种植、加工技术，并成功转化，使凌源市的花卉产品远销到北上广深等国内一线城市。在全国花卉市场叫响凌源品牌的同时，也使更多村民在家门口就找到了合适的岗位，实现了就近就地就业。

（二）民营企业促进了产业融合发展

1. 帮扶贫、促就业

朝阳浪马轮胎有限责任公司 2021 年为切实做好巩固拓展脱贫攻坚成果与开展乡村振兴工作的有效衔接，公司决定选派三名党员干部到龙城区大平房镇八棱观村任驻村第一书记、驻村工作队队长和队员，持续做好乡村振兴工作。公司董事长李庆文多次率队到八棱观村开展调研，分别从消费帮扶、就业帮扶、产业帮扶方面确定了助推八棱观村乡村振兴项目。帮助村搭建带货直播互联网平台，通过抖音、快手、淘宝等互联网平台帮助村里销售当地小米、面粉、葵花籽油等特色农副产品，发展壮大农村集体经济，助农增收；发展乡村特色产业，建设产业基地，创建"党支部 + 企业 + 基地 + 农户"的小微企业；为盘活土地资源，还帮助村里寻找合作方进行资金和技术支持，拟建 6 兆瓦集中式光伏电站，为村民增收创造机遇。大力推动当地产业融合发展，2021 年公司被省委、省政府授予"辽宁省脱贫攻坚先进集体"称号。

2. 助力乡风文明建设

辽宁三沟酒业有着成熟的就业扶贫管理机制，依托阜新市三沟职业培训学校对当地农民工进行多期农村贫困劳动力转移培训、阳光工程培训，真正做到了"三个结合"，即培训工作与农民致富相结合、与地方经济相结合、与企业需要相结合。近年来，共培训和安置了 228 名贫困农民工成为三沟酒业的正式员工，分别供职于酿造车间、包装车间和动力车间，月薪在 2500 元以上。为了让更多的贫困农民工迅速掌握新的专业能力、在三沟酒业找到合适的工作岗位，从 2011 年开始，每年都投入大量资金，用于建设厂房、车间，购买教学、实习设备，最大限度地改善农民工的教学、实习、餐饮及住宿条件。截至 2021 年，已累计投入专项资金 5000 余万元。三沟酒业在教育扶贫方面有着丰富的实施经验。曾与阜新团市委设立了 200 万元的"希望工程帮扶基金"，如今已经全部完成捐助计划。从 2018 年开始，继续强化教育扶贫力度，再次投资 100 万元，连续 5 年资助 320 名贫困农村学子，从家境贫困、成绩优秀、蒙文教育三个角度进行针对性帮扶，解决寒门学子的读书难题。

2021 年以来，该公司以红山酒祖文化打造三沟酒业的核心竞争力，全面建设三沟酒业 4A 级工业旅游景区，做足百年三沟的旅游经济，促进辽宁白酒产业全面发展，同时把酒文化工业旅游产品和城市其他旅游资源——特别是"农家乐"旅游资源联动起来发展，打造精品旅游线路，为推进县域旅游经济发展、巩固脱贫攻坚成果、助力乡村全面振兴作出新的贡献。

3. 拓宽了农民增收渠道

2020 年末北票市宏发食品有限公司企业在自身建设肉鸡养殖扶贫农场的同时，还着力引导和吸纳有能力、有意愿的肉鸡养殖大户加入扶贫农场建设行列，不断扩大肉鸡产业扶贫农场建设主体覆盖面，为肉鸡产业扶贫的可持续发展做出大胆的尝试。为提高养殖户的科学饲养水平，宏发公司在加大扶贫农场建设力度的同时，不忘强化对养殖户的技术培训。多年来，公司重金聘请国内外知名专家、教授对养殖户进行养殖技术和业务培训，以集中培训与分片学习相结合的方式，共举办各类培训班 100 多次；为保护包括贫困户在内的养殖户利益，公司把大部分利润让给养殖户，反哺于肉鸡生产，最大程度让利于养殖户，与养殖户形成利益共同体，不论市场行情如何变化，坚持按订单价格收购；为解决养殖户特别是建档立卡户的资金难问题，每年宏发公司都会为养殖户协调担保贷款，并负担大部分利息。

目前，已有 18 户养殖大户加入肉鸡养殖扶贫农场建设中，公司为建档立卡贫困户共返利 300 余万元。多年来，该公司累计带动 5000 余户养殖户、20000 多位农民依托肉鸡养殖走上致富之路，为养殖户创造利润 3 亿多元，直接安排就业 4500 余人，40 万吨玉米得到就地转化和增值，300 多辆社会车辆与企业建立长期稳定的合作关系，为当地脱贫成果的稳固、乡村产业振兴和经济发展作出了应有贡献。

（三）民营企业参与数字化建设的成果

依托数字化打造辽宁省现代化大农业，将有助于解决农业生产分散性、封闭性和滞后性的问题，助推覆盖全产业链的现代化大农业，对全面实现乡村振兴和农业农村现代化意义重大。现代化大农业以先进的科学技术为生产手段、以高水平农机装备为生产工具，具有非常高的技术密集度和综合生产能力。数字农业是现代农业的制高点，在推进现代化大农业过程中，能够打破信息"瓶颈"、促进信息流动和分享。数字化可以加快智慧农田、智慧牧场、智慧渔场的建设步伐，显著提高农业生产的质量和效益。

小农经济仍是辽宁省的基本农情，家庭联产承包责任制将伴随农业现代化的全过程。农村人口老龄化趋势日益突出，要破解"谁来种地、怎么种地"的问题，需要以现代信息技术来推动农业质量变革、效率变革、动力变革。通过数字化农业建设，推动农业大数据资源汇聚和农业大数据技术应用，不仅可以突破未来农村劳动力老龄化的"瓶颈"，还可以提高农民素质和农业经营效率、优化乡村生产生活生态环境、提升乡村综合治理能力，从而助推乡村振兴战略的实施。

1. 数字化管理平台建设

2021年10月，辽宁川州农业与农信互联签约企业数字化管理平台——猪企网正式拉开数字管理升级的序幕。辽宁川州农业猪企网项目将猪场业务到企业财务处理全程在线化，通过数据化管理，形成专属辽宁川州农业的数据平台，可以实时分析猪场核心指标，精准核算猪场经营成本，打通财务管理、人力办公板块，实现线上数字化升级管理。农信互联基于新时代养猪产业的发展需求，推出全新升级的猪企网5.0。借助产业链数据，对养猪产业进行规模化、工业化布局，有助于弯道超车，提高产业效率发展，实现更好更快发展。

猪企网帮助猪场企业实现标准化和精细化的生产管理，并基于大数据分析，指导管理者及时解决猪场管理的关键问题，提升种猪繁殖效率；同时通过猪企网成本核算功能可以精确地核算猪场的各项经营成本，并对核算结果进行科学分析，找到降低成本的突破口，持续在企业科学运营角度上实现降本增效。从猪场生产、供应链，到财务管理、人力办公，数据全面流通，最终实现对市场需求变化的精准响应和企业管理的智能决策。

2. 组建数字化管理团队

为进一步推进数字乡村建设，主动拥抱数字时代，学会用数字化手段推进乡村全面振兴，为花卉产业融合发展提供助力，为全镇群众生产、就业提供数字服务；同时联合民营企业，共同建设数字化乡村团队，小城子镇成立由党委书记、镇长为双组长的数字乡村建设领导小组，下设大数据中心和数字乡村办公室，具体负责数字化产业发展和大数据中心具体工作事宜。

凌源市小城子镇政府与大连众晖科技集团签订《数字乡村综合运营框架合作协议》，正式合作打造数字乡村典型，"数字乡村综合运营服务工作站"挂牌成立。大连众晖科技集团是一家以数字化科技平台为中心，致力于赋能乡村振兴事业，并以党建和文化输出为基础，分阶段、分层次引入多方位资源到农村产业链中的实力企业。

3. 数字智能与农业生产深度结合

围绕"数字辽宁、智造强省"的工作要求，加快发展数字农业、智慧农业发展。朝阳市农业局牵头，不断完善乡村振兴工作，引领数字化发展。在2021年12月组织了专题会议，强调要以朝阳县羊肚菌、凌源花卉、北票智能温室为示范引领，推进全市数字智能与农业生产经营深度融合，提高农业数字化、智能化水平，全面铺开了数字化发展的篇章。

三、民营企业支持乡村振兴的发展方向

（一）继续推进生态农业发展

生态农业是按照特定需求积极采用生态友好方法，全面发挥农业生态系统服务功能，促进农业可持续发展的农业方式，是转变我国农业经济增长模式、实现农业可持续发展的重要途径。应重点关注以下几个方面。

1. 推进现代化发展技术

选择合适种植基地，可以依托原有种植基础，打造果品全产业链发展模式，特别是根据当地水土资源环境，开发适合的农业产品，鼓励民营企业参与建设。包括品牌水果产业种植、果品生产加工、冷库仓储物流、市场交易集散、果品展览展销会，建立产业新村。倡导科普志愿者们通过悬挂宣传条幅、发放科普图书和科技资料、现场宣讲等形式，全面普及绿色发展、科技农业、耕地保护、防灾减灾等知识，让村民利用"冬闲时节"充分学习科技生产知识，为春耕生产打下坚实基础。活动现场共免费发放科普资料1500余份、科普宣传手册近500册。未来发展依靠的是农业现代化科学技术。

2. 推进农文旅产业发展

打造"新六产"乡村发展新业态，重点打造六个层次的乡村文旅产业：乡村景观、乡村休闲、乡村度假、乡村产业、乡村娱乐、乡村联动，从而实现乡村传统产业的转型升级和产业结构的重构。对村庄进行分类发展指引，构建乡村＋旅游、特色产业、研学、交通、电商、度假、康养、体育、艺术、便民等十大类型。

3. 推进村容村貌整治，做好环境治理

按照乡村振兴生态宜居的要求，通过垃圾专项治理、农村污水处理、农村厕所革命、生态环境保护等措施，提升村容村貌。制定村规民约，企业帮助治理垃圾、修建公厕等。更多的民营企业和政府签订合同，加入建立美丽的乡村阵营。

4. 推进乡村振兴赋能

一方面，通过科技赋能。在示范区全面开展智慧生活、智慧生产、智慧服务、智慧管理，打造智慧乡村。另一方面，通过教育培训赋能。相关企业开设田园技术学堂，聘请专业技术人员，旨在打造成为辽宁乡村振兴的研讨高地、培训高地、实践高地。

（二）继续推动产业融合

民营企业助力乡村，建设示范乡村，打造产业振兴的平台。主要从以下几个方面继续推进。

1. 生态品牌

根据农业特色，充分发挥区域优势，按照"打生态牌、走精品路，实施产业化经营"的发展思路，大力发展特色生态农业。具体做法有：改造传统农业，构建现代化农业；调整经营结构，顺应市场发展；树立品牌，深化特色农业发展；增强品牌意识，注重品牌营销。采取民营企业扶持方式，深度发掘乡村特色资源，打造现代特色农业，形成特色农产品优势产区，培育特色农产品知名品牌，实现农业增效、农民增收、企业增利。

2. 特色产业

着力打造农业产业化，发展特色产业，形成"民企牵龙头、龙头带基地、基地连农户"的产业化经营格局。推进乡村产业发展，要因地制宜，发展种养结合的特色产业；要遵循市场经济规律，不跟风发展，不盲目扩大生产规模；要加强职业农民和实用农业技术培训，提高农民素质和就业能力，促进产业持续长效发展；要加强引导宣传，扩宽农产品销售渠道，提高市场知名度和美誉度；要牢固树立"绿水青山就是金山银山"的发展理念，保护生态环境，全面提升农业产业化水平，走高质量发展之路，全面推进乡村振兴。

3. "休闲旅游 + 农业"

依托农村田园风光、乡土文化等资源，采取政府推动、社会参与、市场运作的办法，发展集种植养殖、农事体验、休闲观光、文化传承等于一体的各具特色的生态休闲观光农业，把种庄稼变为"种风景"，实现农区变景区、田园变公园，促进传统农业向现代观光型休闲农业转型。乡村休闲旅游的元素非常多，包括山水自然及田园风光、古村古街与古建、农耕用具与农耕文化、民俗风情、民间小吃、民居老宅、乡村风水文化、民间娱乐文化、民间遗产文化、农业劳作过程与农业生产过程等。抓住当地资源，因地制宜发展休闲旅游农业，建设美丽乡村，推动城乡一体化发展。

4. 高科技"5G"农业

借助 5G + AI 精准种植养殖、5G + 无人机植保、人工智能病虫害智能诊断，提高农业生产水平，打造高效农业。5G 技术商业普及，为人工智能、物联网、大数据、云计算等相关信息技术在乡村经济领域应用创造更大的发展空间，这将对乡村经济格局产生深远影响。以 5G 技术为基础建立起来的互联网体系，可以为农业生产服务需求方和供给方提供一个开放的网络平台，从而突破线下来自部门和行业的行政干预、跨区域产生的空间阻碍，为生产服务供需双方的高效结合创造条件。

（三）全面实施数字化服务

中国宏观经济研究院课题组发布的《数字技术赋能乡村产业发展报告》指出，数字技术正在广泛激发农民创造力，赋能农业增值力，释放农村新活力，成为诱发乡村产业革命的新势力，而区块链、AIoT、物联网等新一代数字技术正在成为驱动乡村全面振兴的数字新基建，未来应积极发展基于区块链的资产确权交易、公共品牌建设，推动农业规模化、品牌化生产。因此要全面实施数字化服务，必将推动辽宁未来乡村振兴。

1. 全面建立数字化服务基础

在农村光纤宽带、移动联网等网络基础设施的建设和应用方面，打造安全适用、集约高效的乡村数字基础设施。同时，加快推进智慧物流、智慧水利等设施建设，全面缩小城乡之间基础设施的差距，为乡村农业数字化转型提供全面支撑。

民营企业参与构建更为完善的数据感知网络。充分利用轨道卫星资源，发挥地面移动式监测平台的作用，配合高低空无人机遥感技术，建起"空天地"一体的数据感知网络，建立全覆盖、适应性强、高分辨率的遥感观测平台，通过对农田水利监测站点信息和农业气象观测站点信息的有效整合，为种植业、水产养殖业、畜禽养殖业、园艺花卉产业等提供监测数据。

2. 加强物料网体系的构建

因地制宜地构建起物联网体系，发挥物联网络体系在农产品加工、运输、储存等多个环节的技术优势，大力推广数字信息技术与农业产业各个环节的有效融合。通过数据信息技术的引入，一是构建更为完善的农业产业基础数据体系，将耕地基本信息、土地调查监测信息、耕地质量信息作为基础数据体系建设的重点，对基本农田实施动态信息监测，为农业产业发展提供基本信息保障。二是建立和完善农产品市场信息监测体系，加大对农产品进出口、市场价格、农产品生产、农产品消费、农产品成本等相关基础信息的监测和收集力度，打破行政限制和区域限制，实现各类监测信息的互通有无，同时要结合数据信息的现实需求，建立中央数据库与地方监测数据库，按照不同权限和需求对数据库及信息进行查看和调用，构建更为完善的农业智能生产决策控制体系。

3. 发展农业生产数字化

从农业种植角度看，重点推广测土配方施肥、智能灌溉、智能施药、智能耕作、智能催芽等技术设备的实施。从农业设施角度看，要加大对室内环境自动控制系统研发，完善水肥一体化智能灌溉系统，创新采收嫁接机器人技术，更好地改善作物生长环境。从畜禽水产养殖角度看，重点推进智能收获、疾病自动诊断、网络疫苗、精准投食等技术设备研发力度，构建更为完善的畜禽水产养殖安全控制体系，通过农业智能生产决策控制体系建设，实现农业产业生产的绿色增效。

4. 推动新一代信息技术与农业生产经营深度融合

2021 年 1 月，江苏省金湖县率先将区块链技术应用于农村产权交易，这一举措给乡村振兴提供了新的途径。随着乡村产业转型升级与数字技术的迭代演化深度交织、相互推动，农村要素结构、生产方式、组织形态加快重塑，人们对数字经济助力乡村振兴的前景更为期待。这一点，同样反映在中国宏观经济研究院所做的关于农产品上链感知问卷结果上。这一问卷显示，76.05% 的消费者更愿意购买可以通过区块链对农产品进行产品质量追溯的产品。数字技术想要真正成为驱动乡村振兴的"轮子"，还需要政策来与之适配，以充分发挥出技术的优势。从当前乡村产业数字化实践看，技术工具与政策工具匹配性不足的问题已初现端倪，数字技术只是在局部乡村、少数领域、部分人群显效，在由浅入深、由点及面的规模化应用方面依然存在困难。强化乡村数字技术应用效果，需要突出技术链与政策链整体构建，形成更加适配的技术工具与政策工具。农村数字新基建需政企发挥合力，一方面，政府积极研究乡村公共数字基础设施建设中长期规划；另一方面，则引导社会资本、金融资本参与乡村数字基础设施建设与运营，充分利用好社会力量。民营企业的积极参与、深度融合，会给乡村振兴和农民共同富裕带来更好的助力。

5. 发展农村电商

数字化发展给各大民营企业提供了契机，特别是农村电商蓬勃发展，推动农产品市场化实现了质的飞跃，重塑了农产品价值链。大型电商平台企业还正在向农业的生产端延伸，探索运用消费大数据引导产业结构、产品结构调整。伴随着农村电商发展，冷链物流、快递业等也加快发展，大幅降低了农产品出村进城的损耗和成本。在促进生产方面，建议更好鼓励电商平台企业在重点产区建设产地仓、直采基地，加快分拣、包装、冷储等消费前"一公里"产业在乡村落地，不断拉长产业链条。同时，强化对消费端大数据的研发应用，引导乡村种养业结构调整，扩大优质绿色产品供给，培育区域性农业品牌，提升农产品价值。在畅通物流方面，建议促进农村电商与农村寄递物流融合发展，鼓励城市商超、物流企业与农户、合作社、农业企业等对接合作，支持冷链仓储、乡村道路等基础设施建设，努力破解配送成本高的难题。在扩大内需方面，建议加强政策统筹，推动更多民营企业加入，保障农村电商高质量发展，更好支撑农产品出村进城。

专题十二　锦州市小微民营
经济发展分析

韩光强

一、锦州市小微企业基本情况

截至 2020 年 12 月 31 日，锦州市实有小微企业总量 40015 户，比上年同期增长 10.07%。其中，按照我国《关于印发中小企业划型标准规定的通知》中的划型标准，报送企业年度报告的小微企业 36565 户；参照《国家工商行政管理总局关于进一步做好小微企业名录建设有关工作的意见》划型标准，未报送年度报告的小微企业 3450 户。

（一）小微企业投资情况

投资属性上，小微企业中公有制企业、私营企业、外资企业户数分别为 1838 户、37819 户、358 户，分别占小微企业总量的 4.59%、94.51%、0.89%；注册资本（金）分别为 101.16 亿元、2488.81 亿元、138.91 亿元，分别占小微企业注册资本（金）总量的 3.71%、91.20%、5.09%（见图 12 - 1、图 12 - 2）。

投资数额上，小微企业注册资本（金）为 2728.88 亿元，占企业注册资本（金）总量的 72.92%，户均注册资本（金）为 746.33 万元。①

---

① 此处基数不包括 3451 户分支机构。户均注册资本金偏高的原因：一是部分投资规模较大的企业，如房地产公司，企业年度报告中营业收入较低，按照划型标准归类到小微企业；二是实行注册资本认缴制改革后，注册资本认缴数额偏高。

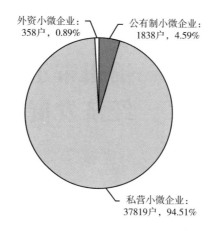

图 12 – 1　锦州市小微企业结构

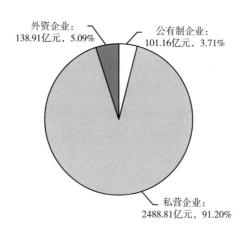

图 12 – 2　锦州市各类型小微企业注册资本情况

（二）小微企业行业分布情况

小微企业中，第一产业 2443 户，占比 6.11%；第二产业 9604 户，占比 24.00%；第三产业 27968 户，占比 69.89%（见图 12 – 3）。

排在前 6 位的行业分别是：批发业 7519 户，占比 18.79%；零售业 6246 户，占比 15.61%；制造业 6212 户，占比 15.52%；租赁作商务服务业 3786 户，占比 9.46%；建筑业 2787 户，占比 6.96%；农林牧渔业 2443 户，占比 6.11%。

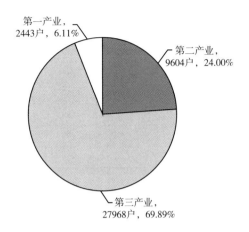

图 12 - 3　锦州市小微企业各产业分布情况

　　另外，信息传输、软件和信息技术服务业 1517 户，占比 3.79%；交通运输、仓储和邮政业 2147 户，占比 5.37%；金融业 201 户，占比 0.50%（见图 12 - 4、表 12 - 1）。

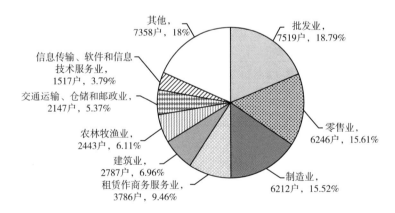

图 12 - 4　锦州市小微企业各行业分布情况

表 12 - 1　　　　　　　　　　小微企业行业分布情况

序号	行　　业	户数（户）	占小微企业总量比例（%）
1	农林牧渔业	2443	6.11
2	制造业	6212	15.52
3	电力、热力、燃气及水生产和供应业	419	1.05
4	建筑业	2787	6.96

续表

序号	行　　业	户数（户）	占小微企业总量比例（%）
5	批发业	7519	18.79
6	零售业	6246	15.61
7	交通运输业	1769	4.42
8	仓储业	188	0.47
9	邮政业	190	0.47
10	住宿业	328	0.82
11	餐饮业	523	1.31
12	采矿业	186	0.46
13	信息传输业	629	1.57
14	软件和信息技术服务业	888	2.22
15	房地产开发经营	309	0.77
16	物业管理	620	1.55
17	租赁作商务服务业	3786	9.46
18	房地产业	274	0.68
19	金融业	201	0.50
20	科学研究和技术服务业	2057	5.14
21	水利环境和公共设施管理业	164	0.41
22	居民服务、修理和其他服务业	1575	3.94
23	教育	19	0.05
24	卫生和社会工作	65	0.16
25	文化、体育和娱乐业	618	1.54
26	公共管理、社会保障和社会组织	0	0
27	国际组织	0	0

（三）小微企业生存时间情况

全市小微企业中，成立时间在3年以下的13634户，3~7年的14606户，7年以上的11775户，分别占小微企业总量的34.07%、36.50%、29.43%（见图12-5）。

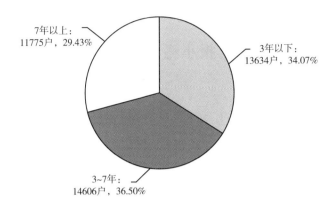

7年以上：
11775户，29.43%

3年以下：
13634户，34.07%

3~7年：
14606户，36.50%

图 12 – 5　锦州市小微企业生存时间

（四）科技型中小企业情况（见表 12 – 2）

　　锦州市科技型中小企业截至 2021 年底共有 358 户，其中中型规模企业 30 户、小型企业 328 户；高新技术企业累计 187 户，其中有 179 家企业属于民营企业；瞪羚独角兽企业累计 22 户，全部属于民营企业。

表 12 – 2　　　　　　　　锦州市民营科技企业梯度培育情况表

项　目	截至 2021 年累计		1 ~ 12 月累计	
	总户数（户）	同比增长（%）	新增户数（户）	同比增长（%）
科技型中小企业	358	44	110	44
其中：中型	30	0	0	0
小型	328	44	110	44
高新技术企业	187	23.84	36	23.84
其中：民营	179	16	34	24.2
瞪羚独角兽企业	22	46	7	16
其中：民营	22	46	7	16

　　资料来源：数据由锦州市科技局提供（截至 2021 年 12 月）。

二、已年报小微企业基本情况

截至 2021 年上半年，共有 36565 户小微企业报送了 2020 年度报告，占年报企业总量的 93.30%。

（一）小微企业从业人员情况

小微企业年报数据显示，小微企业从业人员数量占报送年度报告企业从业人员总量的 59.42%，为 195029 人，户均 5.33 人。

在吸纳从业人员数量结构上，从业人员在 5 人以下、6 ~ 10 人、11 ~ 20 人、21 ~ 50 人、50 人以上的小微企业数量分别为 31210 户、2763 户、1284 户、794 户、514 户，分别占小微企业数量的 85.35%、7.56%、3.51%、2.17%、1.41%（见图 12 - 6）。

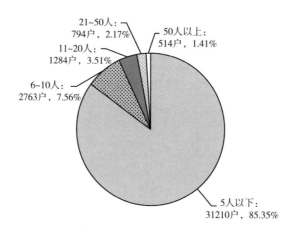

图 12 - 6 锦州市小微企业吸纳从业人员数量结构

在吸纳从业人员群体结构上，高校毕业生、退役士兵、残疾人、失业人员再就业人数分别为 35720 人、2347 人、648 人、18314 人，分别占小微企业从业人员数量的 18.32%、1.20%、0.33%、9.39%（见图 12 - 7）。

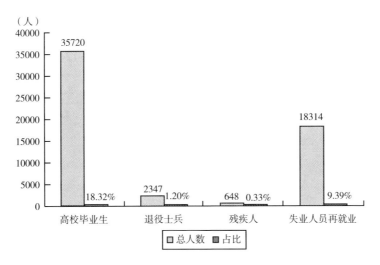

图 12 - 7 锦州市小微企业从业人员群体结构

在吸纳从业人员产业结构上，第一产业 7053 人、第二产业 74569 人、第三产业 113407 人，占比分别为 3.62%、38.23%、58.15%（见图 12 - 8）。

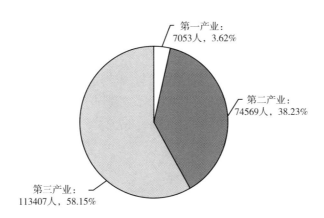

图 12 - 8 锦州市小微企业从业人员产业结构分布情况

（二）小微企业营业收入情况

小微企业年报数据显示，报送有营业收入数额的有 18682 户企业，占已年报小微企业数量的 51.09%。其中，在产业结构分布上，第一产业 1253

户、第二产业 5077 户、第三产业 12352 户，分别占报送有年度营业收入小微企业数量的 6.71%、27.18%、66.12%，分别占第一产业、第二产业、第三产业小微企业数量的 55.34%、57.12%、48.61%（见表 12 – 3）。

表 12 – 3   小微企业营业收入分布情况

序号	营业收入（万元）	户数（户）	占年报小微企业比例（%）
1	0	17883	48.91
2	10	5821	15.92
3	10 ~ 50	4965	13.58
4	50 ~ 100	2002	5.48
5	100 ~ 1000	4329	11.84
6	1000	1565	4.28
7	合计	36565	100

（三）小微企业纳税基市情况

小微企业年报数据显示，报送年度纳税数额为 0 元的有 24083 户，占已年报小微企业数量的 65.86%。其中，在产业结构分布上，第一产业 2108 户、第二产业 4813 户、第三产业 17162 户，分别占报送年度纳税数额 0 元小微企业数量的 8.75%、19.99%、71.26%，分别占第一产业、第二产业、第三产业小微企业数量的 93.11%、54.15%、67.53%（见图 12 – 9）。

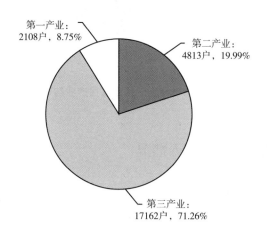

图 12 – 9　锦州市纳税零元的小微企业在各产业的分布情况

（四）小微企业利润情况

小微企业年报数据显示，报送年度利润盈利的有 11675 户，占已年报小微企业数量的 31.93%。其中，在产业结构分布上，第一产业 1057 户、第二产业 3088 户、第三产业 7530 户，分别占报送年度利润盈利小微企业数量的 9.05%、26.45%、64.50%，分别占第一产业、第二产业、第三产业小微企业数量的 46.69%、34.74%、29.63%。小微企业具体分行业盈利情况详见表 12 - 4。

表 12 - 4　　　　　　　　小微企业行业盈利情况

序号	行　　业	盈利户数（户）	年报户数（户）	占比（%）
1	农林牧渔业	1057	2264	46.69
2	制造业	2165	5700	37.98
3	电力、热力、燃气及水生产和供应业	99	409	24.21
4	建筑业	795	2626	30.27
5	批发业	1941	6750	28.76
6	零售业	2031	5684	35.73
7	交通运输业	472	1636	28.85
8	仓储业	50	176	28.41
9	邮政业	20	187	10.70
10	住宿业	141	294	47.96
11	餐饮业	222	490	45.31
12	采矿业	29	153	18.95
13	信息传输业	90	538	16.73
14	软件和信息技术服务业	225	771	29.18
15	房地产开发经营	34	300	11.33
16	物业管理	167	578	28.89
17	租赁作商务服务业	855	3436	24.88
18	房地产业	41	246	16.67
19	金融业	42	185	22.70
20	科学研究和技术服务业	496	1943	25.53
21	水利环境和公共设施管理业	35	160	21.88

序号	行　业	盈利户数（户）	年报户数（户）	占比（%）
22	居民服务、修理和其他服务业	514	1450	35.45
23	教育	0	0	0.00
24	卫生和社会工作	9	52	17.31
25	文化、体育和娱乐业	145	537	27.00
26	公共管理、社会保障和社会组织	0	0	0.00
27	国际组织	0	0	0.00

　　小微企业年报数据显示，报送年度利润亏损的有9022户，占小微企业数量的24.67%。其中，在产业结构分布上，第一产业202户、第二产业2644户、第三产业6176户，分别占报送年度利润亏损小微企业数量的2.24%、29.31%、68.45%，分别占第一产业、第二产业、第三产业小微企业数量的8.92%、29.75%、24.30%。小微企业具体分行业亏损情况详见表12-5。

表12-5　　　　　　　　小微企业行业亏损情况

序号	行　业	亏损户数（户）	年报户数（户）	占比（%）
1	农林牧渔业	202	2264	8.92
2	制造业	1700	5700	29.82
3	电力、热力、燃气及水生产和供应业	90	409	22.00
4	建筑业	806	2626	30.69
5	批发业	1842	6750	27.29
6	零售业	952	5684	16.75
7	交通运输业	575	1636	35.15
8	仓储业	57	176	32.39
9	邮政业	15	187	8.02
10	住宿业	54	294	18.37
11	餐饮业	69	490	14.08
12	采矿业	48	153	31.37
13	信息传输业	33	538	6.13
14	软件和信息技术服务业	217	771	28.15
15	房地产开发经营	119	300	39.67
16	物业管理	174	578	30.10
17	租赁作商务服务业	881	3436	25.64

序号	行　业	亏损户数（户）	年报户数（户）	占比（％）
18	房地产业	58	246	23.58
19	金融业	67	185	36.22
20	科学研究和技术服务业	563	1943	28.98
21	水利环境和公共设施管理业	44	160	27.50
22	居民服务、修理和其他服务业	317	1450	21.86
23	教育	0	0	0.00
24	卫生和社会工作	8	52	15.38
25	文化、体育和娱乐业	131	537	24.39
26	公共管理、社会保障和社会组织	0	0	0.00
27	国际组织	0	0	0.00

三、2020 年度新设小微企业基本情况

（一）新设小微企业总量情况

2021 年上半年，有 5625 户 2020 年度新设小微企业（以下简称新设小微企业）报送了年度报告，占 2020 年度新设企业报送年度报告总量 5870 户（以下简称新设企业）的 95.83％，比上年同期增长 0.14 个百分点。

（二）新设小微企业投资情况

投资属性上，新设小微企业中公有制企业、私营企业、外资企业户数分别为 9 户、5607 户、9 户，占比分别为 0.16％、99.68％、0.16％；注册资本（金）分别为 9.12 亿元、338.06 亿元、0.00 亿元，占比分别为 2.63％、97.37％、0.00％（见图 12 - 10）。

投资数额上，新设小微企业注册资本（金）为 347.19 亿元，占新设企业注册资本（金）总量的 97.75％，户均注册资本（金）660.18 万元（此处基数不包括 366 户分支机构）。

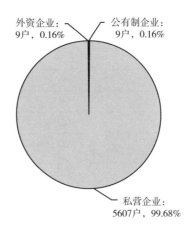

外资企业：
9户，0.16%

公有制企业：
9户，0.16%

私营企业：
5607户，99.68%

图 12 – 10　锦州市新设小微企业构成

（三）新设小微企业行业分布情况

新设小微企业中，第一产业334户，占比5.94%；第二产业1077户，占比19.15%；第三产业4214户，占比74.92%（见图12 – 11）。其中，排在前6位的分别是：批发业1049户，占比18.65%；零售业747户，占比13.28%；租赁作商务服务业635户，占比11.29%；制造业550户，占比9.78%；科学研究和技术服务业548户，占比9.74%；建筑业476户，占比8.46%。另外，软件和信息技术服务业77户，占比1.37%（见图12 –12）。

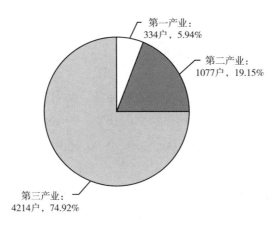

第一产业：
334户，5.94%

第二产业：
1077户，19.15%

第三产业：
4214户，74.92%

图 12 –11　锦州市新设小微企业产业分布情况

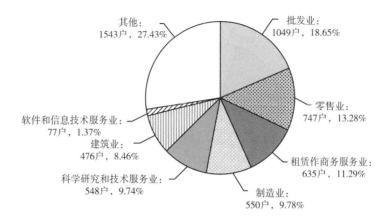

图 12 - 12 锦州市新设小微企业各行业分布情况

注：第三产业仍然是小微企业的主要投资方向，占比高达 74.92%，比上年同期提高 - 0.19 个百分点。其中，科学研究和技术服务业、软件和信息技术服务业持续呈现稳步发展态势，分别占第三产业的 13.13%、1.84%。

（四）新设小微企业从业人员情况①

企业年报数据显示，新设小微企业从业人员数量占新设企业从业人员总量的 90.69%，为 19625 人，比上年同期增长 - 0.67 个百分点；户均从业人员 3.49 人。

在吸纳从业人员群体结构上，高校毕业生、失业人员再就业人数分别为 3022 人、3795 人，分别占新设小微企业从业人员数量的 15.40%、19.34%，与上年同期分别上升 - 3.38 个、11.41 个百分点。

在吸纳从业人员产业结构上，第一产业 872 人、第二产业 3567 人、第三产业 15186 人，占比分别为 4.44%、18.18%、77.38%（见图 12 - 13）。与上年同期，第一产业、第二产业、第三产业占比分别提高 - 3.02 个、 - 2.44 个、5.46 个百分点。

---

① 新设小微企业成为就业的主渠道，占比高达 90.69%。

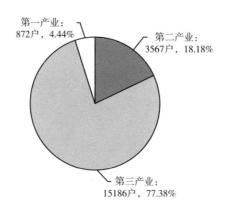

图 12 – 13　锦州市新设小微企业吸纳从业人员产业分布情况

（五）新设小微企业营业收入情况①

新设小微企业年报数据显示，报送有营业收入数额的 2135 户，占新设年报小微企业数量的 37.96%，比上年同期提高 – 3.41 个百分点。其中，在产业结构分布上，第一产业 164 户、第二产业 420 户、第三产业 1551 户，分别占报送有年度营业收入小微企业数量的 7.68%、19.67%、72.65%，分别占第一产业、第二产业、第三产业新设小微企业数量的 49.10%、39.00%、36.81%（见图 12 – 14）。

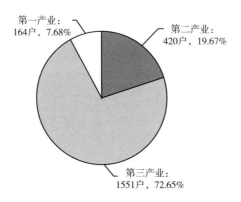

图 12 – 14　锦州市新设小微企业报送营业收入的产业分布情况

_____

①　超 4 成新设小微企业在一个会计年度内实现营业收入。

（六）新设小微企业纳税基本情况①

新设小微企业年报数据显示，报送年度纳税数额为 0 元的有 4682 户，占新设小微企业数量的83.24%，比上年同期增加3.09个百分点。其中，在产业结构分布上，第一产业 324 户、第二产业 849 户、第三产业 3509 户，分别占报送年度纳税数额 0 元小微企业数量的 6.92%、18.13%、74.95%（见图 12 – 15），分别占第一产业、第二产业、第三产业新设小微企业数量的97.01%、78.83%、83.27%。

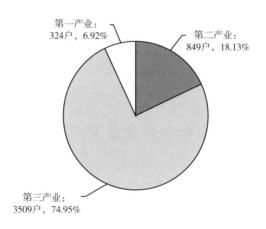

图 12 – 15　锦州市新设小微企业零元纳税户的产业分布情况

（七）新设小微企业盈利情况②

新设小微企业年报数据显示，报送年度利润盈利的有1347户，占新设小微企业数量的23.95%。其中，在产业结构分布上，第一产业 141 户、第二产业 237 户、第三产业 969 户，分别占报送年度利润盈利小微企业数量的

---

①　新设小微企业纳税率（纳税企业数量占企业总量的比例）不高，为16.76%左右，比上年提高 – 3.09 个百分点。其中，第一产业、第二产业、第三产业纳税率分别为 2.99%、21.17%、16.73%。

②　有23.95%的新设小微企业在运行第一年实现盈利。其中，第一产业新设小微企业中42.22%的企业在运行第一年实现盈利。

10.47%、17.59%、71.94%，分别占第一产业、第二产业、第三产业新设小微企业数量的 42.22%、22.01%、22.99%（见图 12－16）。

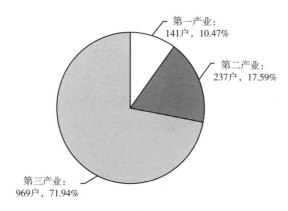

第一产业：141户，10.47%

第二产业：237户，17.59%

第三产业：969户，71.94%

图 12－16　锦州市新设小微企业盈利户的产业分布情况

四、锦州市小微企业发展基本特点

（一）小微企业数量增速快于其他市场主体

截至 2020 年 12 月 31 日，全市实有小微企业总量 40015 户，比上年同期增长 10.07%。投资数额上，小微企业注册资本（金）为 2728.88 亿元，占企业注册资本（金）总量的 72.92%。

（二）小微企业以私营企业为主体

小微企业中公有制企业、私营企业、外资企业户数分别为 1838 户、37819 户、358 户，其中私营企业占小微企业总量的 94%，私营企业注册资本（金）为 2488.81 亿元，占小微企业注册资本（金）总量的 91.20%，成为小微企业中的中坚力量（见图 12－17）。

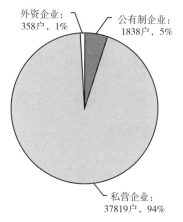

图 12 – 17　锦州市小微企业总量

（三）产业结构不断优化

全市小微企业总量中，第一产业 2443 户，占比 6.11%；第二产业 9604 户，占比 24.00%；第三产业 27968 户，占比 69.89%，第三产业小微企业占主导（见图 12 – 18）。

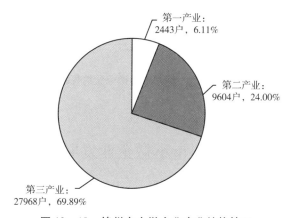

图 12 – 18　锦州市小微企业产业结构情况

（四）成为就业的重要渠道

小微企业年报数据显示，小微企业从业人员数量占报送年度报告企业从业人员总量的59.42%。新设小微企业从业人员数量占新设企业从业人员总量的90.69%，吸纳失业人员再就业人数为3795人，占新设小微企业从业人员数量的119.34%，与上年同期上升11.41个百分点。新设小微企业在创造就业岗位上起到了重要作用。

（五）第二产业纳税率较好

第二产业纳税率（纳税企业数量占企业总量的比例）情况较好，企业纳税率为45.85%；第三产业次之，企业纳税率为32.47%；第一产业较低，企业纳税率为6.89%（见图12-19）。

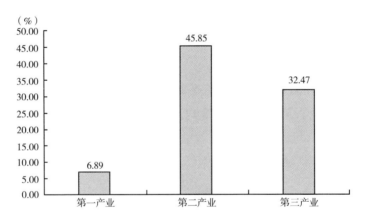

图12-19 锦州市小微企业纳税率

五、 锦州市小微企业发展展望

（一）小微企业整体发展向好

锦州市小微企业整体发展向好的趋势不会改变，主要是基于以下几个因素。

1. 宏观经济整体都在向好发展

交通运输、电信等行业业务总量持续快速恢复，住宿、餐饮、文化体育娱乐等行业有序恢复经营，市场活跃度进一步提高。宏观经济景气必将改善小微企业的经营环境，带动其尽快走出低谷。

2. 各方高度关注小微企业，各项支持政策短期不会退出

减税降费政策持续落实，保持了政策的连续性、稳定性。给予到期还款困难的企业展期或续贷，通过适当下调贷款利率、增加信用贷款和中长期贷款等方式，多项金融政策旨在帮助小微企业渡过难关。银行体系持续向实体经济让利，尤其给予小微企业的贷款利率持续降低。

（二）促进锦州市小微企业高质量发展的对策建议

为促进小微企业高质量发展，政府从根本上转变认识，进一步优化营商环境，进一步提高对小微企业发展相关政策的精准性，并利用新技术新模式进一步创新政策工具，推动小微企业的高质量发展。

1. 树立质量导向的政策理念

政府要转变"数量观"理念，转变"数量观"的评价方式以及长期形成的对增长的"依恋心态"，关注小微企业的存活率、盈利力、创新力、成长性、市场影响力等质量方面的动态变化，关注小微企业在新发展阶段中的新变化、存在的新问题和重点问题，摒弃对小微企业数量与增速的评价思路和方式。将促进"专精特新优"小微企业发展作为政策的重要目标，打造具有区域竞争力乃至全国和全球竞争力的"精品""优质""冠军"企业。

（1）进一步强化各部门之间的联动，放宽对企业注册的限制。推动"负面清单管理"的进一步落地，进一步清理"证照分离"后的审批内容，切实消除小微企业创业、开业的"弹簧门""玻璃门""旋转门"。

（2）关注小微企业综合成本的降低。重点是切实降低小微企业融资成本，进一步取消和削减涉企行政事业性收费，降低小微企业税收负担，适度降低社会保险征收水平，确保不增加小微企业的经营压力。

（3）切实避免对小微企业的干预。要尊重小微企业在组织形态、注册方式等方面的个性化选择，要按照高质量发展的要求，将以个体工商户为主体的小微企业作为改善民生、提升民众收入的有效方式；对于底层创业和边缘创业给予更高的宽容度，支持底层创新，为经济社会发展积蓄力量，促进民族团结和社会和谐。

（4）营造小微企业生存发展的良好法治和营商环境。按照竞争中性要求，强化对公平市场环境建设，保证市场在配置资源方面的主导地位。通过良好生态环境的营造，促进高质量小微企业的成长，进而促进形成小微企业与大中型企业有序合作和良性竞争的局面。

2. 提高政策精准性

小微企业的结构和内部差异极大，需要将现有普惠性支持政策朝着更加精准的政策转型。政府要重点关注那些具有更强创新能力、发展潜力的小微企业，重点关注小微企业存在的突出问题。

（1）支持小微企业进一步聚焦优势领域，为小微企业转型升级提供智力、技术、政策等共性服务支持。尤其是注重培育市场化服务机构和中介组织，实现从扶持小微企业向扶持服务平台方向转变。

（2）注重对小微企业进入海外市场的支持。鼓励大型采购和物流平台提供小微企业产品全球供应链集成平台，为海外客户提供一站式采购、运输、仓储服务，为小微企业抵御海外市场风险服务。发挥好企业间组织的社会网络功效，提高中小微企业应对外部冲击的抱团合作能力。

（3）更加理性看待小微企业融资问题。要利用金融体制改革的机会，促进区域金融结构朝着更有利于优质企业发展、更有利于融资便利性提高、更有利于降低融资成本的方向发展。

（4）紧密围绕国家乡村振兴战略，将小微企业发展与产业发展、乡村发展有机融合，给予农村地区小微企业更加优惠的一般性税收政策，切实通过创业促进相对贫困地区脱贫致富，促进社会和谐和民族团结，促进边疆稳定和乡村振兴。

3. 创新政策工具

（1）进一步完善小微企业名录的功能。吸引更多的中小型金融机构进入平台，尤其是在小微企业名录地方平台之上要充分发挥好地方金融机构的优势，进一步完善小微企业名录的大数据功能，为创业者了解新创小微企业在区域、行业、业务等方面的分布提供支持；进一步提高小微企业名录信息的开放性，使其不仅可以为小微企业所用，也应该为各级政府及相关部门所用，还应该对大学、研究机构等开放，为其开展相关服务提供有效的数据支持。

（2）进一步利用好市场服务商的作用。在"放管服"改革背景下，政府在政策执行过程中的难度不断增加，这使得进一步利用好市场服务商推进政策实施更有必要。要通过建立合格供应商负面清单，强化信用监管等方式，将一些小微企业扶持服务市场化，提升政策的有效性。

（3）发挥平台企业优势。利用新经济时代涌现出来的平台企业在集聚创业者和连接小微企业的重要优势，将平台企业作为进一步服务小微企业高质量发展的重要抓手。要借助平台主体，集中力量形成对重点对象、重点领域的有效支持，避免分散扶持造成的效率损失；同时，要利用好新经济时代迅速崛起的各类市场平台，明确平台责任，将强化对平台的监管作为市场监管的重要抓手，形成"市场监管＋平台监管"的双层间接监管体系，提升监管效率和效果。

4. 深入实施对小微企业有利的政策

（1）深入实施促进内需政策。2022 年 4 月 10 日，国务院发布了《中共中央国务院关于加快建设全国统一大市场的意见》，强调要加快形成以国内大循环为主体、国内国际双循环相互促进的新发展格局。构建"全国统一大市场"，打通国内生产消费的各个环节，进一步促进内需增长，充分释放整体经济活力，惠及作为中国经济"毛细血管"的小微企业。

（2）深入实施针对小微企业的财税优惠政策和金融政策。针对疫情期间的减税降费和补贴政策对小微企业的影响进行了评估显示，减税降费和补贴政策对企业稳定经营起到了重要作用，而金融政策的"增量、扩面、提质、降本"则对满足小微企业融资需求起到了至关重要的作用。当前，虽然整体经济形势向好，但部分行业小微企业经营仍然存在困难。因此，继续深入实施财税优惠和金融支持政策很有必要。

（三）小微企业稳定发展的对策建议

小微企业要以更高质量的发展理念，从根本上重构小微企业成长观，实现从规模增长朝着内涵改善和质量提升的发展观转变，专注于细分的专业市场保持在优势领域的独特竞争力，其根本在于强化企业的内部能力建设，支撑自身的高质量发展。

1. 以长期战略导向作为自身发展方向

随着新时代中国经济增长从高速向中高速的换挡，高速成长的路径势必会遭受巨大的挑战，尽管有一些短期快速成长的"瞪羚企业""独角兽企业"，但是，绝大多数小微企业实现高速成长的路径已与经济总体发展趋势不匹配。小微企业需要将增长思维朝着注重做强做优的发展思维转变，并强调长期发展与中短期的有效平衡。

（1）小微企业要转变对发展本质的认识，重视质量改善和提升。进入新时代以来，外部市场环境客观上决定了小微企业难以通过数量增长来实现自身的发展，质量改善成为小微企业发展的必然选择。小微企业要从根本上改变对发展本质的认识，将自身质量的改进和提升作为发展的重点。

（2）小微企业要转变对发展机会的认识，注重"内创业"和"外创业"的平衡。在高质量发展的现实背景下，小微企业的发展，应该从注重"外创业"向注重"内创业"转变，通过企业内部的管理创新、战略创新和竞争力重构，实现企业产品和市场转型的目的，支撑企业长期的高质量发展，实现在对市场机会的识别与把握到对企业竞争力提升的演变。

（3）小微企业要转变对发展动力的认识，强调创新驱动是发展的核心动力。小微企业要想进入新经济，势必要将技术创新、模式创新、管理创新作为基本的发展动力。此外，随着新发展格局背景下美国及其盟友对我国的"技术封锁"，在新型举国体制下，积极参与技术创新推动自身创新发展也是中小微企业的必然选择。

（4）小微企业要转变对发展模式的认识，探索多元化发展模式。中小微企业可以以更加开放、共享、绿色的理念来实现自身发展。主动融入产业生态、社区生态和全球产业链之中，主动适应以国内大循环为主的双循环；注重相互之间的合作、共建、共享，以集聚和合作"抱团取暖"；主动适应碳达峰、碳中和对企业生产经营模式的要求，以循环经济、绿色发展模式适应新要求、获取比较优势。

2. 在优势领域的细分市场获取独特竞争力

小微企业的市场定位表现出多元化、多跨度的特征，导致企业难以利用有效的资源和能力来定位细分目标市场，进而形成在特定领域和目标市场的领先地位。小微企业要按照市场发展的基本逻辑，通过更加有效的市场定位，满足人民群众对高品质生活的需要，适应新发展格局下的新情景。

（1）市场范围适应国内国际双循环，深耕消费市场，满足人民群众高质量的生活需求。小微企业要利用其在灵活性、适应性、专业性等方面的优势，发掘人民群众更加美好的物质和精神需求，提供更高质量的产品和服务，积极参与和建设国内大市场。小微企业要更加注重国内市场的开发，更加关注于不断多元化、个性化、升级化的市场需求，通过更加独特和科学的生产服务方式，提供更加专业化的产品和服务，以更有效的品牌建设和市场推广，实现对消费者的有效锁定，形成在特定细分市场的领先优势。

（2）要关注于产业链中极细环节的专业化，打造"隐形冠军"。从德国和日本中小企业发展的历史经验来看，一些小微企业通过领先的技术、工艺、效率等优势，在中间品市场形成一些不可替代的领先优势，并在全球这一领域形成领先的市场地位，成为行业内的"隐形冠军"，这对于我国小微企业发展具有重要的参照意义。例如，在信息化、智能化与工业融合发展的过程中，一些新的业务和细分领域需要具有新的知识构成和知识积累路径的市场主体，尤其是小微企业的参与；在大中型企业的生产过程中，一些通用型的零部件以及相关服务为小微企业发展提供了市场空间；在新经济发展过程中，小微企业是探索新技术路径、新商业模式的重要载体，也是提供分包和众包服务的重要载体。在高质量发展的现实背景下，小微企业的发展，要注重对上述极细环节和细微市场的研究，实现在这些领域独特竞争优势的获取。

（3）要关注于新兴技术领域的探索，积极创造和开拓蓝海市场。除了关注于上述存量市场之外，小微企业还可以发掘机会创造和引领新市场。初创型小微企业难以直接与大企业竞争，在技术快速变革的背景下，小微企业可以在不同的技术轨道和新的技术范式探索，创造和开拓蓝海市场的重要机遇。对于更多的小微企业来说，可利用成熟的技术和中间产品，整合不同技术类型、不同行业的多种模块，形成集成优势。

（4）关注于跨行业市场的深挖，拓展产品的市场用途。从日本、德国小微企业成长的经验可知，不断开拓产品用途、提升产品品质是推动企业长期生产和发展的重要方式，也是进一步夯实产业基础和助推产业高级化的重要力量。例如，日本味之素食品公司开发味之素堆积膜（ABF），成为集成电路产业必不可少的原料；库拉雷利用维纶和聚乙烯醇开发聚乙烯薄膜，在全球LCD偏光片生产中占据了高达80%的市场份额。在当前各类产业普遍过剩的现实背景下，小微企业在维持现有生产规模的同时，进一步探索产品的新用途、高端化、高附加值化，是适应新发展格局实现自身高质量发展的重要驱动力。

3. 强化企业内部能力体系建设

（1）优化资源配置，满足企业自身发展的资源需求。在高质量发展要求下，小微企业需要调整和优化企业资源配置，满足高质量发展所需资源的数量保证、质量提高和结构优化。首先，重新审视企业的资源供给现状，尤其是外部的人力资源、财务资源等物质资源供给以及信息资源供给，根据企业发展目标分析资源供给问题；其次，优化资源结构，逐步调整和摆脱原有依靠简单资源投入促进增长的发展模式，尤其是吸引创新型和复合型人力资源，以人才促进企业资源效率提升，同时强化在数字时代数字资源的获取与配置；再次，创新物质资源获取方式，除了传统上的直接采购外，要在新技术经济背景下采用共享模式、众筹众包等方式提升资源利用效率；最后，创新人力资源获取方式，融入共享经济和零工经济时代，将非核心服务外包，提升企业的人力资源效能。

（2）强化创新投入，驱动企业高质量发展。小微企业的创新发展，可从企业经营理念、技术、产品、市场以及管理等五个维度的创新，来推动小微企业发展模式、运营方式以及市场的转型，最终支持小微企业自内而外的学习与成长绩效、运营绩效、顾客服务绩效以及财务绩效的改善。一是理念创新，即将创新作为企业生存和发展的基本活动，将创新融入企业的运营之中，以创新重构企业运营体系，促进企业朝着创新型和创业型企业发展；二是技术创新，包括研究开发、工艺改进、运营方式转变和新商业模式开发，它是将科学技术和经营技术运用到小微企业的系统过程，它为小微企业提升效率和改善绩效创新了新的来源；三是产品创新，包括改善和丰富产品功能和开发新的产品，尤其是通过新技术的快速应用提升产品的独特性和新颖性；四是市场创新，即在现有市场的基础上进一步开拓新的市场，尤其是对当前消费结构升级后市场的快速反应以及与国家战略相匹配的国际市场的开拓；五是管理创新，即在小微企业运营过程中，通过战略创新、组织创新、激励创新、制度创新等，促进企业效率的提升和绩效的改善。

（3）注重能力内容建设，提升企业的核心竞争力。小微企业需要着重提升其抗风险能力、创新能力、市场竞争力和动态发展能力。第一，要加强风险管理，从正确认识风险出发，以稳健经营为基本原则，构建企业的风险管理体系，降低和削弱可能影响小微企业生存的决策风险、法律风险、财务风险、安全风险、市场风险乃至重大灾害风险。第二，不断提升企业的创新能力，在企业内部营造一种创新的企业文化，并通过实时奖励、薪酬激励、职务晋升、股权设计等方式为企业创新构建完善的制度机制。第三，不断提升企业的市场竞争力，重点关注企业的产品和服务质量改善、品牌建设、客户关系管理、供应商管理等，实现在市场竞争中的优势地位获取。第四，培育企业的动态发展能力，帮助企业在不断变化的外部环境中持续获取竞争优势。第五，促进企业组织效能的提升，优化企业的组织方式，以组织创新驱动企业的转型，对标行业内的标杆企业，积极探索平台组织、网络组织、社群组织、分布式组织等在企业可能的适用性，推动组织创新，促进组织效能的提升。

附录

附录1 国务院办公厅关于进一步加大对中小企业纾困帮扶力度的通知

（国办发〔2021〕45号）

各省、自治区、直辖市人民政府，国务院各部委、各直属机构：

中小企业是国民经济和社会发展的主力军，在促进增长、保障就业、活跃市场、改善民生等方面发挥着重要作用。近期，受原材料价格上涨、订单不足、用工难用工贵、应收账款回款慢、物流成本高以及新冠肺炎疫情散发、部分地区停电限电等影响，中小企业成本压力加大、经营困难加剧。为贯彻落实党中央、国务院决策部署，进一步加大助企纾困力度，减轻企业负担，帮助渡过难关，经国务院同意，现就有关事项通知如下：

一、加大纾困资金支持力度

鼓励地方安排中小企业纾困资金，对生产经营暂时面临困难但产品有市场、项目有前景、技术有竞争力的中小企业，以及劳动力密集、社会效益高的民生领域服务型中小企业（如养老托育机构等）给予专项资金支持，减轻房屋租金、水电费等负担，给予社保补贴等，帮助企业应对原材料价格上涨、物流及人力成本上升等压力。落实创业担保贷款贴息及奖补政策。用好小微企业融资担保降费奖补资金，支持扩大小微企业融资担保业务规模，降低融资担保成本。有条件的地方要发挥好贷款风险补偿机制作用。（财政部、工业和信息化部、人力资源社会保障部、人民银行等国务院相关部门及各地区按职责分工负责）

二、进一步推进减税降费

深入落实月销售额 15 万元以下的小规模纳税人免征增值税、小型微利企业减征所得税、研发费用加计扣除、固定资产加速折旧、支持科技创新进口等税收优惠政策。制造业中小微企业按规定延缓缴纳 2021 年第四季度部分税费。研究适时出台部分惠企政策到期后的接续政策。持续清理规范涉企收费，确保政策红利落地。（财政部、税务总局、海关总署、市场监管总局等国务院相关部门及各地区按职责分工负责）

三、灵活精准运用多种金融政策工具

加强再贷款再贴现政策工具精准"滴灌"中小企业，用好新增 3000 亿元支小再贷款额度。加大信用贷款投放，按规定实施普惠小微企业信用贷款支持政策。对于受新冠肺炎疫情、洪涝灾害及原材料价格上涨等影响严重的小微企业，加强流动资金贷款支持，按规定实施普惠小微企业贷款延期还本付息政策。（人民银行、银保监会按职责分工负责）

四、推动缓解成本上涨压力

加强大宗商品监测预警，强化市场供需调节，严厉打击囤积居奇、哄抬价格等违法行为。支持行业协会、大型企业搭建重点行业产业链供需对接平台，加强原材料供应对接服务。推动期货公司为中小企业提供风险管理服务，助力中小企业运用期货套期保值工具应对原材料价格大幅波动风险。稳定班轮公司在中国主要出口航线的运力供给。发挥行业协会、商会及地方政府作用，引导外贸企业与班轮公司签订长约合同，鼓励班轮公司推出中小企业专线服务。（国家发展改革委、工业和信息化部、市场监管总局、中国证监会、交通运输部、商务部等国务院相关部门及各地区按职责分工负责）

五、加强用电保障

加强电力产供储销体系建设，科学实施有序用电，合理安排错峰用电，保障对中小企业尤其是制造业中小企业的能源安全稳定供应。推动产业链龙头企业梳理上下游重点企业名单，保障产业链关键环节中小企业用电需求，维护产业链供应链安全稳定，确保企业已有订单正常生产，防范订单违约风险。加快推进电力市场化改革，充分考虑改革进程和中小企业承受能力，平稳有序推动中小企业进入电力市场。鼓励有条件的地方对小微企业用电实行阶段性优惠。（国家发展改革委、工业和信息化部及各地区按职责分工负责）

六、支持企业稳岗扩岗

落实失业保险稳岗返还及社保补贴、培训补贴等减负稳岗扩就业政策，支持中小企业稳定岗位，更多吸纳高校毕业生等重点群体就业。推动各级政府公共服务平台、人力资源服务机构为中小企业发布实时有效的岗位信息，加强用工供需信息对接。（人力资源社会保障部、财政部及各地区按职责分工负责）

七、保障中小企业款项支付

进一步落实《保障中小企业款项支付条例》，制定保障中小企业款项支付投诉处理办法，加强大型企业应付账款管理，对滥用市场优势地位逾期占用、恶意拖欠中小企业账款行为，加大联合惩戒力度。继续开展清理拖欠中小企业账款专项行动。推动各级政府部门、事业单位、大型企业及时支付采购中小企业货物、工程、服务的账款，从源头防范层层拖欠形成"三角债"。严禁以不签合同、在合同中不约定具体付款时限和付款方式等方法规避及时支付义务的行为。（工业和信息化部、国务院国资委、财政部、人民银行等国务院相关部门及各地区按职责分工负责）

八、着力扩大市场需求

加大民生领域和新型基础设施建设投资力度，进一步落实《政府采购促进中小企业发展管理办法》，鼓励各地因地制宜细化预留采购份额、价格评审优惠、降低投标成本、优先采购等支持措施。组织开展供需对接活动，促进大型企业扩大向中小企业采购规模。搭建政银合作平台，开展中小企业跨境撮合服务。依托跨境电商等外贸新业态，为中小企业提供远程网上交流、供需信息对接等服务。加快海外仓发展，保障外贸产业链供应链畅通运转。充分发挥境外经贸合作区作为中小企业"抱团出海"平台载体的作用，不断提升合作区建设质量和服务水平，引导和支持有合作需求的中小企业入区开展投资合作。（国家发展改革委、财政部、商务部、工业和信息化部按职责分工负责）

九、全面压实责任

各有关部门、各地区要进一步把思想认识行动统一到党中央、国务院决策部署上来，强化责任担当，勇于开拓创新，进一步细化纾困举措，积极采取针对性措施，帮助中小企业应对困难，推动中小企业向"专精特新"方向发展，不断提升市场竞争力。各有关部门要加强对中小企业面临困难和问题的调研，总结经验做法，加强政策储备，适时推动出台；要加大对地方的指导支持力度，扎实推动各项政策措施落地见效。落实情况要及时报送国务院促进中小企业发展工作领导小组办公室。（国务院相关部门及各地区按职责分工负责）

国务院办公厅

2021 年 11 月 10 日

附录2 辽宁省服务"六稳""六保"进一步做好"放管服"改革激发市场主体活力工作实施方案

（辽政办发〔2021〕24 号）

为全面贯彻落实《国务院办公厅关于服务"六稳""六保"进一步做好"放管服"改革有关工作的意见》（国办发〔2021〕10 号）精神，围绕服务"六稳""六保"，进一步做好"放管服"改革工作，培育和激发市场主体活力，结合我省实际，制订如下实施方案。

一、总体要求

（一）指导思想

以习近平新时代中国特色社会主义思想为指导，全面贯彻党的十九大和十九届二中、三中、四中、五中全会精神，习近平总书记关于东北、辽宁振兴发展重要讲话和指示精神，贯彻落实党中央、国务院关于深化"放管服"改革决策部署和省委、省政府工作要求，立足新发展阶段、贯彻新发展理念、构建新发展格局，坚持以市场化法治化国际化为目标，全力打造办事方便、法治良好、成本竞争力强、生态宜居的营商环境，围绕服务"六稳""六保"，进一步做好"放管服"改革工作，推进政府治理体系和治理能力现代化，推动我省经济社会全面振兴、全方位振兴。

（二）基本原则

1. 坚持目标导向、以人为本。以切实提高企业群众获得感为目标，在就业环境、刺激消费、招商引资等重点领域，提出务实管用的改革举措。

2. 坚持深化改革、激发活力。以做好"三篇大文章"推进转型升级为路径，聚焦企业群众办事创业的难点、堵点、痛点问题，进一步深化改革，放宽市场准入，充分释放市场主体活力。

3. 坚持统筹协调、系统集成。加强顶层设计，强化系统联动，立足全生命周期、全产业链条推进改革，完善配套政策，增强市场主体发展内生动力。

二、主要任务

（一）进一步推动优化就业环境

1. 推动降低就业门槛。贯彻落实国家部署，严格执行国家职业资格目录，进一步梳理压减准入类职业资格数量，取消乡村兽医、勘察设计注册石油天然气工程师等职业资格，合理降低或取消部分准入类职业资格考试工作年限要求。将技能人才水平评价由政府认定改为社会化认定，在完善企业、技工院校自主评价的同时，推进职业技能等级社会评价，形成职业技能培训评价社会多元化、市场化的工作格局。进一步规范小微电商准入，严格按照《网络交易监督管理办法》对"便民劳务活动"和"零星小额交易活动"界定标准，进一步规范网络市场主体登记。按照"线上线下一致"的原则，为电子商务经营者办理市场主体登记提供便利，促进电子商务健康有序发展。电子商务经营者申请登记为个体工商户的，允许其将网络经营场所作为经营场所进行登记。[省人力资源社会保障厅、省市场监管局牵头，省（中）直有关部门，各市政府、省沈抚示范区管委会按职责分工负责]

2. 支持提升职业技能。扎实推进职业技能提升三年行动。指导各地建立培训补贴标准动态评估调整机制。继续实施企业以工代训政策，简化申请材料，延长补贴政策至2021年12月31日。全面推行企业新型学徒制，完善企校双师带徒、工学交替培养等模式，鼓励行业协会、跨企业培训中心等开展学徒制培训。实施康养职业技能培训计划，开展养老护理、家政服务等方面培训，全面提升就业能力。选择更多社会培训机构进入目录清单，承担补贴性培训。发挥行业协会作用，促进行业自律。做好培训经费保障工作。[省人力资源社会保障厅牵头，省（中）直有关部门，各市政府、省沈抚示范区管委会按职责分工负责]

3. 拓宽就业领域和渠道。着力推动消除制约新产业新业态发展的隐性壁垒，不断拓宽就业领域和渠道。全面实施教育部"2021届普通高校毕业生就业创业促进行动"，实施高校毕业生就业创业促进计划。积极拓展市场化就业渠道。延续实施部分稳岗扩就业政策措施，深入开展政策落实服务落实活动。推进双创示范基地、优秀创业孵化基地（园区）建设，推动公共实训基地项目建设，着力办好帮扶就业困难人员实现就业的民生实事。积极参加国家举办的首届乡村振兴职业技能大赛，开展第五届辽宁省农村创业创新项目大赛，实现以赛促创，带动返乡农民工创业就业。［省发展改革委、省教育厅牵头，省（中）直有关部门，各市政府、省沈抚示范区管委会按职责分工负责］

4. 支持和规范新业态发展。加强对平台企业的监管和引导，促进公平有序竞争。持续放宽名称和经营范围行业表述的限制，提供便捷高效的登记服务，支持新产业新业态加快发展。完善公平竞争审查评估制度，强化涉及平台经济领域市场主体经济活动的政府规章、规范性文件、其他政策性文件以及"一事一议"形式具体政策措施的公平竞争审查，严厉打击不正当竞争违法行为。［省市场监管局牵头，省（中）直有关部门，各市政府、省沈抚示范区管委会按职责分工负责］

5. 落实完善财税、金融等支持政策。落实和完善财税、金融、创业担保贷款等支持政策，促进失业人员、农民工、退役军人等群体就业。推广应用金融机构优质金融产品及服务，加大对新型农业经营主体和农户的信贷支持力度。鼓励发展"一次授信、随借随还、循环使用"的小额信贷模式。取消灵活就业人员参加企业职工基本养老保险户籍限制。研究探索新就业形态劳动者权益保障意见，保障职工合法权益。通过 App 解决灵活就业人员缴税难题。指导各地进一步完善灵活就业人员医保政策，推动灵活就业人员按规定在就业地、长期居住地参保。［省财政厅、省税务局牵头，省（中）直有关部门，各市政府、省沈抚示范区管委会按职责分工负责］

（二）进一步推动减轻市场主体负担

6. 完善直达机制。按照财政部要求，将惠企资金纳入直达资金管理。总结财政资金直达机制经验做法，结合我省实际，进一步细化完善财政资金直达机制相关政策制度。依托监控系统，跟踪预算下达、资金支付和惠企资金发放情况，对直达资金监控系统预警情况进行实时监控，防止挤占挪用、沉

淀闲置。[省财政厅牵头，省（中）直有关部门，各市政府、省沈抚示范区管委会按职责分工负责]

7. 优化税务服务。按照国家统一部署，进一步完善非税收入信息互联互通机制，搭建信息共享平台，全省范围内逐步实现非税收入电子化收缴。创新上线"辽宁税库信息交换平台"，有效推进国库和税务之间信息共享，实现财税国库全电子对账。按照国家税务总局相关要求，精简税费优惠政策办理流程和手续，建立事后监管措施。持续扩大"自行判别、自行申报、事后监管"范围。整合财产和行为税10税纳税申报表，整合增值税、消费税及城市维护建设税等附加税费申报表。[省税务局牵头，省（中）直有关部门，各市政府、省沈抚示范区管委会按职责分工负责]

8. 加强信用监管。完善省信用信息共享平台，推动市场化征信机构与银行业金融机构开展业务合作。鼓励银行机构对接全国中小企业融资综合信用服务平台，加快融入全国一体化"信易贷"平台网络，加大首贷、信用贷投放力度，为中小微企业提供信贷服务。推动沈阳、营口两市进一步完善金融服务平台建设。开展"小微企业金融服务能力提升工程"。加强信息共享平台、企业登记注册系统、业务办理系统与一体化政务服务平台互联互通，实现数据共享互认。加强和金融机构合作，归集全省企业用水、用电、用气缴费欠费等信用信息，畅通涉企信息归集共享。依托大数据等现代信息技术为企业精准"画像"、有效增信，提升金融、社保等惠企政策覆盖度、精准性和有效性。[省发展改革委、省营商局（省大数据管理局）牵头，省（中）直有关部门，各市政府、省沈抚示范区管委会按职责分工负责]

9. 规范水电气暖等行业收费。制定出台《辽宁省清理规范城镇供水供电供气供暖行业收费促进行业高质量发展实施方案》，开展集中整治城镇供水供电供气供暖行业收费专项行动，依法整治违规乱收费和查处水电气暖等行业垄断行为，确保政策红利传导到终端用户。[省发展改革委、省市场监管局牵头，省（中）直有关部门，各市政府、省沈抚示范区管委会按职责分工负责]

10. 规范提升中介服务。依法规范行政审批中介服务事项，动态调整发布全省行政审批中介服务事项清单。加强对中介服务机构的监管，开展全省行政审批中介服务随机抽查，依托辽宁省行政审批中介服务信息管理平台，开发"中介机构服务信息主动公开"专栏，推动中介机构公开服务条件、流程、时限和收费标准。开展2021年"治理涉企收费 减轻企业负担"专项行动，坚决整治中介机构乱收费、加重企业负担等行为。〔省市场监管局牵头，省（中）直有关部门，各市政府、省沈抚示范区管委会按职责分工负责〕

11. 提高认证服务效率。开放认证市场，形成公平竞争的认证市场秩序。加强对认证活动的监管，督促各认证机构依法依规制定收费标准并公开，将认证结果数据及时上传至国家统一认证行政监管系统，提高认证服务质量。优化中国强制性产品认证（3C 认证）免办工作流程，提高 3C 认证免办产品审批效率。〔省市场监管局牵头，省（中）直有关部门，各市政府、省沈抚示范区管委会按职责分工负责〕

12. 优化涉企审批服务。推进"证照分离"改革全省全覆盖。严格规范省本级设定的涉企经营许可事项，建立涉企经营许可事项清单管理制度。大力推进政务服务减环节、减材料、减时限、减费用，降低制度性交易成本。推动企业开办、企业注销改革，提升企业全生命周期服务效率。规范审批服务行为，统一制定省、市、县三级政务服务事项办事指南，确保同一事项在不同地区办理一致。依法制定出台打击商标恶意注册、非正常专利申请有关政策文件，规范商标注册及专利申请行为，建立监控机制，严厉打击商标恶意抢注、图谋不当利益、非正常专利申请等行为。〔省市场监管局、省营商局（省大数据管理局）牵头，省（中）直有关部门，各市政府、省沈抚示范区管委会按职责分工负责〕

（三）进一步推动扩大有效投资

13. 持续提高投资审批效率。深化投资审批制度改革，优化投资项目审批流程、精简审批环节、减少申报材料、压缩审批时限，推进实施企业投资项目承诺制，优化交通、水利、能源等领域重大投资项目审批流程。加快投资项目在线审批监管平台与其他审批系统互联互通，推动数据共享互认，引导申报单位一口申报，只提交一次材料。〔省发展改革委牵头，省（中）直有关部门，各市政府、省沈抚示范区管委会按职责分工负责〕

14. 深化"标准地"改革。指导各市探索开展"标准地"出让模式，跟踪指导鞍山等地依法推行"标准地"出让改革，指导各市科学构建"标准地"出让指标体系，简化工业项目供地流程，压缩供地审批时间，降低投资项目运行成本。〔省自然资源厅牵头，省（中）直有关部门，各市政府、省沈抚示范区管委会按职责分工负责〕

15. 深化工程建设项目审批制度改革。进一步精简整合工程建设项目审批事项，在全省推广沈阳市调整施工许可审批限额改革试点经验。做好工程建设项目审批制度改革中市政公用服务。积极推进"告知承诺""容缺受理""区域评估"等业务在工程建设项目生成阶段的应用，持续优化审批流程，压缩审批时间，到 2021 年末，从立项到竣工验收全流程审批时限压缩至最长 60 个工作日（特殊工程除外），最短 5 个工作日，其中从立项到开工最长 42 个工作日。［省营商局（省大数据管理局）、省住房城乡建设厅牵头，省（中）直有关部门，各市政府、省沈抚示范区管委会按职责分工负责］

（四）进一步推动激发消费潜力

16. 清除消费隐性壁垒。按照国家统一部署，着力打破行业垄断和地方保护，推动经济循环发展，推动形成高效规范、公平竞争的统一市场。严格落实国家关于二手车流通相关政策，放宽二手车经营条件。督导检查各地落实政策情况，防止二手车限迁政策回潮。严格监管各类报废拆解企业，依法依规对报废机动车回收拆解相关建设项目进行审批，重点做好项目申报前服务、协调，加强报废监销审核，确保报废车流程规范化、标准化。［省发展改革委、省商务厅牵头，省（中）直有关部门，各市政府、省沈抚示范区管委会按职责分工负责］

17. 扩大文化旅游市场。推进实施旅游民宿行业标准，放宽旅游民宿市场准入。贯彻国家统一部署，优化审批流程，为演出经营单位跨地区开展业务提供便利。［省文化和旅游厅牵头，省（中）直有关部门，各市政府、省沈抚示范区管委会按职责分工负责］

18. 便利新产品市场准入。鼓励全省企事业单位、教育科研机构等参与新产品国家标准制定，围绕"数字辽宁、智造强省"和"老字号、原字号、新字号"结构调整三篇大文章，将辽宁优势技术、方法和产品转化为国家标准。鼓励社会团体以满足特定市场和创新需要为目标制定团体标准。鼓励企业对照国际标准和国外先进标准开展对标达标，制定有竞争力的企业标准。推进企业标准自我声明公开。开展"同线同标同质"（简称"三同"）推广培训，鼓励积极入驻"三同"公共信息服务平台，破除制约出口商品转内销的系统性障碍。［省市场监管局牵头，省（中）直有关部门，各市政府、省沈抚示范区管委会按职责分工负责］

（五）进一步推动稳外贸稳外资

19. 持续优化外商投资环境。严格落实《外商投资法》及其实施条例，全面取消商务主管部门针对外商投资企业设立及变更事项的审批或备案，进一步提升投资自由化、便利化水平。做好鼓励类外商投资项目服务，落实外商投资准入前国民待遇加负面清单管理制度，确保外资企业平等享受各项支持政策。认真实施外商投资信息报告办法，优化外商投资信息报告制度，完善登记系统功能，指导外资企业信息填报和年度报告，减轻企业报送负担。〔省发展改革委、省商务厅牵头，省（中）直有关部门，各市政府、省沈抚示范区管委会按职责分工负责〕

20. 持续推进通关便利化。按照国家统一部署，加强国际贸易"单一窗口"建设，做好"单一窗口"运维保障和技术支持。推动通关物流环节单证无纸化电子化。优化海关风险布控规则，推广科学随机布控，提高人工分析布控精准度，降低 AEO 认证企业和低风险商品查验率。开展进出口商品监管与服务定期会商机制。优化通关模式，加快通关速度，推动跨境电商出口企业、各类中小微企业便利通关。持续深入推进进口矿产品"先放后验""依企业申请"和扩大进口汽车零部件"先声明后验证"等改革措施，探索扩大实施范围；鼓励理货、拖轮等企业参与市场经营，对符合申请条件的，加快相关审批手续办理，促进公平竞争。推动辖内保险机构通过"单一窗口"平台在线申请投保关税保证保险，实现"先通关后缴税"，提高通关效率。建立理赔绿色通道，推动保险机构专属客户专人对接，提升理赔时效和质效。〔省商务厅牵头，省（中）直有关部门，各市政府、省沈抚示范区管委会按职责分工负责〕

21. 加强口岸收费监管。按照国家统一部署，落实港口收费、港外堆场洗修箱费、铁路运输关门费等收费政策，扩大船方自主选择权。建立口岸收费项目目录清单制度，实现清单外无收费。严格执行进出口环节收费目录清单和公示制度，完善口岸收费动态管理机制，坚决杜绝不合规、不合理收费，降低进出口环节成本。依法查处船代、货代、堆场、报关等中介机构不按规定明码标价等价格违法行为。〔省发展改革委、省商务厅牵头，省（中）直有关部门，各市政府、省沈抚示范区管委会按职责分工负责〕

（六）进一步推动优化民生服务

22. 创新养老服务。按照《辽宁省人民政府办公厅关于推进养老服务发展的实施意见》（辽政办发〔2020〕11号），推进养老机构改革，深化养老机构公建民营，补齐农村养老服务短板，鼓励公办养老机构将闲置床位向社会开放，支持公办养老机构向失能、失智、高龄老年人延伸服务。〔省民政厅牵头，省（中）直有关部门，各市政府、省沈抚示范区管委会按职责分工负责〕

23. 优化医疗审批服务。按照国家统一部署，取消诊所设置审批，诊所执业登记由审批改为备案。推动取消职业卫生技术服务机构资质等级划分，便利市场准入。加强对网络销售处方药的监管，严肃查处违法违规销售行为；零售药店必须认真核实处方来源，确保在处方来源真实可靠的前提下，销售除特殊管理药品外的处方药。〔省卫生健康委、省药监局牵头，省（中）直有关部门，各市政府、省沈抚示范区管委会按职责分工负责〕

24. 实施社会救助精准服务。进一步健全完善居民家庭经济状况核对机制，加强民政、人力资源社会保障、住房城乡建设、公安、自然资源、农业农村、交通运输、教育、司法、退役军人、医保、乡村振兴、税务、市场监管、移民、卫生健康、银保监等部门以及残联、工会、妇联、红十字会等组织和银行等金融机构相关数据共享，为民政部门审核确认社会救助对象提供科学依据，确保符合条件的困难群众及时得到救助。〔省民政厅牵头，省（中）直有关部门，各市政府、省沈抚示范区管委会按职责分工负责〕

25. 优化简化便利服务。建立健全政务数据共享协调机制，深入推进政务数据共享开放。根据省政府立法计划，研究制定我省政务服务"容缺受理"政府规章，推动各地区、各部门制定"容缺受理"事项清单。按照《辽宁省人民政府办公厅关于印发辽宁省全面推行证明事项和涉企经营许可事项告知承诺制工作实施方案的通知》（辽政办发〔2020〕28号），2021年12月底前，与企业群众生产生活密切相关、使用频次较高的证明事项实行告知承诺制。推动减少各类证明事项，实施证明事项清单管理制度，清单之外不得向企业和群众索要证明。围绕保障改善民生，依托省一体化平台加快推进"跨省通办"，推动更多事项"全省通办"。坚持传统服务方式与智能化服务创新并行，推动高频政务服务向基层延伸，便利老年人办事，让老年人能共

享智能化便利服务。[省营商局（省大数据管理局）牵头，省（中）直有关部门，各市政府、省沈抚示范区管委会按职责分工负责]

（七）进一步加强事中事后监管

26. 加强取消和下放事项监管。坚持放管结合、并重，把有效监管作为简政放权的必要保障。按照"谁主管、谁监管"原则，对取消和下放的许可事项，由主管部门逐项制定事中事后监管措施。开展取消下放行政职权事项"回头看"。对基层部门"接不住、用不好"事项，按照实事求是原则，该取消的取消，该调整的调整，确保改革政策落地见效。[省营商局（省大数据管理局）牵头，省（中）直有关部门，各市政府、省沈抚示范区管委会按职责分工负责]

27. 创新监管方式方法。运用物联网、大数据、区块链、人工智能等技术手段，推进"互联网＋监管"和"智慧监管"。全面推行"双随机、一公开"监管模式，强化企业主体责任，督促企业自觉守法。加强信用监管，落实失信联合惩戒各项举措，对包括经营异常名录、严重违法失信企业名单等在内的失信市场主体实施联合惩戒。聚焦管好"一件事"实施综合监管。加强对日常监管事项的风险评估，实施分级分类监管。坚决守住人民群众生命健康和公共安全底线。对新产业新业态实行包容审慎监管。按照"应归集尽归集、应公示尽公示"要求，继续推动政府部门监管信息统一归集公示。在一体化平台中嵌入信用信息查询功能，将申请人信用状况比对查询嵌入"一网通办"流程，实现"逢办必查"。[省市场监管局、省营商局（省大数据管理局）牵头，省（中）直有关部门，各市政府、省沈抚示范区管委会按职责分工负责]

28. 严格规范行政执法。按照国家统一部署，制定出台《辽宁省关于健全完善行政裁量权基准制度的指导意见》和《辽宁省关于在行政执法中积极推进包容审慎监管的指导意见》，进一步规范行政执法行为。鼓励各地区依法依规建立柔性执法清单管理制度，对轻微违法行为，慎用少用行政强制措施，防止一关了之、以罚代管。[省司法厅牵头，省（中）直有关部门，各市政府、省沈抚示范区管委会按职责分工负责]

29. 完善企业和群众评价机制。以企业和群众获得感和满意度作为评判改革成效的标准，依托全省一体化在线政务服务平台，建立覆盖全省"好差评"体系，强化政务服务"好差评"制度保障。建立常态化长效机制，依托全省 12345 热线平台，建立差评投诉整改反馈闭环管理机制，确保政务服务"好差评"省、市、县、乡四级全覆盖，形成评价、反馈、整改有机衔接的工作闭环，做到群众参与、社会评判、市场认可。［省营商局（省大数据管理局）牵头，省（中）直有关部门，各市政府、省沈抚示范区管委会按职责分工负责］

三、保障措施

（一）加强组织领导

各地区、各部门要建立深化"放管服"改革激发市场主体活力，扎实做好"六稳""六保"工作协调机制，指导协调、督促检查工作推进情况，及时研究解决"放管服"改革中出现的新情况、新问题，及时复制推广典型经验做法。

（二）狠抓工作落实

各地区、各部门要按照本实施方案确定的目标任务，细化工作措施，加快工作进度，强化监管责任。要充分调动各方面积极性，探索创新工作方式。要切实以企业需求为导向，优化流程，完善措施，保证各项任务落实到位。

（三）加强督促检查

各地区要把深化"放管服"改革激发市场主体活力，扎实做好"六稳""六保"工作纳入营商环境评价体系，建立督查情况通报制度。各级 12345 热线平台要及时处理相关咨询投诉举报，方便社会公众广泛参与监督，有力推动各项改革政策落地见效。

附录3 辽宁省推行"证照分离"改革全覆盖工作实施方案

（辽政发〔2021〕17 号）

为贯彻落实《国务院关于深化"证照分离"改革进一步激发市场主体发展活力的通知》（国发〔2021〕7 号）精神，进一步激发市场主体发展活力，在全省推行"证照分离"改革全覆盖，结合我省实际，制订本实施方案。

一、总体要求

（一）指导思想

以习近平新时代中国特色社会主义思想为指导，全面贯彻党的十九大和十九届二中、三中、四中、五中全会精神，持续深化"放管服"改革，统筹推进行政审批制度改革和商事制度改革，在更大范围和更多行业推动照后减证和简化审批，创新和加强事中事后监管，进一步打造市场化、法治化、国际化的营商环境。

（二）改革目标

自 2021 年 7 月 1 日起，在全省范围内实施涉企经营许可事项全覆盖清单管理，按照直接取消审批、审批改为备案、实行告知承诺、优化审批服务四种方式分类推进审批制度改革，同时在中国（辽宁）自由贸易试验区进一步加大改革试点力度，力争 2022 年底前建立简约高效、公正透明、宽进严管的行业准营规则，大幅提高市场主体办事的便利度和可预期性。

二、改革任务

（一）涉企经营许可事项实行清单管理

1. 落实全国事项清单。严格按照中央层面设定的涉企经营许可事项改革清单（2021 年全国版共 523 项，2021 年自由贸易试验区版共 67 项）确定的改革方式、改革举措和加强事中事后监管措施进行落实。全国版清单在全省执行；增加的自由贸易试验区版清单在中国（辽宁）自由贸易试验区执行，中国（辽宁）自由贸易试验区各片区所在市辖区的其他区域参照执行。[省市场监管局牵头，省（中）直有关部门、各市政府按职责分工负责]

2. 编制全省事项清单。实施部门要及时就地方性法规和政府规章制定的涉企经营许可事项提出改革措施和改革方式，省市场监管局负责汇总公布。[省市场监管局牵头，省（中）直有关部门、各市政府按职责分工负责]

3. 实施清单管理。对涉企经营许可事项清单动态更新、动态管理。清单要向社会公布，让企业清楚明白办事，清单之外不得限制企业（含个体工商户、农民专业合作社，下同）进入相关行业或领域。[省市场监管局、省营商局牵头，省（中）直有关部门、各市政府按职责分工负责]

（二）涉企经营许可事项实行分类改革

1. 直接取消审批。直接取消审批的事项，企业办理营业执照后即可开展相关经营活动，有关主管部门不得将其转移至行业协会、社会组织变相保留，政府采购不得将已取消的审批事项作为资格条件或评审因素。市场监管部门要及时将相关企业的设立、变更登记信息通过"互联网＋监管"系统推送至有关部门，有关部门要及时纳入监管范围，坚决纠正"不批不管"问题，防止出现监管"真空"。[省（中）直有关部门、各市政府按职责分工负责]

2. 审批改为备案。审批改为备案的事项，原则上实行事后备案，企业取得营业执照即可开展经营；确需事前备案的，企业完成备案手续即可开展经营。不得以备案之名行审批之实，企业按规定提交备案材料的，有关部门应当场办理备案手续，不得作出不予备案的决定。[省（中）直有关部门、各市政府按职责分工负责]

3. 实行告知承诺。对实行告知承诺的事项，一次性告知企业可量化可操作、不含兜底条款的经营许可条件，明确监管规则和违反承诺后果。对因企业承诺可以减省的审批材料，不再要求企业提供；对可在企业领证后补交的审批材料，实行容缺办理、限期补交。对企业自愿作出承诺并按要求提交材料的，要当场作出审批决定。对通过告知承诺取得许可的企业，有关主管部门要加强事中事后监管，确有必要的可以开展全覆盖核查。发现企业不符合许可条件的，要依法调查处理，并将失信违法行为记入企业信用记录，依法依规实施失信惩戒。有关部门要及时将企业履行承诺情况纳入信用记录，并归集至全国信用信息共享平台（辽宁）。[省（中）直有关部门、各市政府按职责分工负责]

4. 优化审批服务。对优化审批服务的事项，采取下放审批权限、精简许可条件和审批材料、优化审批流程和压减审批时限、取消或者延长许可证件有效期限等措施，方便企业办事，减轻企业负担。对设定了许可数量限制的事项，要取消数量限制或者合理放宽数量限制，并定期公布总量控制条件、企业存量、申请排序等情况，鼓励企业有序竞争。[省（中）直有关部门、各市政府按职责分工负责]

三、配套措施

（一）深化商事登记制度改革

推行经营范围规范化登记，建立经营范围表述和涉企经营许可事项之间的对应关系，实现精准"双告知"。企业超经营范围开展非许可类经营活动的，市场监管部门不予处罚。有关主管部门不得以企业登记的经营范围为由，限制其办理涉企经营许可事项或者其他政务服务事项。清理规范行政审批中介服务，不得要求提供行政审批中介服务清单之外的中介服务。试行住所（经营场所）登记自主申报承诺制，开展住所与经营场所分离登记试点。在中国（辽宁）自由贸易试验区开展商事主体登记确认制改革试点。[省市场监管局牵头，省（中）直有关部门、各市政府按职责分工负责]

（二）做好企业登记与信息推送

企业登记机关在登记注册中标识一般经营项目和许可经营项目，分别标识中国（辽宁）自由贸易试验区企业、中国（辽宁）自由贸易试验区各片区所在市辖区的其他区域企业。通过"互联网＋监管"系统、省统一政务信息资源共享交换平台向有关部门推送企业登记信息，有关主管部门要对应许可结果信息及时反馈。[省市场监管局牵头，省（中）直有关部门、各市政府按职责分工负责]

（三）优化办事流程

推进涉企经营许可事项从申请、受理到审核、发证全流程"一网通办""最多跑一次"，让企业更加便捷办理各类许可。凡是前流程已经收取相关材料且能够通过信息共享获取的信息，不再要求申请人重复提交。[省市场监管局、省营商局牵头，省（中）直有关部门、各市政府按职责分工负责]

（四）推进电子证照票章运用

完善省一体化政务服务平台、全国信用信息共享平台（辽宁）、国家企业信用信息公示系统（辽宁），推动电子证照信息归集，提升电子证照运用支撑保障能力。依托全国企业电子证照库，加强企业电子证照运用，实现跨地域、跨部门互认互信，市场主体身份"一次验证、全网通用"，推广企业"电子亮照亮证"。凡是通过电子证照可以获取的信息，一律不再要求企业提供相应材料。推动电子发票和电子印章应用，推进增值税专用发票电子化，推动电子印章在政务服务、商业活动等领域的全面推广。[省营商局牵头，省（中）直有关部门、各市政府按职责分工负责]

四、创新监管

（一）明确监管责任

有关主管部门要厘清监管责任，健全监管规则和标准，落实事中事后监管措施。实行告知承诺、优化审批服务的，由审批部门负责依法监管持证经营企业、查处无证经营行为。对审管分离的许可事项，按照"谁审批谁负责，谁主管谁监管"的原则，加强审批与监管衔接，或者由设立综合审批部门的政府指定部门承担监管职责。实行综合行政执法改革的地区、领域，监管部门负责行政指导、行政检查、行政处理等日常监管，需要进行处罚的，

移送综合执法部门立案查处。〔省市场监管局、省营商局、省司法厅牵头，省（中）直有关部门、各市政府按职责分工负责〕

（二）实施分类监管

直接取消审批的，有关主管部门要及时掌握新设企业情况，纳入监管范围，依法实施监管。审批改为备案的，要督促有关企业按规定履行备案手续，对未按规定备案或者提交虚假备案材料的要依法调查处理。实行告知承诺的，要重点对企业履行承诺情况进行检查，发现违反承诺的要责令限期整改，逾期不整改或者整改后仍未履行承诺的要依法撤销相关许可，构成违法的要依法予以处罚。下放审批权限的，要同步调整优化监管层级，实现审批监管权责统一。要完善和加强业务软件、标准规范、基础设施、信息安全建设，强化政府部门间企业基础信息和信用信息的互认互用和互联共享，推进协同监管，实现由政府部门单独管理向"企业自治、行业自律、政府监管和社会监督"的社会共治格局转变。〔省（中）直有关部门、各市政府按职责分工负责〕

（三）完善监管方法

对一般行业、领域，全面推行"双随机、一公开"监管，推进常态化部门联合抽查，实现"进一次门，查多项事"。全面升级改造"互联网＋监管"系统，加强大数据处理、风险预警跟踪、公众参与监管、协同执法联动等功能，全面支持以远程监管、移动监管、预警防控为特征的非现场监管，提升监管精准化、智能化水平。要强化涉企信息归集共享，全量、准确归集许可备案信息，监管部门根据有关信息建立监管名录，有关部门要将履职过程中形成的行政许可、行政备案、行政确认、行政检查、行政处罚、行政强制、违法失信管理等信息归集到企业名下，夯实监管数据基础。要按照信用分级分类和风险等级实施精准监管，落实全覆盖重点监管、包容审慎监管、差异监管等措施，既守牢风险底线，又做到"无事不扰"。要通过国家企业信用信息公示系统（辽宁）等平台，依法向社会公开企业信用状况，对失信主体开展联合惩戒。〔省市场监管局、省营商局牵头，省（中）直有关部门、各市政府按职责分工负责〕

五、组织保障

（一）健全工作机制

省政府对改革工作负总责，省深化商事制度改革领导小组负责统筹推进全省"证照分离"改革工作，原省推进"证照分离"改革工作领导小组并入省深化商事制度改革领导小组，省市场监管局、省营商局、省司法厅、省商务厅等部门牵头，其他部门分工负责，强化责任落实，扎实推进改革。省市场监管局负责改革工作的统筹协调、落实方案制定、事项清单梳理、证照关系理清、涉企信息归集等工作，会同有关部门督促落实。省营商局（省大数据局）负责审批服务"好差评""一网通办"等工作，配合相关部门做好信息化保障工作。省司法厅负责法治保障工作。省商务厅负责指导中国（辽宁）自由贸易试验区各片区做好"证照分离"改革与对外开放政策的衔接。各有关部门要按职责落实涉企经营许可事项改革措施，开展有针对性培训和宣传，改造升级信息系统，加强与国家部委的沟通协调，指导支持本系统妥善解决改革推进中遇到的困难和问题。各市政府要加强组织领导，确保各项改革措施落实到位。

（二）加强法治保障

各地区、各部门要根据法律、行政法规的调整情况，依法对规章、规范性文件进行相应调整，建立与改革要求相适应的管理制度。涉及省和设区的市政府提案的地方性法规和政府规章修改的，由实施部门研究提出修改草案，按照立法程序报请本级人大常委会或人民政府审议并颁布实施。

（三）狠抓工作落实

各地区、各部门在实施中要严格遵守国务院确定的分类改革原则和要求，鼓励实施创新举措，不得降低标准，严禁搞变通。

本方案实施中的重大问题，各市政府、省（中）直有关部门要及时向省政府请示报告。

辽宁省人民政府

2021 年 6 月 28 日

附录4 辽宁省市场监督管理局助力市场主体纾困解难十条举措

(辽市监发〔2022〕1号)

市场主体是经济发展的底气、韧性所在，是稳住经济基本盘的重要基础。为深入贯彻落实《国务院办公厅关于进一步加大对中小企业纾困帮扶力度的通知》(国办发〔2021〕45号)，助力市场主体缓解受原材料价格上涨、新冠肺炎疫情散发等影响带来的成本压力加大、经营困难加剧问题，现就立足市场监管职能减轻市场主体负担、帮助市场主体渡过难关，制定如下纾困解难措施。

一、加强涉企领域收费监管

加强燃煤发电上网电价价格监管，密切关注煤炭、电力市场动态和价格变化，依法查处不执行政府定价指导价、价格串通、哄抬价格等违法行为，推进价费政策落实落地，切实减轻企业负担，缓解成本上涨压力。

二、助力缓解融资难问题

深化政银合作，依托辽宁小微企业名录系统数据共享交换平台，建立省市场监管局与金融机构的市场主体共享推送通道，发挥全省小微企业库大数据优势，根据融资产品构建相关数据模型，为金融机构向市场主体融资提供全方位精准信息服务，支持金融机构提高普惠金融贷款可得性。发挥市场监管部门职能优势，通过举办恳谈会、对接会等多种形式，搭建线下政银企对接平台，畅通市场主体融资渠道，促进融资供需对称，优化融资环境。

三、推动降低制度性成本

深化"证照分离"改革，破解企业"准入不准营"难题。优化企业开办"一网通办"功能，提升审批效率，实现一般性企业开办多个事项一日内办结，深入推行住所（经营场所）登记自主申报承诺制，进一步优化市场主体准入服务。

四、帮助企业解决质量管理痛点问题

深入开展"质量服务进万企"活动，实施质量技术帮扶巡回问诊行动，通过"一企一书一策"，为抽查不合格企业"把脉问诊"，精准指导企业解决产品质量难题。为中小企业免费开展标准化业务培训，根据需求提供标准化技术帮扶。深入开展"小微企业质量管理体系提升"行动，指导小微企业建立完善质量管理体系。

五、提供质量基础设施"一站式"服务

充分发挥线上、线下质量基础设施"一站式"服务平台作用，综合运用标准、计量、检验检测、认证认可、质量管理等要素资源，为中小企业提供一揽子的一站式服务，让企业少跑腿、多办事。深入开展"优化计量惠企"行动，推广计量公益课程，帮助企业解决计量技术难题。

六、加强对相关行业的扶持

对存在抽检不合格问题的冷饮、饮料等食品生产企业开展专项帮扶，指导企业按照规范标准要求改善生产环境、改进工艺流程，提高产品抽验合格率。帮助解决注册证书无有效期、无技术要求的保健食品生产企业办理生产许可证问题，支持企业注册品种加快落地投产。支持相关产业种植企业申办保健食品备案品种，增加产品附加值。指导帮扶检验检测机构以告知承诺方式取得资质认定，为检验检测机构增加检验检测项目提供便捷高效服务通道。

七、推动形成扶持个体工商户发展工作合力

推动建立扶持个体工商户发展联席会议制度，加强对扶持个体工商户发展工作的组织领导和统筹协调，建立完善工作平台载体，推动解决政策落实、降本减负、金融支持、服务供给等方面问题，促进个体工商户健康发展。

八、开展定点联系帮扶

全面落实市场监管部门党建工作指导员、定点联系"小个专"党组织等制度，加强"点对点"引导和帮扶，强化知识产权、广告、食品安全等政策指导，积极提供计量、标准、认证认可、检验检测等质量基础服务，帮助解决党建工作和经营发展中的问题和困难，将"小个专"党建工作融入市场监管、服务市场主体的全过程。

九、营造公开透明市场秩序

严格落实公平竞争审查制度，清理、废除妨碍统一市场和公平竞争的政策措施。畅通投诉举报渠道，扩大反垄断案件线索，对企业反映强烈的重点行业和领域，加强反垄断执法。支持企业重塑信用，对符合条件的企业信用修复申请，快速办理、急事急办。

十、全面压实责任

各地要进一步把思想认识行动统一到党中央、国务院决策部署上来，按照省委、省政府"带头抓落实、善于抓落实、层层抓落实"要求，强化责任担当，勇于开拓创新，进一步细化纾困解难举措，畅通政企沟通渠道，帮助市场主体应对困难。要紧密结合地区实际，有针对性地选定一批中小企业作为重点服务对象，积极采取针对性措施，推动中小企业向"专精特新"方面发展，不断提升市场竞争力。省局各相关责任处室要加大对各地的指导力度，

及时总结经验做法，扎实推动各项措施落地见效，要加强对市场主体困难问题的研究，有针对性地提出意见建议。各市、沈抚示范区市场监管局和省局各责任处室落实助力市场主体纾困解难措施情况，要及时报送省局中介监管处。

参考文献

［1］《数字乡村建设指南 1.0》权威解读来了！［N］. 南方农村报，https：//m. thepaper. cn/.

［2］曹永福，杨梦婕，宋月萍. 农民工自我雇佣与收入：基于倾向得分的实证分析［J］. 中国农村经济，2013（10）：30-41，52.

［3］陈刚. 管制与创业——来自中国的微观证据［J］. 管理世界，2015（5）：89-99，187-188.

［4］陈茜. 合作需求与高管薪酬差距的关系研究［J］. 会计之友，2012（17）：68-70.

［5］杜心宇. 辽宁省中小企业融资困境及其解决对策［J］. 企业改革与管理，2021（24）：140-141.

［6］范柏乃，邵青，段忠贤. 非公经济领域“两个健康”的判别准则及健康指数构建［J］. 江苏省社会主义学院学报，2017（2）：8-16.

［7］郭建宇. 农业产业化的农户增收效应分析：以山西省为例［J］. 中国农村经济，2008（11）：8-17.

［8］郭悦，安烨等. 产业集聚对旅游业全要素生产率的影响：基于中国旅游业省级面板数据的实证研究［J］. 旅游学刊，2015（5）：14-22.

［9］李宏彬，李杏，姚先国，张海峰，张俊森. 企业家的创业与创新精神对中国经济增长的影响［J］. 经济研究，2009，44（10）：99-108.

［10］李芊霖，王世权. 新冠疫情冲击下中小企业如何应对危机？——基于辽宁省中小企业的问卷调查［J］. 地方财政研究，2020（4）：11-21.

［11］李涛，朱俊兵，伏霖. 聪明人更愿意创业吗？——来自中国的经验发现［J］. 经济研究，2017，52（3）：91-105.

［12］李维安，陈春花，张新民，毛基业，高闯，李新春，徐向艺. 面

对重大突发公共卫生事件的治理机制建设与危机管理——"应对新冠肺炎疫情"专家笔谈［J］．经济管理，2020，42（3）：5，8－20．

［13］李政，杨思莹．创业能否缩小收入分配差距？——基于省级面板数据的分析［J］．经济社会体制比较，2017（3）：21－32．

［14］辽宁乡村振兴局．http：//fpb. ln. gov. cn/.

［15］刘金津．新冠疫情对我国中小企业经济状况的影响及对策分析［J］．中小企业管理与科技（下旬刊），2021（2）：102－103．

［16］马光荣，杨恩艳．社会网络、非正规金融与创业［J］．经济研究，2011，46（3）：83－94．

［17］孟亦佳．认知能力与家庭资产选择［J］．经济研究，2014，49（S1）：132－142．

［18］宁光杰．自我雇佣还是成为工资获得者？——中国农村外出劳动力的就业选择和收入差异［J］．管理世界，2012（7）：54－66．

［19］潘春阳，王紫妍．创业的得与失——中国居民创业的货币与非货币回报［J］．世界经济文汇，2016（4）：102－120．

［20］潘教峰．"十四五"时期财政支持科技创新的几个问题［J］．中国财政，2020（20）：16－19．

［21］数字化转型促农民农村共同富裕．https：//mp. weixin. qq. com/s/oIE8QAwUwWMkFh7IGWyFZA.

［22］王倩．金融支持国内制造业创新基地的方法、模式及对策［J］．哈尔滨工业大学学报（社会科学版），2020，22（2）：147－153．

［23］王勇．民营企业参与社会治理路径探析［J］．社会治理，2018（4）：64－69．

［24］吴云勇，王君婷．推进辽宁省民营经济高质量发展的难点与策略研究［J］．辽宁经济，2021（4）：71－74．

［25］习近平．在民营企业座谈会上的讲话［N］．人民日报，2018－11－2（2）．

［26］乡村振兴网．http：//www. zgxczx. cn/.

［27］杨士富，赵立敏，郭佳林．辽宁省创新创业生态圈发展驱动因素研究［J］．中国市场，2021（31）：3．

［28］杨涛．辽宁省数字化农业发展实践［J］．农业科技与装备，2021

（6）：103 – 104.

［29］杨文爽，李春艳．东北地区制造业全要素生产率增长率分解研究
［J］．当代经济研究，2015（4）：87 – 93.

［30］杨向阳，徐翔．中国服务业全要素生产率增长的实证分析［J］.
经济学家，2006（3）：68 – 76.

［31］杨芷，李亚杰．辽宁高技术产业技术创新财政政策研究［J］．地方
财政研究，2021（7）：68 – 76.

［32］以数字化发展引领驱动乡村振兴．https：//mp. weixin. qq. com/s/
rv2Aqz9yrXPhQ59FiWUvmA.

［33］岳瑞波．京津冀协同背景下科技创新的金融支持政策研究［J］．宏
观经济管理，2018（4）：64 – 71.

［34］张璐．浅论国有企业的约束机制［J］．财经界，2010（1）：217.

［35］张满林，苏明政．辽宁省经济发展的特征、机遇与解决思路［J］.
鞍山师范学院学报，2016，18（1）：41 – 47.

［36］章祥荪，贵斌威．中国全要素生产率分析：Malmquist 指数法评述
与应用［J］．数量经济技术经济研究，2008（6）：111 – 122.

［37］周家龙．助推科技创新 支持多层次资本市场建设［J］．中国农村
金融，2021（14）：49 – 51.

［38］朱武祥，张平，李鹏飞，王子阳．疫情冲击下中小微企业困境与
政策效率提升——基于两次全国问卷调查的分析［J］．管理世界，2020，36
（4）：13 – 26.

［39］Ardagna, S., and A. Lusardi. Heterogeneity in the Effect of Regula-
tion on Entrepreneurship and Entry Size［J］. Journal of the European Economic
Association, 2011（34）：264 – 276.

［40］Besley, T., property Rights and Investment Incentives：Theory
and Ecidence from Ghana［J］. Journal of Political Economy, 1995, 103
（5）：903 – 937.

［41］Blanchflower, D. G. & A. J. Oswald, What makes an entrepreneur?
［J］. Journal of Labor Economics, 1998, 16（1）：26 – 60.

［42］Holtz-Eakin, D., D. Joulfaian, and H. S. Rosen, Entrepreneurial
Decisions and Liquidity Constraints［J］. Journal of Economics, 1994, 25（2）：

334 – 347.

[43] Warning, M. and N. Key. he Social Performance and Distributional Consequences of Contract Farming: An Equilibrium Analysis [J]. World Development, 2002, 30 (2): 255 – 263.